ON DISCRETION STANDARD
OF ADMINISTRATIVE PENALTY FOR
ENVIRONMENTAL PROTECTION

环境行政处罚裁量基准研究

李天相 著

知识产权出版社
全国百佳图书出版单位
—北京—

图书在版编目（CIP）数据

环境行政处罚裁量基准研究/李天相著．—北京：知识产权出版社，2020.8
ISBN 978-7-5130-7038-6

Ⅰ.①环… Ⅱ.①李… Ⅲ.①环境保护法—行政处罚法—研究 Ⅳ.①D912.604

中国版本图书馆 CIP 数据核字（2020）第 114780 号

责任编辑：薛迎春　　　　　　　责任印制：刘译文
责任校对：谷　洋

环境行政处罚裁量基准研究

李天相　著

出版发行：	知识产权出版社 有限责任公司	网　　址：	http：//www.ipph.cn
社　　址：	北京市海淀区气象路50号院	邮　　编：	100081
责编电话：	010-82000860 转 8724	责编邮箱：	471451342@qq.com
发行电话：	010-82000860 转 8101/8102	发行传真：	010-82000893/82005070/82000270
印　　刷：	三河市国英印务有限公司	经　　销：	各大网上书店、新华书店及相关专业书店
开　　本：	710mm×1000mm　1/16	印　　张：	12.75
版　　次：	2020年8月第1版	印　　次：	2020年8月第1次印刷
字　　数：	220千字	定　　价：	58.00元
ISBN 978-7-5130-7038-6			

出版权专有　侵权必究
如有印装质量问题，本社负责调换。

序

十月的北国，冬已至，秋未央。我的博士生李天相自厦门寄来一份他的书稿，嘱我为之作序。

岁月嬗替，斗转星移，不经意间，天相到厦大法学博士后流动站已经有一年的时间了。而昔日与其相处的情形历历在目。他的好学、勤勉、精进和文理贯通的复合型思维模式及成果频出的竞技状态都给我们留下良好的印象。如今，正从事博士后研究的他，想必也是成果卓然。看过书稿，感触良多，掩卷深思，禁不住说上两句。

在我们生活的社会，每个时代都有其独特的色彩。当今，生态文明成为时代的主流，"像对待生命一样对待生态环境"掷地有声。生态环境是活的问题，它不仅涉及生态系统的物复能流，更像是这祖国大好河山的一个缩影，广泛地含涉自然、经济、社会、文化等各个方面。作为环境法学研究者，则要冷静地以批判性的、审视的态度看待生态环境治理问题，发现和解剖其中不规则之处，通过实践调查和理性思辨提出解决方案，为生态文明的制度保障建立理性基础。这一工作无疑是艰辛的，但这却是环境法学研究者的时代使命。

该书的研究着眼于环境行政处罚裁量基准。这一制度产生于我国执法实践，具有深刻的中国印迹。在理论研究中，它既是显学，又非显学。称它为显学，是因为裁量权的治理、行政自我控制、行政裁量基准等理论在行政法学领域多有著述；称它为非显学，是因为环境法学领域尚极少有对"环境"行政处罚裁量基准的研究。目前我国法律实践中的环境行政处罚裁量基准在很多方面是较为粗糙的，既没有合理性评价标准，也缺少裁量基准的适用规则，在实践探索中逐渐流于形式、趋于混乱。生态环境部发布《关于进一步规范适用环境行政处罚自由裁量权的指导意见》（2019）以后，实践中的混乱情况本可在一定程度上得到缓解。但是从几份近期修订的裁量基准文本来看，仍存在较严重的无序化问题，各地并没有完全落实生态环境部对裁量基准的技术要求。这在很大程度上是因为缺少理论指导，法学研究者在这方面存在集体失语。由此观之，该书研究聚焦中国语境下的中国问题，具有很强的现实性。实际上，作者对于这一问题的关注和思考是始于吉林省环境行政处罚裁量基准修订项目，因此该书在选题上就具有鲜明的实践导向。理论研究的目的是指导实践，而不是完全取代实践操作和实践创新。该书的研究路径更为偏重理论探索，而避免越俎代庖地提出具体的操作规程。这使该书更像是一种在理论和实践之间的"舞蹈"，而裁量基准也是这样一种在规则与裁量之间"舞蹈"的制度艺术。

在该书的字里行间，这种平衡的"舞蹈"还体现在行政法学理论和环境法学理论之间的沟通和交流上。就目前而言，国家环境法律治理的很多方面还是运用传统法律治理手段，环境法也普遍包含行政法、刑法、民法、诉讼法、国际法等领域的内容。环境法的这种交叉性使得环境法学研究绝不能在单一部门法学领域中自说自话，而是要与其他法学部门进行广泛、深度的交流沟通。归根结底，环境法是应对生态环境问题的法，只要是对解决生态环境问题有帮助的，无论是实体法手段还是诉讼法手段都可以为环境法所用。环境法将生态理性引入传统部门法之中，在自身的理论构筑中，改良甚至革新传统部门法学理论。这一思想系统地阐述在以协调与融合为核心的环境法学方法论中。该书紧密联系环境法学方法论，在裁量基准的各个具体问题上，强调行政法学理论与环境法学理论的协调与融合。比如在裁量基准的多元共治问题上，作者既看到了行政法学理论对多元共治的慎重，又坚持了环境法学理论对多元共治的原则性要求，在此基础上协调两种理论之间冲突的部分，融合它们之间一致的部分，提出了有限的多元共治路径。这是一种具有合理性的研究范式，既加强了环境法与其他部门法之间的沟通，又拓宽了环境法的理论范围。由此而言，该书具有超越其研究对象的理论意义。

在抛弃旧时代的种种枷锁之后，中国法学长期在学术荒地上艰难探索，虽广泛地借鉴了西方国家的法律制度和模式，但缺乏具有中国特色的法学学科体系、学术体系和话语体系。在生态环境法律治理中，我们欣喜地看到,我国不仅借鉴了公益诉讼等先进经验,更发展了"三同时"等具有创新性的制度措施。我国现在所面临的生态环境问题,是西方发达国家不存在甚至不曾遇到过的,这为我国法学研究提出了前所未有的挑战,同时也提供了独特的研究素材。张文显教授指出,法学研究"要打破西方法治话语的支配地位,消解西方法治中心主义的负面影响,破除奉西方法学理论、西方法治话语为金科玉律的怪圈,提升中国法治话语在国际社会和全球治理中的影响力"。在中国特色社会主义生态文明不断深化、某些西方国家逆势而为退出《巴黎协定》的今天,环境法学势将作为中国特色法学体系的重要部分,成为中国法学超越西方法学的前沿阵地。环境法学人也应不忘初心,牢记使命,启生态文明之大道,扬中国法学之公义!

通读全书、感慨系之,虽语言不精,但皆出自肺腑。

常言道勤者不辍、勇者不惧、智者不惑。

我坚信在今后的岁月里,正值黄金年华的天相博士将迎来一个又一个收获的喜悦。

是为序。

吴 真

2019 年 11 月

目 录

序 / 1

导 论 / 1
 一、研究背景与意义 / 2
 二、研究基点：以协调与融合为核心的环境法学方法论 / 14
 三、基本框架与主要观点 / 18

第一章 环境行政处罚裁量基准的本体解析 / 21

第一节 概念辨析 / 21
 一、行政裁量基准 / 21
 二、行政处罚裁量基准 / 23
 三、环境行政处罚裁量基准 / 24

第二节 制度定位 / 26
 一、行政裁量基准的实质 / 26
 二、环境行政处罚裁量基准的制度模式 / 29

第二章 环境行政处罚裁量基准的生成 / 39

第一节 行政裁量基准生成过程的一般理论 / 39
 一、行政裁量基准的生成模式 / 39
 二、行政裁量基准内容的确定 / 41

第二节 环境行政处罚裁量基准的多元共治生成路径 / 42
 一、环境多元共治在行政裁量基准制度中的意义 / 42
 二、多元共治与行政裁量基准的理论抵牾及其消解 / 53
 三、有限多元共治生成路径的内容 / 66

第三章　环境行政处罚裁量基准的内容建构 / 76

　第一节　环境行政处罚裁量基准内容建构的内部视角 / 76
　　一、行政裁量基准实体内容的合理性 / 76
　　二、环境行政处罚裁量基准中的行政均衡 / 82
　第二节　环境行政处罚裁量基准内容建构的外部视角 / 94
　　一、行政裁量基准区域化的考察 / 95
　　二、环境行政处罚裁量基准区域化的目的 / 109
　　三、环境行政处罚裁量基准区域化应考量的因素 / 113
　　四、环境行政处罚裁量基准区域化的实现 / 116

第四章　环境行政处罚裁量基准的技术构造 / 123

　第一节　环境行政处罚裁量基准的技术表达模式 / 124
　　一、技术表达模式的实践类型 / 124
　　二、技术表达模式的合理性标准 / 125
　　三、对两类技术表达模式的评价 / 126
　第二节　情节细化技术 / 128
　　一、情节细化的"环境"特点 / 128
　　二、情节细化技术合理性的建构 / 133
　第三节　效果格化技术 / 137
　　一、效果格化技术的式微 / 137
　　二、效果格化技术合理性的重构 / 138

第五章　环境行政处罚裁量基准的规范化适用 / 142

　第一节　行政裁量基准的适用规则及其缺陷 / 143
　　一、一般情况下的适用规则及其缺陷 / 143
　　二、特殊情况下的逸脱规则及其缺陷 / 150
　第二节　环境法基本原则对行政裁量基准适用规则的优化 / 156
　　一、环境法基本原则弥补规则缺陷的功能 / 157
　　二、环境法基本原则优化行政裁量基准适用规则的一般路径 / 160
　　三、环境法基本原则对行政裁量基准适用规则的具体要求 / 163

结　语 / 171

参考文献 / 173

后　记 / 193

导　论

保守与创新，稳定与改革，控权与放权，都在当代中国社会转型的时代背景下交织着，也产生了多样、多变、新颖的社会和环境问题。对此，通过法律所进行的社会控制必须做出针对性的回应。如何在当代中国的特殊背景下，针对现阶段关键问题，建立常态、理性的法律制度，是时代向我国法学研究者提出的一个崭新课题。

纵观中国历史，我们很难找出这样一个相似的时代作为我们吸取传统经验的先例。在历经了"三千年未有之大变局"之后，当代中国更多的是反思和抛弃旧世代对本民族施加的种种桎梏，探索符合本民族发展需要的各项制度。再看世界各国，无论是发达国家，还是发展中国家，都很少，甚至不曾遇到我们现在感到棘手的问题，其中就包括本书主要涉及的两个问题：社会主义制度下行政权独大的问题和经济发展的环境代价问题。对于这些问题，我们需要更加艰深的工作来对域外相关经验进行解析和借鉴，但更重要的是进行中国语境的法学分析。这不仅是为我国的立法实践建立理性的基础，而且是中国法学理论超越西方法学理论的一个时代机遇。

在这一认识前提下，本书选取了环境行政处罚裁量基准这一具有鲜明时代特点和中国特色的制度措施作为研究对象，探讨并建立环境行政处罚裁量基准的理论模式。值得说明的是，我国环境行政处罚裁量基准制度正处于快速发展时期，尤其在《关于进一步规范适用环境行政处罚自由裁量权的指导意见》（以下简称《指导意见》）发布以后，可以预见这一制度将发生很大变化。因此，本书并不旨在在制定技术层面上探讨环境行政处罚裁量基准的规则设定，而是着重于理论层面的探讨，为环境行政处罚裁量基准的实践发展建立理性基础。

一、研究背景与意义

(一) 实践发展状况

1. 行政处罚裁量基准制度的兴起与发展

近代以来,西方政治学家和法学家对于"权力"这一庞然大物,都持有相当谨慎的看法,孟德斯鸠就曾警示:"一切有权力的人都很容易滥用权力,这是万古不变的一条经验。"[1] 而他所提出的解决路径,主要是"以权力制约权力",这在很大程度上现实化为美国的三权分立,最终以制度形式固定下来,成为美国权力控制的基本手段。法律制度为权力所划定的界限,是主体行使权力的范围,在这一范围内,主体可以"自由"选择和判断行使对象、考虑因素、法律后果,等等,[2] 因此在某种意义上,前述界限描绘了立法所能容许的运用权力的空间。

法律往往仅规定行政权力的大致内容和运行框架,使政府能够实现其社会服务、税收、治安、环保等行政功能。但是,这也使得行政主体在具体行使权力时,具有较大的自由裁量空间。这在一定程度上导致了当代中国行政权力的扩张现象。[3] 具有较大的自由裁量空间就意味着,对于特定个案,行政主体可以在一个较宽松的条件下,做出具有针对性的决定。

首先应当肯定的是,行政主体的裁量权本身是一项正当权力。学者对此多有论述,大多倾向于认为行政裁量权存在的主要原因有:一是人对于未来事物的认识是有局限的,立法机关只能授权行政机关对新情况、新问题做出处理;二是社会生活纷繁复杂,行政机关必须具体问题具体分析,而不能一概而论;三是行政活动具有较强的专业性,立法机关应当尊重行政机关在相关领域的专业性;四是法律永远无法做到完备,它作为一种社会控制手段本身具有一定的局限性。[4] 在当今行政的形式法治状态下,行政裁量权是行政主体在其职责履行中实现个案正义的现实需要,从某种意义上来讲,这是行政裁量权得以存在的根本原因。

---

[1] [法] 孟德斯鸠:《论法的精神》,张雁深译,商务印书馆1961年版,第154页。
[2] 参见余凌云:《对行政自由裁量概念的再思考》,《法制与社会发展》2002年第4期,第58页。
[3] 参见崔卓兰:《行政自制理论的再探讨》,《当代法学》2014年第1期,第4页。
[4] 参见李宝君:《行政裁量权及其控制》,《河北法学》2011年第2期,第67页。

但是在现实中，法律所赋予的行政裁量权可能出现过宽或过窄的问题，这在不同程度上影响行政裁量权的实际作用。在立法"宜粗不宜细"的我国，行政裁量权的问题并不是过窄，而是过于宽泛，在环境立法中，这一问题尤为严重。2015年新修订的《中华人民共和国大气污染防治法》（以下简称《大气污染防治法》）中多项法律责任条款都规定了"十万元以上一百万元以下"的较宽幅度，此类修订所体现的加大污染者违法成本的立法倾向是符合新修订的《中华人民共和国环境保护法》（以下简称《环境保护法》）的立法理念且值得肯定的，但随之而来的问题是，基层环境行政主体具有相当大的行政处罚权力以及裁量空间而缺少必要的限制。这使得环境行政处罚"同案不同判"现象非常普遍。[1] 更进一步，这加大了行政腐败、权力寻租等行政失灵风险，特别是在中国式人情社会中，基层环境行政主体很难抵制住"社会资本"的侵蚀，在做出行政处罚决定过程中很可能考虑种种不相关因素。[2]

归根结底，行政裁量权不是，也不应当是一种宽泛的授权，并不存在绝对意义上的"自由"裁量，更多的应是合义务、合目的裁量，[3] 行政主体基于裁量权的判断和选择，并非随心所欲、恣意擅断的，而要受制于立法目的、原则、规则以及相关标准，概言之，是受到制度约束的。"将权力关进制度的笼子里"是中国共产党在执政方式上的庄严承诺，它有着非常现实的时代背景。在这个目标下，是否要限制行政裁量权已经不是需要讨论的问题，更重要的是我国应当建立何种制度来"关住"行政裁量权。更进一步的，我们应当创造本国特殊的制度还是借鉴域外已有的经验？是采用权力制衡权力的方式，权利制约权力的方式，还是权力自我控制的方式？有哪些行政裁量权必须受到更严格的限制？在行政裁量权运行的哪些环节采取控制手段？

行政处罚裁量基准制度就是我国法治实践对这些问题所做的一个回答。出于规范基层执法人员行政裁量的现实需要，行政处罚裁量基准作为一种制度创新，从基层实践中产生，并进入人们的视野。2004年，浙江省

---

[1] 参见王树义、李华琪：《论环境软法对我国环境行政裁量权的规制》，《学习与实践》2015年第7期，第48页。
[2] 参见章志远：《行政裁量基准的理论悖论及其消解》，《法制与社会发展》2011年第2期，第154页。
[3] 参见杨建顺：《行政裁量的运作及其监督》，《法学研究》2004年第1期，第4页。

金华市公安局发布了《关于推行行政处罚自由裁量基准制度的意见》，在该市公安系统内率先推行了行政处罚裁量基准制度。这一制度从基层公共事务治理实践中诞生后，于十余年间在我国各地大量涌现，并进入环境法领域，发展成环境行政处罚裁量基准制度，这一创造性的法律实践成为行政法学、环境法学等部门法学所无法忽视的法律现象。

行政处罚裁量基准的产生和迅速发展具有一定的政策背景。国务院于2004年发布了《全面推进依法行政实施纲要》，提出"行使自由裁量权应当符合法律目的，排除不相关因素的干扰"，这是对金华市行政处罚裁量基准制度创新的有力支持。2006年，中共中央办公厅、国务院办公厅联合下发的《关于预防和化解行政争议 健全行政争议解决机制的意见》中再次强调，要"对行政机关的行政裁量权进行细化、量化和规范，防止滥用行政裁量权"。2008年，《国务院关于加强市县依法行政的决定》明确提出"建立行政裁量标准制度"。2014年《中共中央关于全面推进依法治国若干重大问题的决定》中要求"建立健全行政裁量权基准制度，细化、量化行政裁量标准，规范裁量范围、种类、幅度。"各地方2004年至今已经发布了大量的行政处罚裁量基准，涉及治安、工商、环保等多个领域。在中央文件的不断背书下，行政处罚裁量基准这一回应当下行政法治需求的创新性制度措施在产生后的十余年间在我国得到了极大的发展。

2. 环境行政处罚裁量基准在实践中存在的问题

新修订的《环境保护法》和《大气污染防治法》施行以来，很多省市根据新法的要求颁布或修订了环境行政处罚裁量基准。纵观数十份这一时期的环境行政处罚裁量基准文本，可以发现各地方在环境行政处罚裁量基准的制定主体、规制范围、制定技术、基准效力以及公众参与等许多方面都存在相当程度的差异。这虽然突破了长期以来各地环境行政处罚裁量基准之间高度相似的误区，但其中的地方间差异却无章可循，呈现出一种非理性的、混乱的状态。最突出的表现是，其制定技术都普遍比较粗糙、随意。这种制定技术的粗糙集中表现在情节细化中裁量因素的单一化和效果格化中效果格次的简单化两方面。这一问题严重削弱了环境行政处罚裁量基准的控权效果。

一方面，大多数环境行政处罚裁量基准在情节细化中对裁量因素的选取相对单一，一般只选用特定违法行为的本质性要素，使得实际参与裁量的因素过少。这也是当前其他部门的行政处罚裁量基准普遍存在的问题。[1] 如《浙江省环境保护厅主要环境违法行为行政处罚裁量基准》（2015）第4-2项关于违反排污许可证规定排放主要大气污染物违法行为的规定中，裁量因素仅规定了该违法行为的本质性要素，即排放总量或浓度超过控制指标的程度。而对于这一问题，上海市的规定相对来说较为完备，在其发布的《行政处罚罚款裁量幅度表》（2017）第（八）项中，将对环境的影响程度、排放情况、整改情况、配合调查情况、对社会影响程度都作为裁量因素，而各裁量因素中又包含一系列具体条件和判定标准，如对环境影响程度包含污染物超标排放情况、超标因子数、应当编制环评文件的形式等。但是对于这些裁量因素的选取，却又显得有些随意。裁量基准的情节细化技术必然涉及对裁量因素的有限选取，据此要求执法人员在行政处罚活动中必须考虑特定裁量因素，这是裁量基准控制裁量权的基本途径。现代环境问题具有复杂性，并且往往与社会问题、经济发展问题紧密联系在一起。[2] 在行使环境行政处罚裁量权时，执法者需要同时考虑所涉环境违法行为的自然因素和社会因素，这其中既有对客观事实的判断，也有主观的价值判断。如果环境行政处罚裁量基准所选取的裁量因素比较单一，则会使得上述裁量活动过于简约，难以反映客观事实和实现个案正义。[3] 在这种情况下，以建构裁量权为功能预期的裁量基准，实际上是走向了相反的方向。

另一方面，一些环境行政处罚裁量基准在效果格化中划分的格次过于简单、随意，很难实际起到控权作用。在《江西省环境保护行政处罚自由裁量权细化标准》（2015）中，对于大多数违法行为仅规定有两到三个格次。例如，关于违法设置排污口或私设暗管的行为，《中华人民共和国水污染防治法》（以下简称《水污染防治法》）规定责令限期拆除，处2万元以上10万元以下的罚款；逾期不拆除的，强制拆除，处10万元以上50万元以下的罚款。上述裁量基准中仅细化为两个格次：（1）违法设置排污口

---

[1] 参见余凌云：《游走在规范与僵化之间——对金华行政裁量基准实践的思考》，《清华法学》2008年第3期，第66页。

[2] See Alice Kaswan, "Environmental Justice and Environmental Law", 24: 2 *Fordham Environmental Law Review* (2013) 149: p. 169.

[3] 参见余凌云：《行政自由裁量论》（第三版），中国人民公安大学出版社2013年版，第342页。

的，处 5 万—10 万元罚款；逾期不拆除的，处 10 万—30 万元罚款。（2）违法设置暗管的，处 10 万元罚款；逾期不拆除的，处 40 万—50 万元罚款。由此可见，其仅以法律条文中的两个违法行为作为情节的判定标准划分为两个格次，实际上仅仅削减了裁量范围，具有非常有限的限定裁量权的功能，难以实现裁量基准的功能预期。同时，该裁量基准在细化后将法条中 2 万—50 万元的处罚幅度削减为 5 万—30 万元、40 万—50 万元的幅度，剥夺了行政主体在 2 万—5 万元、30 万—40 万元两个罚款幅度的处罚裁量权；该基准对"违法设置暗管"行为独断地规定了"处 10 万元罚款"，剥夺了处罚主体对违法设置暗管行为的处罚裁量权。这些做法是有违立法授权旨意的，或者说是对立法职能的僭越。我国环境行政处罚裁量基准的格次简单化问题是普遍存在的，不合理的格次划分严重削弱了环境行政处罚裁量基准的控权功能，甚至造成行政权与立法权发生错位，使裁量基准的行政自制性质发生了违反法治的改变。值得肯定的是，我国一些地方在格次划分合理化方面进行了有益的尝试，如《北京市环境保护局行政处罚自由裁量基准》（2016）以类别—情节的表格结构进行了较为精细的格次划分，如大气污染物排放超标行政处罚中，以 3 个裁量因素划分了 32 个格次。但是，在裁量因素较少的条件下进行如此大量的格次划分，或许会陷入机械适用的窠臼。

2019 年 5 月，生态环境部发布《指导意见》，总结了一段时间以来环境行政处罚裁量基准实践经验，提出了制定和适用裁量基准所要遵循的原则和规则，并提出了具体范例。通过范例可以看出，《指导意见》认识到我国裁量基准制度实践中存在的问题，并在技术结构等方面做出了改进。比如《指导意见》将"引起不良社会影响""主动消除或减轻环境影响""环境影响较小"等情节规定为从重、从轻、减轻和免予处罚情节，将"环境违法次数""区域影响"作为共性裁量基准，将"改正态度""经济承受度"等作为修正裁量基准，并对几类重点违法行为规定了个性裁量基准，大大增加了裁量因素个数，更有助于实现实质正义；《指导意见》并未采取处罚格次的形式，而是采取计算公式的形式，避免了处罚格次划分不周延的问题，但也存在机械适用的隐患。此外，在《指导意见》中也指出"生态环境部将在'全国环境行政处罚案件办理系统'中设置'行政处罚自由裁量计算器'功能，通过输入有关裁量因子，经过内设函数运算，对处罚额度进行模拟裁量，供各地参考"。这表明《指导意见》将是今后我国环境行政处罚裁量基准实践发展的重要指针，也有待进一步研究，以推动其实施。

（二）理论研究现状

1. 理论研究成果

（1）行政自制理论。在近些年的行政法学研究中，很多学者从不同角度系统阐述了行政自我控制理论，或称行政自制理论。所谓行政自制，主要是指控制行政权力的一种方法，即不同于对行政权力的立法控制和司法控制，行政机关自发地约束其所进行的行政活动，使得其自身能够保持在合理合法范围内运行的一种行为。[1] 就此而言，行政处罚裁量基准制度是一种行政自制的手段。[2] 学界对行政处罚裁量基准的性质、正当性、制定主体和程序、技术构造、司法审查等基本问题的研究，实际上也是建立在行政自制理论的基础之上的。

在行政自制理论研究方面，我国学者进行了较为深入的探讨，如崔卓兰教授、于立深教授系统地阐述了行政自我控制的必要性、正当性、一般途径等基本问题。之所以发展行政自制，是因为通过立法和司法手段对行政权进行控制具有天然的局限性。就立法控制而言，首先，法律不可能面面俱到地规定行政活动范围的细致问题，更不可能预见尚未出现的问题，其次，立法机关的组织定位和主要任务也不在于规范具体的行政裁量行为；而就司法控制而言，司法机关对行政裁量权的控制具有范围窄、成本高、时间滞后、专业性弱的问题。[3] 通过行政机关对自身行为的自我控制，能够弥补立法与司法在控制行政权力方面的功能性不足。[4]

（2）行政裁量基准的功能主义建构模式。在行政处罚裁量基准的理论

---

[1] 参见于立深：《多元行政任务下的行政机关自我规制》，《当代法学》2014年第1期，第12页。
[2] 参见周佑勇：《裁量基准的制度定位——以行政自制为视角》，《法学家》2011年第4期，第5页。
[3] 参见崔卓兰、刘福元：《论行政自由裁量权的内部控制》，《中国法学》2009第4期，第78页。
[4] 参见于立深：《多元行政任务下的行政机关自我规制》，《当代法学》2014年第1期，第12页。

模式研究方面，我国学者针对该制度在高速发展中暴露出的一系列严峻而普遍的实践问题，广泛研究了德国、日本、韩国的行政基准制度，[1] 英国的"非正式规则"制度，[2] 以及美国的行政裁量控制路径。[3] 在这些域外经验中，新兴的功能主义建构模式的控权理论，与我国所建立的行政处罚裁量基准制度高度契合，我国学者将之作为我国行政处罚裁量基准的理论模型。[4]

所谓功能主义建构模式是相对于传统规范主义控权模式而言的。规范主义控权模式是以立法权、司法权来制约和控制行政裁量权，以这样的"法律控制"来实现法治，但这一进路有片面追求形式法治、压制行政裁量生长空间和个性发展之虞。[5] 相比规范主义控权模式的"法律自治"风格，功能主义建构模式具有"政府自治"的风格。[6] 行政裁量基准虽然也是以规则形式出现的，但是并非来源于立法权、司法权的外部控权，而是基于行政机关对自身权力的自我规范和控制。司法机关也应当尊重行政机关在法律原则之下自定行政规则规范行政裁量权的行为，给予其自我生长和个性化的空间。政府自身的自制可以作为对行政权的第一道防线，立法和司法机关的控制则作为第二道防线。为了实现行政自由裁量权有序健康运行，需要将这两条防线结合起来。可以说，功能主义的建构模式是目前最有解释力的我国行政处罚裁量基准的理论模型，为我国行政处罚裁量基准的研究提供了一个基本的框架。本书以这一理论模型为基础探讨环境法语境下的行政处罚裁量基准相关问题。

功能主义建构模式的控权理论主要突出了行政处罚裁量基准作为一种

---

[1] 参见朱新力、罗利丹：《裁量基准本土化的认识与策略——以行政处罚裁量基准为例》，《法学论坛》2015年第6期，第17页。

[2] 参见余凌云：《现代行政法上的指南、手册和裁量基准》，《中国法学》2012年第4期，第130页。

[3] 参见朱新力、罗利丹：《裁量基准本土化的认识与策略——以行政处罚裁量基准为例》，《法学论坛》2015年第6期，第17页。

[4] 参见周佑勇：《裁量基准的制度定位——以行政自制为视角》，《法学家》2011年第4期；周佑勇：《裁量基准的正当性问题研究》，《中国法学》2007年第6期；周佑勇、熊樟林：《裁量基准制定权限的划分》，《法学杂志》2012年第11期；周佑勇：《裁量基准公众参与模式之选取》，《法学研究》2014年第1期；周佑勇、熊樟林：《裁量基准司法审查的区分技术》，《南京社会科学》2012年第5期。

[5] 参见周佑勇：《行政处罚裁量基准研究》，中国人民大学出版社2015年版，第82页。

[6] 参见周佑勇：《行政裁量的治理》，《法学研究》2007年第2期，第127页。

行政自制手段的规范裁量权功能,并且将这一功能的实现作为构建和评价行政处罚裁量基准制度的标准。这一理论所阐述的行政处罚裁量基准的控权功能,主要在于三个方面:限定裁量权、建构裁量权和制约裁量权。[1]

限定行政处罚裁量权,是指行政处罚裁量基准通过将较大的裁量幅度细化为若干个较小的与情节相对应的裁量幅度,来剔除不必要的裁量权,使裁量空间合理化。[2]裁量空间太大或太宽都容易滋生裁量权的滥用,仅仅通过立法很难详细、具体地确定裁量权的范围。行政处罚裁量基准通过情节细化和效果格化,在法定的裁量范围内,更进一步地限缩了裁量权的行使空间。

建构行政处罚裁量权,是指行政处罚裁量基准通过情节的细化,在法律条文的基础上,进一步规范行政主体在相关处罚活动中的考虑事项。[3]建构裁量权功能与限定裁量权功能是两个相互区别又相互联系的功能。在裁量权受到限定而剔除了不必要的裁量权之后,所留有的必要的裁量权也需要进行规范和控制。这种控制就涉及通过情节细化技术对行政裁量权的建构。行政处罚裁量基准所设定的情节,或者具体的裁量因素和裁量权重,都是对相关案件中利益衡量结果的一种体现,也是对立法目的的一种表达。因为一个行政处罚活动可能具有多重目的,这些目的之间可能发生竞争与一致,在实际管理活动中往往需要确定优先考虑的目的。而这一过程可以通过对优先考虑事项的列举及其权重的赋予,在裁量基准的规则中予以体现。裁量基准通过情节细化技术,确定了行政裁量中应当考虑以及优先考虑的事项,并避免不应当考虑的事项影响裁量,以此实现对行政处罚裁量权的建构。建构裁量权功能是行政处罚裁量基准作为一种行政自制手段,相较于立法控制和司法控制这些外部控制手段的主要优点,也是功能主义建构模式的突出特点。

制约行政处罚裁量权,是指通过公开行政处罚裁量基准,实现行政管理过程的公开,使"权力在阳光下运行",促进行政处罚裁量的公众监督。[4]如果没有行政处罚裁量基准,无论是法院、上级行政机关或是行政

---

[1] 参见周佑勇:《行政处罚裁量基准研究》,中国人民大学出版社2015年版,第43页。
[2] 参见周佑勇:《裁量基准的正当性问题研究》,《中国法学》2007年第6期,第24页。
[3] 参见周佑勇:《行政裁量的治理》,《法学研究》2007年第2期,第128—132页。
[4] 参见[美]戴维斯:《裁量正义》,毕洪海译,商务印书馆2009年版,第245页。

相对人和社会公众,都会缺少审查、监督行政处罚行为的必要信息。行政处罚裁量基准的制定,就可以将行政机关在行政处罚活动中的裁量因素和裁量效果公之于众。司法机关可以据此审查相关行政处罚行为的合理性;上级行政机关可以据此监督下级行政机关的履职情况;而社会公众也可以据此监督行政机关对影响自身权益的行政处罚行为。

由此,在我国行政法学理论中,行政处罚裁量基准是一种功能主义建构模式的行政自制制度,具有限定、建构和制约裁量权的功能,其中建构裁量权功能是其最突出的特点。

(3) 环境法学对行政处罚裁量基准的相关研究。国家环境管理是环境法律实施的主要途径,而环境行政处罚是国家环境管理的重要手段之一。我们很难想象离开环境法学理论的环境行政处罚是理性而非任意的。然而,在当前我国环境法学研究中,极少关注环境行政处罚裁量基准问题。仅有的一些研究成果也大多是单纯地用行政法学的研究成果对环境行政处罚裁量基准进行理论概括和重述,或者是对我国现行环境行政处罚裁量基准文本进行实证分析,并没有上升到理论的高度。与环境行政处罚裁量基准具有密切联系的,是环境行政处罚的理论问题。学界对环境行政处罚中的裁量因素和罚款数额等问题进行了研究,这些研究成果可以在一定程度上为环境行政处罚裁量基准的理论研究提供基础。如有的学者研究了美国的环境行政处罚制度。[1] 美国的联邦法律一般只规定环境违法行为的最大处罚上限,以及在确定处罚数额时必须要考虑的几个因素,并未规定这些因素的权重以及如何计算最后的处罚数额,而将之作为执法者自由裁量的范围。[2] 为了环境法的管制,美国环境保护署[3]综合了威慑理论、行为理论和经济理论,计算违法经济收益作为处罚基础数额,再经由一些影响因子或裁量因素来进行调整。[4] 还有的学者在我国环境行政处罚实践的基

---

[1] See Ronald H. Rosenberg, "Doing More or Doing Less for the Environment: Shedding Light on EPA's Stealth Method of Environmental Enforcement", 35 *Environmental Affairs* (2008) 175: p. 186.

[2] See Ronald H. Rosenberg, "Doing More or Doing Less for the Environment: Shedding Light on EPA's Stealth Method of Environmental Enforcement", 35 *Environmental Affairs* (2008) 175: p. 208.

[3] See Kevin Tomkins, "Police, Law Enforcement and the Environment", 16: 3 *Current Issues in Criminal Justice* (2005) 294: p. 299.

[4] 参见秦虎、张建宇:《美国环境执法特点及其启示》,《环境科学研究》2005 年第 1 期,第 43 页。

础上，提出罚款数额应具有以下规则：守法成本小于概率化的危害后果；罚款数额大于守法成本；罚款数额大于违法收益；罚款数额大于概率化的危害后果；罚款数额大于行政成本。[1]

2. 理论研究存在的问题

通过理论梳理可见，行政法学界在裁量基准的理论研究中，很少关注环境公共事务的特点。而环境法学理论在这方面近乎失语，没有对环境行政处罚裁量基准这一新兴的环境法律制度做出及时有效的理论回应。这在很大程度上导致了环境行政处罚裁量基准没有一个足够精细和理性的理论框架。这种理论问题反映在实践中，就是在行政处罚裁量基准制度快速推进的同时，出现了一系列问题，比如裁量基准良莠不齐，虚置化情况普遍，等等。[2] 在日益严峻的环境危机背景下，[3] 各地方虽大量制定环境行政处罚裁量基准，但是疏于考虑环境治理的特殊要求，只是简单地套用行政处罚裁量基准的结构框架，存在错置资源、无法实现功能预期的问题；新发布的《指导意见》也缺乏足够的理论支撑，严重阻碍了其长效实施。

在进行了十几年的关注和探讨后，学界已经从实践经验和理论研究中大致得出了行政处罚裁量基准制度的理想模式。但是，对于环境行政处罚裁量基准来说，这还远远不够。我国行政处罚裁量基准在很多情况下，并不是作为一个整体出现的，而是治安、工商、环保等具有行政处罚权的行政机关分别制定或适用单行的行政处罚裁量基准。环境问题具有复杂性，在应对近代以来的环境问题方面，任何一个传统部门法都难以独力完成这一任务，由此才产生了环境法，而环境法也逐渐发展成了具有交叉属性的独立的部门法。为了应对复杂变化的环境问题，环境法具有不同于其他部门法的功能和价值旨趣，在环境公共事务的治理中发挥着重要的作用。[4] 适用于环境处罚领域的行政裁量基准，不仅要符合行政裁量基准的一般理

---

[1] 参见程雨燕：《环境罚款数额设定的立法研究》，《法商研究》2008年第1期，第124—125页。

[2] 参见张恩典：《行政裁量基准的现实悖论及其克服基于实证的考察》，《云南大学学报（法学版）》2015年第6期，第109—110页。

[3] See Nicholas J. Schroeck, "A Changing Environment in China", 18: 1 *Vermont Journal of Environmental Law* (2016) 1: p. 2.

[4] See Michael Burger, "Environmental Law/Environmental Literature", 40: 1 *Ecology Law Quarterly* (2013) 1: p. 8.

论，也要符合环境法的一般性要求。但是在环境行政裁量基准的理论和实践中，这一点被普遍地忽视了。

对于环境法与其他部门法之间的这种关系，以协调与融合为核心的环境法学方法论可以做出较有力的阐释。在以协调与融合为核心的环境法学方法论的视域下，环境法是协调与融合不同学科的判断、不同价值和利益的法律部门。[1] 以协调与融合为核心的环境法学方法论始于对整体主义环境法学方法论的反思，它回归到以人类中心主义为实质的可持续发展理念。可持续发展理念包含妥协与协调，追求价值间的融合和共同进步。在可持续发展的视野下，经济不仅仅是关于财富的增长，而生态也不仅仅是关于自然的保护，环境与经济都同等地促进人类社会的进步。[2] 在环境法学的视域下，人类的环境管理行为，无论是命令—控制模式，还是激励机制，本质上都是对人类环境活动的自我设限，在环境、经济和社会的同步动态变化的过程中，以常态机制确保它们之间的适当平衡，将人类活动对自然环境的影响限制在自然环境所能承受的范围内。环境因素、经济因素和社会因素并不是彼此对立的，它们之间的关系遵循着环境库兹涅茨曲线的预测，在特定时期特定社会条件下有特定的关系。在可持续发展理念下，环境保护、经济发展和社会进步都是正当的。[3] 相较于传统部门法，环境法的特殊性在于将环境因素和环境保护的价值纳入法律的视野中。环境法律不仅要协调这些因素、价值之间对立的方面，还要尽量融合它们之间可能相互促进的方面。[4] 这是以协调与融合为核心的环境法学方法论的基本认识。[5] 因此，环境法与其说是对传统法律部门的一种"颠覆"或"革命"，不如说是一种改良或拓展。它是以传统法律部门为基础，将自然科学对于自然环境的事实判断，与人文社会科学对于社会和经济的价值判断相联系，将环境保护所需要的生态伦理观念与经济和社会发展中的价值

---

[1] 参见吴真、李天相：《以协调与融合为核心的环境法学方法论初探》，《法学杂志》2017年第7期，第11页。

[2] See Albert C. Lin, "Myths of Environmental Law", 1 *Utah Law Review* (2015) 45: p.64.

[3] See Laberge Yves, "Sustainable Development", 39 *Labor Studies Journal* (2014) 241: p.241.

[4] See Alice Kaswan, "Environmental Justice and Environmental Law", 24: 2 *Fordham Environmental Law Review* (2013) 149: p.169.

[5] 参见吴真、李天相：《以协调与融合为核心的环境法学方法论初探》，《法学杂志》2017年第7期，第10—21页。

观念相联系。正如环境、社会与经济在价值上或人们的需求上并无绝对的优先等级一样，生态环境原理也并不必然高于人类经济社会的价值规范，环境法学要以可持续发展理念协调与融合自然科学的事实判断与法学的价值判断，协调与融合生态学的整体主义与法学的个体主义。[1]

总之，我国当前的环境法学研究并没有为环境行政处罚裁量基准的制定建立理性的基础，这对于我们在实践中正确认识和合理制定环境行政处罚裁量基准是极为不利的。

（三）研究意义

深入细致地探讨环境行政处罚裁量基准的理论问题有紧迫的现实需要，也非常具有理论价值，是有广阔研究前景的时代命题。

首先，环境行政处罚裁量基准的理论研究有助于为我国实践建立理性基础。由于缺乏足够的理论支撑，我国环境行政处罚裁量基准的实践发展在某种意义上更像是一场无序的轰轰烈烈的运动，很多地区制定的环境行政处罚裁量基准往往不尽合理，甚至流于形式，并不具备或难以发挥其应有的控权功能。直到《指导意见》出台之后这种无序发展态势才有所缓解。各地裁量标准制度实践有限的借鉴价值和环境行政处罚裁量基准理论养分不足，严重阻碍了环境行政处罚裁量基准制度的发展。我们悲哀地发现，在发展了十余年后，我国环境行政处罚裁量基准制度仍存在技术粗糙和理论空白的严峻问题。这些问题产生在裁量基准"运动式"发展的大背景下，也激发了笔者研究环境行政处罚裁量基准这一法律制度的学术关怀。对环境行政处罚裁量基准的研究具有极其现实的意义。

其次，环境行政处罚裁量基准的理论研究顺应了当前环境法学的发展趋势。有的学者指出，我国第二代环境法正在逐渐形成和发展。[2] 如果说第一代环境法的治理模式是以命令—控制为主，那么第二代环境法则更倾向于重视市场交易等激励机制的综合治理模式。[3] 在这一过程中，行政权力对于环境公共事务的管控任务逐渐减轻，权力本身的范围也必然受到更

---

[1] 参见王小钢：《义务本位论、权利本位论和环境公共利益——以乌托邦现实主义为视角》，《法商研究》2010年第2期，第64页。
[2] 参见郭武：《论中国第二代环境法的形成和发展趋势》，《法商研究》2017年第1期，第85页。
[3] 参见郭武：《论中国第二代环境法的形成和发展趋势》，《法商研究》2017年第1期，第86页。

进一步的限制。而且，第二代环境法更关注"行动中的法"，具有较强的社会实践关怀。相应地，新阶段的环境法学研究表现出了强劲的实践转向，环境法学研究开始更多地回应现实需要，功能主义的色彩愈发浓重。在此背景下，环境行政处罚裁量基准的研究回应了中国法律实践中对于控制环境行政处罚权力的需要，符合第二代环境法的价值取向，顺应了新时代环境法学研究的发展脉络，具有广阔的研究前景。

最后，环境行政处罚裁量基准的研究是部门法间交流与沟通的有益尝试。环境法在20世纪六七十年代环境运动中产生，[1] 在很长时间内，环境法都是作为一个交叉学科出现的。它既是环境科学和法学的交叉学科，促进着自然科学和人文社会科学之间的沟通；它同时又实现了各部门法学之间的交叉，包含公法、私法、国际法、程序法等部门法的相关内容。在经历了数十年发展之后，第二代环境法已经基本具备了自足性，[2] 成为一门独立的部门法，有着独特的立法理念和价值关怀。但是，一方面，环境法在一些情况下会与传统部门法发生理念与价值上的冲突，归根结底，是生态环境价值与社会经济价值之间的冲突；另一方面，在当前法律制度没有根本改变以前，环境法的许多法律制度和措施还要依托于传统部门法的框架。以法律责任的追究为例，在传统的制度框架下，对环境责任要详细地区分民事责任、刑事责任和行政责任并按照各自的程序进行追究。因此，在这一意义上，环境法必须实现与其他部门法之间的有效交流，否则它的实践功能将大大减弱。行政裁量基准俨然在行政法学领域是一门显学，具有丰富的研究成果，但是在环境处罚领域探讨行政处罚裁量权的合理范围，则无法忽视环境法学的理论指引。为了实现环境行政处罚的目标，环境法学必须吸取行政法学中控制裁量权的一般理论。环境行政处罚裁量基准的研究可以作为环境法与行政法之间进行交流互通的有益尝试。

二、研究基点：以协调与融合为核心的环境法学方法论

以协调与融合为核心的环境法学方法论是由我国环境法学者吴真教授

---

[1] See A. Dan Tarlock, "Environmental Law: Then and Now", 90: 2 *Washington University Journal of Law & Policy* (2010) 184; p. 184.
[2] 参见郭武：《论中国第二代环境法的形成和发展趋势》，《法商研究》2017年第1期，第85页。

提出的，它全面地扬弃了整体主义环境法学方法论，寻求法律理性、社会理性和生态理性在环境法学中的有机统一，为环境法学提供了一种较有解释力的法学方法论。本书的写作以这一环境法学方法论为研究基点，寻求行政自制理论与环境法学理论的"协调与融合"。

在以协调与融合为核心的环境法学方法论的视域下，环境法的运行中普遍存在各自独立的价值，它们之间存在竞争与一致。一方面，我们需要使用一定的方法、根据一定的标准和原则，在认识到这些价值的正当性的前提下，协调它们之间的冲突；另一方面，在一定的制度条件下，我们可以在一定程度上融合这些价值之间一致的方面，达致共赢的状态。[1] 而环境法，从本质上讲，就是通过这一协调和融合过程，完成对人类环境活动自我设限的任务。在这个意义上讲，环境法实际上参与了人类环境活动的建构过程。

国家环境管理是环境法运行过程中的部分内容，在国家环境管理中就包括环境行政处罚及其裁量。环境行政处罚裁量基准是使环境行政处罚裁量权的行使规范化、合理化的制度措施。在这一逻辑脉络下，环境行政处罚裁量基准的概念具有环境法上的内涵，即行政机关对环境行政处罚裁量中涉及的不同价值或利益进行协调与融合，并将判断结果体现为一定的情节和格次，将这些情节和格次组合为裁量基准，预设为具体环境行政处罚裁量中对不同价值或利益进行协调与融合的标准和尺度，这也为本书的研究提供了新颖的研究视角。

首先，本书并不止步于对环境行政处罚裁量基准"文本本身"的研究，而是着眼于其运行的全过程，具有鲜明的"实践导向"。以协调与融合为核心的环境法学方法论不仅以协调与融合不同价值的理论解释环境立法行为，而且也以此预测与评估环境法在实践中的实际效果。本书的研究具有鲜明的实践导向。一者，本书的选题来源于实践。环境行政处罚裁量基准是实践先行的产物，在缺少完备理论支撑的情况下，在实践中"运动式"地发展。本书并不旨在探讨控制行政处罚裁量权的合理性和必要性、环境行政处罚裁量基准的正当性和必要性，而是探讨在我国当前的制度环境下，在各地纷纷制定地方环境行政处罚裁量基准的背景下，如何进一步

---

[1] 参见吴真、李天相：《以协调与融合为核心的环境法学方法论初探》，《法学杂志》2017年第7期，第19页。

实现这一制度的规范化和合理化。因此,本选题来源于社会现实经验,旨在提出模式化的理论,并最终作用于实践,选题本身即具有鲜明的实践导向。二者,本书的研究路径遵循环境行政处罚裁量基准法律实践的过程。如果在较为宽泛的意义上使用"立法论"一词,使之涵盖所有对于规则制定的合理性的探讨,那么本书对于环境行政处罚裁量基准的探讨在很大程度上亦属于立法论的范畴。然而环境行政处罚裁量基准主要产生并适用于环境执法领域,因此本书的研究不仅要思考环境行政处罚裁量基准制定程序、生成模式等文本本身的合理性问题,而且要探讨如何合理地制定其情节和格次,以最大限度地在行政执法实践中发挥这一制度在行政法上的控权功能和在环境法上的建构人类环境活动的功能。三者,本书关注与法律互相影响的社会事实。以协调与融合为核心的环境法学方法论,指出事实判断与价值判断之间并无不可逾越之鸿沟,在一定的前提和条件下,对于特定事物的事实判断可以推导出正确的价值判断。本书对于环境行政处罚裁量基准进行的相关价值判断,遵循这一法学方法论的原理,研究环境行政处罚裁量基准在发挥控权功能的过程中的客观环境,以及相对具体的环境行政处罚中自然环境因素的事实判断。通过上述研究,在一定的推导过程后,得出正确的关于环境行政处罚裁量基准的价值判断。总之,本书的研究视角具有鲜明的实践导向,意图通过对法律实践问题的关注和研究,提出能够促进环境行政处罚裁量基准发挥其预期功能的理论框架。从这个意义上来说,这一研究视角使本书具有了浓厚的功能主义色彩。

其次,本书着眼于环境行政处罚裁量基准运行中的几个关键问题,在这些问题上,都有必要因应环境问题的特殊性而对现有行政法理论进行改良和修正。本书对于环境行政处罚裁量基准的研究主要从本体解析、生成、内容建构、技术构造和规范化适用等五个方面入手,这五个方面的问题贯穿了环境行政处罚裁量基准从理论证成到实践运行的全过程。以协调与融合为核心的环境法学方法论指出,在环境法的研究范畴内,普遍存在着不同价值之间的竞争和一致,其中特别地涉及环境保护方面的价值。在以价值相关性为判断标准的基础上,本书将各部分的研究对象进行解构和分析,确定其中有研究意义的相关价值,并试图引入环境保护的价值和理念,为这一制度建立理性基础。

最后,本书试图寻求行政法学理论与环境法学理论之间的接驳与互通。以协调与融合为核心的环境法学方法论要求环境法学方法论不能与传统法学方法论"隔空相望",环境法学方法论体现的应当是传统法学方法论向环境保护领域的拓展。因此,环境法学理论与传统部门法学理论之间的沟通是其应有之义。对于环境行政处罚裁量基准的研究,应当结合行政法学对于行政处罚裁量基准的研究成果,引入环境法的特殊考量和理论视角。本书对于环境行政处罚裁量基准性质、制定程序等方面的探讨,在相当程度上吸收了行政法学的理论成果,并着重探讨这些理论成果在环境法领域的内涵和因应的转化。

在上述研究视角下,本书运用了多种具体研究方法,主要有价值分析研究方法、实证分析研究方法等。

本书运用的实证分析研究方法,主要在对我国环境行政处罚裁量基准文本的研究中。本书搜集和整理数十部2015年之后修订和发布的我国现行环境行政处罚裁量基准以及与之相关的规范性文件以及2019年生态环境部发布的《指导意见》,以作为实证研究材料基础。我国各地制定的环境行政处罚裁量基准具有从形式到内容的不同程度的区别,即便是对于同一违法行为,各地细化的情节、格次、幅度也不尽相同。《指导意见》在总结实践经验的基础上,提出了新的要求。本书分析其中存在的普遍性特点和特殊性差异,以准确把握我国当前环境行政处罚裁量基准的现实问题和主要特点,遵循从实践到理论的逻辑,为理论探讨提供坚实的实证基础。

法社会学研究方法,主要应用在对环境行政处罚裁量基准的社会效果的研究中。在我国当前转型社会的背景下,环境问题不仅是有关环境与资源的问题,它还涉及经济、社会的发展问题。对于环境管理权的法律规制,也应当将这一权力放在环境、经济和社会三者相协调的背景下来探讨。从法社会学的视角,能够更好地探讨环境行政处罚裁量权在人类环境治理中的功能和合理界限。这是在相对宏观的法社会学背景下对我国环境行政处罚裁量基准制度的实践功能检视。

此外,价值分析研究方法广泛运用在以环境法理论对环境行政处罚裁量基准问题的解释和重述中。本书从应然的角度,基于生态实践理性原理,从环境行政处罚裁量基准的理论和制度实践中抽象出价值范畴,并以协调与融合的视角探讨价值层面的问题。以往对环境行政处罚裁量基准的研究仅仅是将行政法学的行政处罚裁量基准理论套用在环境法领域,而忽视了环境法本身具有的特殊性和自洽性。本书探讨行政处罚裁量基准在环境法语境下的应然状态，这一研究弥补了相关研究的不足。在此基础上，本书从立法论的视角重构了环境行政处罚裁量基准理论框架，遵循从实践到理论，再以理论指导实践的整体逻辑脉络。

三、基本框架与主要观点

本书以问题为导向，通过对我国环境行政处罚裁量基准制度实践经验的检视，提炼出其中存在的理论问题。概言之，这一理论问题就是如何将环境法学理论与行政法学理论相协调与融合，构建符合环境治理特点的环境行政处罚裁量基准的理论模式。这也是本书的核心问题。值得再次说明的是，本书并不旨在对环境行政处罚裁量基准提出技术性的操作规程或范例，而是通过对其制度机理的深入剖析，提出科学、系统的环境行政处罚裁量基准理论模式，以推动《指导意见》的有效实施和环境行政处罚裁量基准制度的长远发展。在本书核心问题的逻辑下，有五个主要的理论问题，分别涉及环境行政处罚裁量基准的本体解析、生成、内容建构、技术构造和规范化适用。这五个方面的理论问题，最需要也最能够体现环境治理的特殊性，分别成为本书各章节的核心问题。

第一章"环境行政处罚裁量基准的本体解析"，其主旨是对环境行政处罚裁量基准的概念和制度定位进行系统的解读。我国环境行政处罚裁量基准系采其狭义概念，仅指生态环境部门制定的裁量基准。行政裁量基准是一种规则与裁量之间的平衡，这是它的制度定位。规则与裁量之间的平衡受制于具体语境的变化，在环境治理的语境下，环境违法行为的客观性和环境行政处罚的主观性之间的矛盾，深刻影响着环境行政处罚裁量的合理空间以及裁量基准规则的合理细化程度。对制度定位的认识模糊，在很大程度上导致了环境行政处罚裁量基准的实践混乱。本章将环境治理的特殊要求融入规则与裁量的平衡模式中，以明确环境行政处罚裁量基准的、相对于其他行政处罚裁量基准具有独特性的制度定位。本章对环境行政处罚裁量基准本体的解析，不仅具有实践指导意义，而且也是本书理论研究的基础。

第二章"环境行政处罚裁量基准的生成"，其主旨是建立合理的裁量基准生成模式。这其中最重要的就是选择并建立环境行政处罚裁量基准的多元共治模式。在环境法的视角下，多元共治是一个必要的选项；而在行政法的视角下，多元共治对于行政裁量基准制度既不必要，又难操作，还可能与其自制逻辑和技术理性发生冲突。对于这样的理论矛盾，本书探讨协调其中存在矛盾的方面，对多元共治的程度和范围进行妥协；融合其中存在一致的方面，建立环境行政处罚裁量基准的有限多元共治。在新时期"全社会共同参与"的生态文明建设中，环境多元共治在裁量权的控制中将发挥越来越重要的作用。

第三章"环境行政处罚裁量基准的内容建构"，其主旨是建立环境行政处罚裁量基准内容的建构标准。我国实践中环境行政处罚裁量基准制定技术普遍较为粗糙和随意，缺乏理性和规范。《指导意见》在一定程度上缓解了这一问题，但仍存在原则性较强的问题。这是因为，环境法学理论还没有建立评判环境行政处罚裁量基准内容合理性的标准。为了解决这一问题，本章立足于行政法学对行政处罚裁量实体内容的研究，引入环境法的理念，尤其是"既要金山银山，又要绿水青山"的生态环境利益和社会经济利益综合权衡的理念，从实体内容建构之内部视角和区域化建构之外部视角两个角度共同建立环境行政处罚裁量基准内容的建构标准。

第四章"环境行政处罚裁量基准的技术构造"，其主旨是因应环境违法行为的特殊性，探讨环境行政处罚裁量基准情节细化和效果格化的技术结构所应当具有的调整和改良。在情节细化和效果格化的技术活动中，环境违法行为的客观性和环境行政处罚裁量的主观性之间的矛盾表现得尤为明显。在解决这一矛盾方面，构成因素的技术表达模式是"更优"的选项，也为《指导意见》所采纳。情节细化技术应探究环境治理的特点，在此基础上实现裁量因素和判定标准的合理性建构。在效果格化技术式微的背景下，应回归裁量基准基本理论重构效果格化的技术合理性。本章相较于其他章节具有一定的技术性，更确切地说，是追求在理论的高度上探讨技术性问题。

第五章"环境行政处罚裁量基准的规范化适用"，其主旨是建立对执法者适用环境行政处罚裁量基准过程的理论指导。行政处罚裁量基准在规则与裁量的平衡中，为裁量权留有空间，这是正当且必要的，但也为执法者在适用裁量基准时滥用裁量权提供了可能。一方面，执法者可能因忽视裁量基准的灵活适用而进入机械适用困境；另一方面，执法者可能因随意逸脱裁量基准而进入滥用裁量权的困境。本章发挥裁量基准"原则之治"的特点，引入环境法基本原则指导环境行政处罚裁量基准的适用，为"个案特殊情况"建立理性的执法标准。

　　本书五个章节之间遵循一定的逻辑脉络，共同构建了环境行政处罚裁量基准的理论模式。或者更确切地说，本书的研究重点在于"环境"行政处罚裁量基准与一般意义上的行政处罚裁量基准的不同之处，也就是环境治理对行政处罚裁量基准提出的特殊要求。因而本书所建立的理论模式是对行政法学的裁量基准理论的改良和拓展，体现了环境法学方法论的要求。故此，严格来说，本书所建立的理论模式与裁量基准一般理论结合起来，才是完整的环境行政处罚裁量基准理论模式。

第一章
环境行政处罚裁量基准的本体解析

环境行政处罚裁量基准是一种行政自制制度,规则与裁量之平衡是其制度定位。所谓规则,或称规则控制,意指通过预先建立一定规则以控制裁量权的行使过程;相对而言,所谓裁量,或称裁量自由,意指行政机关对法律法规所授予的行政裁量权的自主行使。实践表明,在没有规则控制的情况下,裁量会成为恣意、独断的代名词,"同案异判"情况严重。而如果要以规则取代裁量,则无法根据具体情况做出具体处罚,"异案同判"也不符合正义的要求。因此,无论是裁量过多还是规则过多,都不利于在个案中实现实质正义。环境行政处罚裁量基准正是在环境立法的总体框架下,寻求规则与裁量的平衡,并通过预设具有情节细化和效果格化技术结构的规则,将这一平衡以制度的形式予以固定。对环境行政处罚裁量基准制度本体的系统理解,是研究这一制度的前提和基础。

第一节 概念辨析

一、行政裁量基准

在行政自制理论中,行政裁量基准制度,是行政机关对其行政自由裁量权实现自我控制的制度。[1] 就域外经验来看,应当说大多数国家虽然普

---

[1] 参见崔卓兰、刘福元:《论行政自由裁量权的内部控制》,《中国法学》2009 第 4 期,第 81 页。

遍注重行政规则的作用,[1] 但并没有行政裁量基准制度,仅有一部分国家设立了类似我国裁量基准的制度。[2] 我国学界普遍认为,就我国的立法体制来说,行政机关具有一定的规则制定权,而这一权力本身就意味着裁量基准制定权的授予。[3] 行政裁量基准只是对法律规范内容的阐述和确定,并没有独立的设定、变更和消灭行政相对人的权利和义务,所以并不是一种立法性行政规则,而是作为行政主体行为的条件和依据,要求行政主体受到自我约束,是一种解释性行政规则。[4] 行政裁量基准尽管具有规则主义的外表,但其并不等同于规则,更不是法规范,[5] 在性质上是一种行政自制规范。[6] 要言之,行政裁量基准的概念是:具有行政管理权的行政机关根据立法目的和原则,对其在法定授权范围内的行政裁量权事先以规则的形式设定的一种具体化的判断标准,旨在对行政裁量权的正当行使形成一种自我约束。[7] 就这一概念来说,其具有以下三方面含义。

其一,行政裁量基准是一种行政自我约束。传统规范主义的控权模式,主要是通过法律规则的设置,实现立法、司法对行政权力的行使和运行的控制。不同于立法与司法对行政权力的控制,行政裁量基准是行政机关本身制定的、对自身行政裁量权加以控制的措施,是一种主动进行的自我控制权力的模式。这种主动的自我控制与受制于立法、司法要求而进行的被动的自我控制是不相同的,它更能充分体现行政裁量固有的能动性和追求个案正义的品质。[8]

其二,行政裁量基准的控权目的是建构行政裁量权,而非消灭或剥夺裁量权。一般来讲,行政裁量基准的功能主要是限定、建构和制约行政裁量权,而并不旨在否定行政裁量,其目的是将行政裁量权控制在一个合理

---

[1] See Shi-Ling Hsu, "Environmental Law Without Congress", 30:1 *Journal of Land Use & Environmental Law* (2014) 15: p. 22.
[2] 参见余凌云:《行政自由裁量论》(第三版),中国人民公安大学出版社2013年版,第330页。
[3] 参见周佑勇:《裁量基准的正当性问题研究》,《中国法学》2007年第6期,第25页。
[4] 参见周佑勇:《裁量基准的正当性问题研究》,《中国法学》2007年第6期,第27页。
[5] 参见周佑勇、熊樟林:《裁量基准制定权限的划分》,《法学杂志》2012年第11期,第17页。
[6] 参见周佑勇:《裁量基准的制度定位——以行政自制为视角》,《法学家》2011年第4期,第1页。
[7] 参见周佑勇:《裁量基准的制度定位——以行政自制为视角》,《法学家》2011年第4期,第5页。
[8] 参见周佑勇:《依法行政与裁量权治理》,《法学论坛》2011年第2期,第59页。

空间内,既要尽量减小权力被滥用的可能性,又要为行政主体追求个案正义保留应有空间。这一控权的过程就是一种规则与裁量间的平衡过程。

其三,行政裁量基准的自我控制并不是任意的,而要符合立法目的和原则。在我国,虽然各地发布行政裁量基准所使用的文件形式不尽相同,但其共性为行政裁量基准是上级机关对基层人员执法活动的规范性要求,具有内部效力。但这并不意味着,行政机关上下级间的约束能够任意做出。行政裁量基准是对相关法律条款的进一步细化,有些地方以"细化标准"来对之命名,因此它首先必须符合其所细化的法律条款的旨意。这就要求,行政裁量基准必须符合相关立法的目的、理念、原则,以及行政法所要求的合理性、比例性原则。《指导意见》明确强调:"制定裁量规则和基准应当坚持合法、科学、公正、合理的原则,结合污染防治攻坚战的要求,充分考虑违法行为的特点,按照宽严相济的思路,突出对严重违法行为的惩处力度和对其他违法行为的震慑作用,鼓励和引导企业即时改正轻微违法行为,促进企业环境守法。"这是对环境立法目的、理念和原则的引入。

二、行政处罚裁量基准

行政处罚裁量基准,顾名思义,是在行政处罚领域适用的裁量基准。在我国行政处罚裁量基准制度中,由各个职能部门制定本部门的行政处罚裁量基准,规范本部门行政处罚活动。除生态环境部门外,工商、税务、公安等有行政处罚权的部门也制定本部门的行政处罚裁量基准。

行政处罚裁量基准的目的是控制行政处罚裁量权,较之行政裁量基准的目的更为明确。行政裁量权,是指法律、法规赋予行政机关在行政管理中依据相关原则、标准自行判断行为的条件、选择行为的方式和做出行政决定的权力。行政处罚裁量权则是将上述概念的"行政管理"范围限缩在行政处罚活动内。

而行政裁量基准,单就这一概念本身来说,包括的范围不限于行政处罚裁量基准,还可能包括行政许可等管理活动的裁量基准,就我国目前的实际情况来说,绝大多数的行政裁量基准都是行政处罚裁量基准。因此,行政裁量基准与行政处罚裁量基准虽然在概念上有包含与被包含的关系,但在实践中一般是在同一意义上使用的。

三、环境行政处罚裁量基准

环境行政处罚裁量基准是行政处罚裁量基准的下位概念，指称在生态环境保护领域适用的行政处罚裁量基准。

就环境行政处罚的概念来说，可以从广义和狭义两个角度来理解，广义上是指国家环境保护监督管理部门（县级以上人民政府生态环境部门和其他依照法律规定行使环境保护监督管理权的部门）依照法定权限和程序对违反环境法律规范但尚不构成犯罪的单位或个人实施的一种行政制裁；[1] 而在狭义上，仅指由县级以上人民政府生态环境部门实施的行政制裁。[2] 国务院机构改革之后，环境行政处罚的广义概念和狭义概念在一定程度上趋同。但在一些事项上，如城市露天烧烤，则并非由生态环境部门进行监管。故此需要说明的是，本书所探讨的环境行政处罚裁量基准，取环境行政处罚的狭义概念，仅限于规范生态环境部门行政处罚裁量权的行政裁量基准，而并非泛指所有与自然环境相关的行政处罚裁量基准，比如自然资源部门在水资源保护、林业资源保护、野生动植物保护等事项上的行政处罚裁量基准。

2015年新环保法施行后，各地掀起了一股制定和修订环境行政处罚裁量基准的浪潮。从2015年年初至2018年年初，已有数十个省份的生态环境部门制定或修订本地环境行政处罚裁量基准，同时存在大量的市、县一级的环境行政处罚裁量基准。各地环境行政处罚裁量基准多以"通知"的形式下发，多命名为"环境保护部门行政处罚裁量基准""环境行政处罚自由裁量权细化标准""环境行政处罚裁量权实施标准""行政处罚自由裁量权裁量标准"等不一而足。从名称上，我们就可以初步窥知其技术构造，一言以蔽之，其核心在于"细化"。所有的地方环境行政处罚裁量基准，虽然文本千差万别，但无一例外的是，都以各种各样的方式达到"细化"的效果。2019年生态环境部发布的《指导意见》也以"细化"作为裁量基准的制度特点，指出："制定裁量规则和基准

---

[1] 参见吕忠梅：《环境法学》（第二版），法律出版社2008年版，第146页。
[2] 参见环境保护部环境监察局编：《环境行政处罚》，中国环境科学出版社2012年版，第2页。

应当将主观标准与客观标准相结合，在法律、法规和规章规定的处罚种类、幅度内，细化裁量标准，压缩裁量空间，为严格执法、公正执法、精准执法提供有力支撑。"

我国各地制定的环境行政处罚裁量基准的涵盖面也是不同的。在很多人看来，环境行政处罚裁量基准既然是规范生态环境部门行政处罚自由裁量权的，它就应当涵盖所有由生态环境部门行使行政处罚权的事项，很多省市的环境行政处罚裁量基准也确实如此。但是，也有相当一部分的环境行政处罚裁量基准仅仅规定了部分事项，如《北京市环境保护局行政处罚自由裁量基准》中仅以17个表格分别规定17类环境行政处罚事项。其理由是：环境行政处罚裁量基准是一种行政自制规范，是生态环境部门积极、自愿、自主地对自身权力运行设置的控制规则，因而生态环境部门可以自行决定限制自身行政处罚裁量权的范围和幅度。裁量基准的生成过程本身就是一个价值衡量的过程。[1] 仅选取需要重点规范的行政处罚事项设置行政裁量基准，只要不超出立法的授权，就是行政机关可以为之的事项，并不具有可责难性。

一般来讲，在环境行政处罚裁量基准的内容上，各地均对一些重点事项进行了规定，这些受到共同关注的事项包括违反环评制度的、违反环境保护设施管理制度的、违反大气污染防治的、违反水污染防治的、违反废弃物污染防治的事项。除此之外，在一些省市的环境行政处罚裁量基准中，也存在对其他事项的细化规定，这类事项主要有：违反危险废物管理的、违反医疗废物管理的、违反生化安全环境管理的、违反放射性污染防治的、违反电磁辐射污染防治的、违反环境噪声污染防治的、违反畜禽污染防治的、违反排污费征收使用管理的、违反清洁生产制度的、违反自然保护区制度的、违反突发环境事件应急制度的事项等。

《指导意见》明确列举了部分"常用环境违法行为自由裁量参考基准"，其中包括违反环境影响评价制度的行为、违反环境保护排污许可管理制度的行为、违反现场检查规定的行为、逃避监管排放污染物的行为和超标排放污染物的行为。可以预见的是，这些违法行为的裁量基准将作为未来一段时期环境行政处罚裁量基准的重点内容。

---

[1] See Pier Luigi M. Lucatuorto, "Reasonableness in Administrative Discretion: A Formal Model", 8 *Journal Jurisprudence* (2011) 633: p. 634.

第二节 制度定位

一、行政裁量基准的实质

在我国当前行政处罚裁量基准的控权模式下,通过设置规则,将裁量权控制在一个合理的限度内,防止裁量的恣意和独断。行政处罚裁量基准必须为裁量权的行使留有必要的空间,避免将行政处罚活动变为机械的惩罚程序,将积极的行政处罚裁量权力的行使变为消极的行政义务的履行。总之,行政处罚裁量基准是通过情节细化和效果格化来设定规则以将裁量控制在合理范围,其实质就是规则与裁量之平衡。[1]

(一)通过设定规则控制裁量权

行政处罚裁量基准,作为由行政机关制定的控制自身行政处罚裁量权的行政规则,具有规则主义的外表。它以情节细化和效果格化作为技术构造,通过要求行政机关遵守这些规则,实现对行政处罚裁量的自我控制。

行政处罚裁量基准之"规则"不同于法律为控制行政权力所设定之"规则",前者是行政机关积极、主动、自愿设置的控制自身权力的内容和要求,而后者则是通过行政机关被动地遵守来实现控权目的。这一区分本质上是行政处罚裁量权的功能主义建构模式和规范主义控权模式之区分。与规范主义的控权手段相比,行政处罚裁量基准对行政处罚裁量权的控制是多方面的,并且将控制的重点从权力本身的性质和范围转向了权力运行的过程。行政处罚裁量基准对情节的细化,主要是预先设定裁量活动中应当考虑的裁量因素及其判定标准;而对于效果的格化,主要是削减处罚效果范围,从而降低裁量结果的差异性。

具体而言,通过细化规则的设定,行政处罚裁量基准从以下三个方面实现了对裁量权的控制。

---

[1] 参见周佑勇:《行政裁量基准研究》,中国人民大学出版社2015年版,第63页。

其一，限制处罚幅度以剔除不必要的裁量权范围，发挥限定裁量权的功能。在实践中，裁量活动往往会受到不相关因素的干扰，继而导致权力寻租、行政失灵的状况，在环境行政处罚领域更是如此。作为发展中国家，我国各地区经济发展水平具有较大差异，在一些经济与环境关系较为紧张的地区，国家环境立法的实施效果将受到很大影响。一方面，我们不能一味苛责基层环境执法人员不能顶住压力严格执行环境行政处罚的有关规定，因为环境问题有其深刻的现实背景。另一方面，有必要将国家环境立法赋予行政机关的行政处罚裁量权进行限制，避免处罚结果畸轻或畸重。行政处罚裁量基准通过将法律法规中的处罚幅度细化为多个较小的处罚幅度，达到了缩小裁量范围的目的。《指导意见》明确提出要"细化裁量标准，压缩裁量空间"。

其二，列举裁量因素，规范裁量权的运行，发挥建构裁量权的功能。为了减少不相关因素的干扰，行之有效的方法是正向地列举裁量活动应当考虑的相关因素。行政处罚裁量基准通过情节细化的技术，设定了相关行政处罚裁量活动必须考虑的事实因素及判定标准，这有效防止了行政处罚裁量的恣意、独断，本质上是对行政处罚裁量的建构。

其三，公开规则以实现行政处罚裁量权的公众监督，发挥制约裁量权的功能。在我国行政处罚裁量基准的制度实践中，行政处罚裁量基准虽然以行政内部通知形式发布，但一般向社会公开。行政相对人可以依据行政机关所应适用的行政处罚裁量基准预测自身违法行为的法律后果，也可以在行政机关明显违背行政处罚裁量基准的时候，要求行政机关说明理由，以监督行政机关行使行政处罚裁量权的活动。在这方面，说明理由制度与行政处罚裁量基准制度联系在了一起。

总之，行政处罚裁量基准，是通过以情节细化和效果格化为技术结构的规则，来实现控制行政处罚裁量权的目的。正如《指导意见》所说，"为严格执法、公正执法、精准执法提供有力支撑"。

(二) 为裁量权保留必要空间

行政处罚裁量基准以行政机关制定的规则控制裁量权的行使，并不等同于剥夺裁量权，或以规则代替裁量。行政裁量权中包含着行政主体根据自身事实判断和法律判断做出决定的"自由"和对一个较大空间内的事物进行选择的"裁量"两种属性。[1] 规则的设置不会必然导致行政裁量权上述属性的缺失，而可以为行政机关的裁量活动留有一定的空间。

行政处罚裁量基准为行政机关的裁量权留有的空间主要体现在以下方面：其一，行政处罚裁量基准本身并不是要严格适用的。由上级行政机关制定的行政处罚裁量基准是一种行政机关的内部规则，基于科层制而对下级机关发生效力。但是裁量基准毕竟不是立法，不以国家强制力为保障。在个案中，行政机关在行政处罚裁量活动中可以根据实际情况脱离上级机关制定的行政处罚裁量基准，但必须说明理由，这也符合行政处罚裁量基准追求个案实质正义的价值旨趣。其二，行政处罚裁量基准所规定的情节判定标准，需要行政机关在实践中进行裁量。行政处罚裁量基准中的情节判定标准并不完全是客观的事实判断，不可避免地存在基于行政主体主观认识的价值判断内容。无论规则设置得如何详细，在价值判断方面，行政机关的裁量是无法由规则所代替的。同时，行政处罚裁量基准往往在情节细化上规定有"其他情节"，并没有穷尽行政处罚裁量中涉及的情节因素，为行政机关对个案中其他相关因素的裁量留有空间。其三，行政处罚裁量基准的格次通常是一个确定的范围，在该范围之中，行政机关具有裁量最终处罚效果的自由。如"处5万元以上10万元以下"就是一个效果格次，在这一格次范围内，行政机关保留确定最终处罚效果的裁量权。有的行政处罚裁量基准是通过数学公式计算确定处罚效果的，如《指导意见》中的参考基准。在这一情况下，裁量基准所确定的处罚效果应当作为行政处罚裁量的基础性轴线，行政机关可以根据具体情况在这一轴线上下微微摆动，[2] 也是具有裁量空间的。

为裁量权保留多大的空间，这个问题是比较复杂的。如果规则的设置过于细致、僵化，则可能使得行政机关的行政处罚裁量活动过于机械，裁量行为更多表现出羁束行为的特点，行政行为的主观能动性和创造性遭到过分削弱。[3] 而如果规则中情节的细化和效果的格化过于粗糙，如前例中

---

[1] 参见关保英：《行政自由裁量基准质疑》，《法律科学（西北政法大学学报）》2013年第3期，第50页。

[2] 参见余凌云：《游走在规范与僵化之间——对金华行政裁量基准实践的思考》，《清华法学》2008年第3期，第77页。

[3] 参见崔卓兰、刘福元：《析行政自由裁量权的过度规则化》，《行政法学研究》2008年第2期，第18页。

仅将情节细化为两个标准,则留给行政裁量的空间仍然较大,难以发挥控权功能,在很大程度上也难以在实践中得到适用,变得形同虚设。有的学者将行政处罚裁量中规则是否过细的问题概括为"过"与"不及"的困惑,[1] 极为形象地表达出行政处罚裁量基准平衡规则与裁量的实质。无论是规则过多还是裁量过多,都是行政处罚裁量基准这一制度所不应出现的问题。

我国现行各地方的环境行政处罚裁量基准都普遍存在着规则与裁量失衡的问题,有的表现为规则过于简略、粗糙,而难以控制裁量;有的则表现为规则过于"全面""精确",使得裁量空间过于狭小。究其原因,是对行政处罚裁量基准的制度定位认识不清,没有认识到行政处罚裁量基准以规则与裁量之平衡点为制度界限,继而既没能理性地判断本地区行政处罚裁量应有的合理空间,也没有认识到规则中情节和格次的设置对裁量空间的具体影响。但是,这些问题并不是行政处罚裁量基准制度本身必然导致的,在良好的制度设计下,行政处罚裁量基准可以实现规则与裁量的平衡,形成合理的制度界限,既能够通过细化情节和格化效果的规则控制裁量权的行使,也能够为行政机关追求个案实质正义,留有充足、必要的裁量空间。

总之,我国所建立的行政处罚裁量基准制度,其定位是规则与裁量之间的平衡。具体而言,是由行政机关预先制定一系列的规则,这些规则通常采用情节细化和效果格化的技术构造,具有控制裁量权的功能;同时,也为裁量权的自主行使留有必要的空间。

二、环境行政处罚裁量基准的制度模式

在环境行政处罚裁量基准中,规则的细化程度越高,对裁量的控制就越强,为个案裁量预留的空间就越小;反之,规则的细化程度越低,对裁量的控制就越弱,为个案裁量预留的空间就越大。而这一制度的实质就是规则与裁量的平衡。在规则与裁量相平衡的状态下,规则能够发挥建构、限定和制约裁量权的功能,同时,执法者拥有在个案中根据实际情况追求

---

[1] 参见王锡锌:《自由裁量权基准:技术的创新还是误用》,《法学研究》2008年第5期,第40页。

实质正义的裁量空间。这是从功能的角度对平衡状态判定标准的界定，符合对行政处罚裁量基准的功能主义行政自制观的认识。那么在环境治理中，规则与裁量相平衡是一种怎样的状态？

环境问题具有地域性、时代性、科学不确定性，同时与经济问题、社会问题广泛地联系在一起，这使得环境行政处罚的裁量活动较为复杂。我们很难具体而微地说明每个或每类环境违法行为的规则与裁量的平衡形态，只能在一般意义上，分析规则与裁量相平衡的判断标准，亦即满足何种条件和标准时，可以认为达到了规则与裁量之间的平衡，以此从理论上阐释规则与裁量相平衡的大致范围。

（一）环境行政处罚裁量权的合理空间

环境行政处罚裁量权的正当性和受到控制的必要性已经不是需要讨论的问题。更具有实际意义的问题是，环境行政处罚裁量权的合理范围。所谓环境行政处罚裁量权的合理范围，意涵了环境行政处罚裁量权不能过小，也不能过大，而过小和过大的边界，或者称最大限度和最小限度，就划定了环境法治所能容许环境行政处罚裁量的合理范围。在本书中，环境行政处罚裁量权是指生态环境部门依据法律法规授权，根据立法旨意、原则和其他标准，在个案中根据实际情况判断自身行为的条件、选择行为方式和做出行为决定的权力。这一定义与《指导意见》中的界定一致，大体描绘了环境行政处罚裁量权的权力界限，"依据法律法规授权，根据立法旨意、原则和其他标准"描述了其最大限度；而"在个案中根据实际情况判断自身行为的条件、选择行为方式和做出行为决定"从功能的角度描述了这一权力的最小限度。具体而言：

1. 最大限度

就最大限度来说，环境行政处罚裁量权的范围不能超出授予该权力的立法的授权范围，不能违反立法目的或旨意以及立法中规定的原则和标准。由于本书对环境行政处罚裁量权合理范围的探讨旨在厘清环境行政处罚裁量基准应为裁量自由留有的合理空间，而环境行政处罚裁量基准本身是上述最大限度中的"标准"，因此本部分仅从立法目的和原则、立法授权范围两方面探讨环境行政处罚裁量权的最大限度。

在立法目的和立法原则方面，我国法律法规一般都明确规定该法律法规的立法目的和基本原则，立法目的和立法原则是行政处罚裁量权合法行使的重要依据，违反立法目的和立法原则的行政处罚裁量可以认为违背了立法授予行政机关裁量权的目的。在我国环境立法，无论是在《环境保护法》中，还是在各项环境保护单行法中，一般均对立法目的、法律原则、环境行政法律责任有明确的规定。在《环境保护法》立法目的条款中，规定了三方面内容：一是保护和改善环境，防治污染和其他公害；二是保障公众健康；三是推进生态文明建设。相较于1989年《环境保护法》，新修订的《环境保护法》在立法目的中加入了推进生态文明建设的内容。生态文明建设是与我国社会发展进程紧密关联的一项发展战略，这次修订明确将环境保护工作纳入生态文明建设的背景下。环境行政处罚裁量活动不能违反这一条款中规定的立法目的。该法同时规定了保护优先、预防为主、综合治理、公众参与、损害担责五项原则。在不考虑环境保护单行法中所规定的各领域环境法律原则的情况下，这五项原则为环境行政处罚裁量活动建立了一种限度要求，比如损害担责原则要求，环境行政处罚及其裁量活动，在最基本的意义上，应当使损害环境的单位和个人按照参与损害的程度承担责任。其他原则也在不同的方面对环境行政处罚裁量提出了限度要求。在生态文明建设的新时期，环境法律治理应当落实中央对中国特色社会主义生态文明建设的新要求，践行"绿水青山就是金山银山"理念，服务于推进绿色发展、建设美丽中国的新事业。

在立法授权范围方面，在环境保护立法的法律责任章节，规定了违法行为的情节和较为明细的处罚幅度，这些较为明确的法律规定是立法对环境行政处罚裁量的授权，同时，在处罚幅度方面为环境行政处罚裁量划定了明确的界限。行政机关仅有权在立法规定下选择处罚种类及确定罚款金额，而无权扩大这一范围，也无权以出台裁量基准的形式缩小这一范围，否则构成对立法职权的僭越。相较于立法目的和原则对行政处罚裁量的限制，立法授权范围对行政处罚裁量限制的可操作性和可审查性更强。如《大气污染防治法》规定："违反本法规定，排放油烟的餐饮服务业经营者未安装油烟净化设施、不正常使用油烟净化设施或者未采取其他油烟净化措施，超过排放标准排放油烟的，由县级以上地方人民政府确定的监督管理部门责令改正，处五千元以上五万元以下的罚款；拒不改正的，责令停业整治。"其中，"五千元以上五万元以下"则是立法所授予的行政处罚裁量权的范围。立法在此方面对行政处罚裁量的限制,为行政处罚裁量划定了一条虽不具体,但却明确的"红线",要求行政处罚裁量必须在法律规定的框架下运行,这也可以理解为合法性原则对行政处罚裁量的限制,[1]体现了合法性原则在环境法治理中的运用。

2. 最小限度

就最小限度来说,环境行政处罚裁量权的范围至少应满足发挥其应有功能的需要。在个案中根据实际情况做出判断,是裁量的主旨也是裁量权存在的原因。通过立法、司法、行政等路径对环境行政处罚裁量权的控制,应当至少保留其在最低限度上发挥功能所必需的行使空间。也就是说,在裁量范围达不到最小限度的情况下,行政机关在实际执法活动中,将无法根据个案的实际情况,综合考虑与立法所规定的违法情节相关的因素,并判断其法律效果。这在很大程度上削弱了行政处罚的合理性,使积极主动的裁量活动在某种意义上变为一种机械的程序性工作,不利于在个案中追求实质正义。

3. 裁量空间的合理性标准

在将环境法理论引入行政处罚裁量理论之后,我们可以大致描绘出环境行政处罚裁量权的合理范围,这一合理范围是由环境行政处罚裁量权的最大限度和最小限度来划定的。为了体现上述限度性要求,环境行政处罚裁量权的空间上至少具有三方面合理性标准:

首先,客观性裁量因素的权宜选择。环境违法行为具有一些客观性裁量因素,如超标倍数、烟尘黑度、噪声强度等。这些客观性裁量因素需要运用科学技术手段进行判断。在这些因素的判断过程中,应允许行政机关在存在科学不确定性或技术局限性的情况下,选择最佳可运用的技术措施辅助判断。对环境违法行为损害结果的鉴定和判断具有较强的科学技术性,如果由于科学技术的原因而无法较为准确地判断损害结果,从而无法进行处罚,这显然是不符合环境法律的立法目的和损害担责原则的。从某种意义上说,科学不确定性和技术局限性是广泛存在的,如果环境损害者可以因此而逃脱责任,则将从根本上否定人类环境保护活动的可评价性。所以在环境行政处罚中,应当保留执法者在科学不确定性或技术局限性对

---

[1] 参见姜明安:《论行政自由裁量权及其法律控制》,《法学研究》1993年第1期,第44—45页。

执法活动造成阻碍的情况下，自行按照当前条件下最佳的、可以运用的手段选择客观性裁量因素进行判断。

其次，裁量因素及其判定标准具有相对确定性。在特殊情况下，执法者可以自行决定个案中的裁量因素及其判定标准。由于环境问题是一种自然事实，具有复杂性、多变性等特征，因此法律法规或标准中所列举的裁量因素未必能反映客观真实的情况，也未必能反映环境问题在不同时期或在不同社会条件下的特殊情况。环境、经济和社会三者之间是紧密地联系在一起的，对社会影响的判断不能脱离对环境、经济因素的关注。社会现实中具体而复杂的环境、社会和经济的关系是任何事先立法都无法完全预知的。在我国特殊语境下，影响裁量的社会因素还包括企业存续的需要、地方上的政治要求等因素，这些裁量因素也是我国执法者作为公共理性人须尽最大可能考虑的因素。[1] 概言之，在特殊情况下，执法者可以根据环境行政处罚的立法目的和基本原则，合法合理选择裁量因素，分配各裁量因素的权重，这是在环境行政处罚个案中追求实质正义的应有之义。

最后，执法者有在一定适当范围内决定最终处罚方式和罚款金额的权力。我国行政处罚规定有警告、罚款等法律后果，法律法规对于罚款一般规定了处罚幅度，为执法者保留确定最终处罚方式和罚款金额的权力。[2] 裁量基准对裁量权的限制不能剥夺这部分权力。这一权力是行政处罚裁量空间的最小限度中的底线，如果没有这一项权力，执法者对于主客观因素的裁量将在很大程度上失去意义，无法在个案中发挥行政主体的主观能动性追求实质正义。

本部分因应环境问题的特殊性，对行政处罚裁量的一般理论进行了改良和重构，得出了环境行政处罚裁量权的合理空间。它的最大限度是，不违反环境立法的目的、原则和授权范围；它的最小限度是，满足执法者在个案中追求实质正义的需要。裁量空间合理性标准包括：执法者有权在存在科学不确定性[3]或技术局限性的情况下自行选择、判断客观性因素；有权在特殊情况下选择裁量因素及其判定标准；有权决定最终的处罚方式和罚款数额。

---

[1] See Barbara French, J. Stewart, "Organizational Development in a Law Enforcement Environment", 70 *FBI Law Enforcement Bulletin* (2001) 14: p. 19.
[2] 由于环境立法中没有规定环境保护行政主管部门有做出人身罚的权力，因此，在环境行政处罚裁量基准中仅涉及罚款金额的问题，而不涉及行政拘留的问题。
[3] See Albert C. Lin, "Myths of Environmental Law", 1 *Utah Law Review* (2015) 45: p. 56.

（二）环境治理中的"规则与裁量相平衡"

1."实现控权功能"的技术要求

从规则的角度来说，环境行政处罚裁量基准所设定的规则，是为了实现其建构、限定和制约环境行政处罚裁量权的功能，能否实现这些功能，也成为判断环境行政处罚裁量基准实际效果的关键。这三项功能从不同的角度对环境行政处罚裁量基准中规则的制定技术提出了要求。

在我国环境行政处罚裁量基准的制度实践中，虽然各地方的制定模式存在一定程度上的差异，但几乎都采用了情节细化和效果格化的技术结构。《指导意见》也基本采用了这种结构。我国行政法学实用主义的立场，一直以来倾向于认为行政机关的裁量既包括对事实要件的认定，还包括对法律效果的选择。[1] 与此相对应，情节细化涉及对事实要件的细化，而效果格化涉及对法律效果的格次化。规则的建构、限定和制约裁量权的功能，在情节细化和效果格化的技术结构中都有所体现，但是各个功能的侧重点是有所不同的。规则的建构功能，主要体现在情节细化中对于裁量因素及其判定标准的规范，这些规范促使执法者在裁量活动中考虑并恰当地权衡相关因素，并减少不相关因素的干扰，达到使裁量活动规范化的效果。规则的限定功能，主要体现在效果格化中对处罚范围的限制，这些限制使得执法者在个案中只能根据情节判定的标准在相对立法授权范围较小的处罚幅度内选择法律效果，削减了不必要的裁量权。规则的制约功能，主要体现在规则的明晰程度方面，所谓制约是因公开而实现的，公开的目的是使社会公众能够了解并监督行政处罚裁量过程，因此规则不能模棱两可，必须明晰至足以反映实际裁量过程的程度。

总之，规则的三项功能预期，对规则细化程度提出了一定的要求，裁量因素及其判定标准必须足够完备并能够在较大程度上反映客观实际情况，规则才能够实现其建构裁量权的功能；法律效果的格次数量、范围必须足够合理，规则才能够实现其限定裁量权的功能；规则的设置必须足够明确，使公众能够较为准确地预知特定环境违法行为的法律后果，规则才能够实现其制约裁量权的功能。由于环境问题具有特殊性，环境违法行为

---

[1] 参见周佑勇：《行政裁量基准研究》，中国人民大学出版社2015年版，第88页。

的客观性与环境行政处罚的主观性存在着深刻的矛盾。在这一背景下，环境行政处罚裁量基准的规则设置，为了发挥其控权功能，应当具有特殊的技术要求。

首先，对于不同种类的环境违法行为，规则的细化程度应有所区别。一方面，环境法律对于不同种类的环境违法行为所规定的裁量空间是不同的。对于某些环境违法行为，裁量空间并不大，很难剖离其中"不必要"的裁量范围，规则限定裁量权功能的必要性不足。这种情况是与我国环境立法发展状况相关的，在20世纪90年代至21世纪前十年间的环境立法中，往往规定的罚款金额比较小，处罚幅度也相对较小。这种情况导致违法者的违法成本比较小，发生了"理性违法"现象。而近十年修订的法律法规则往往规定较大的罚款金额和幅度，行政处罚的裁量空间变大，这也是以后环境立法发展的一个总体趋势。另一方面，环境违法行为的实际情况复杂程度是不同的。我们很难将未依法建立环保台账与铺设暗管违法排放污水两个违法行为的客观复杂性相提并论，对于这两个环境违法行为的行政处罚裁量活动也存在难易之别。环境问题是多样的、复杂的，应当将有限的法律资源合理运用在对相对复杂的环境违法行为处罚裁量问题上。

其次，在情节细化中对裁量因素的规范上，应当着重于所涉及的环境问题的客观裁量因素，并对客观裁量因素设定较为明确的判定标准和/或裁量比例。而对于需要执法者主观判断的裁量因素，判定标准应当较为宽松。环境违法行为通常具有较强的客观性，为了实现通过规则建构裁量权的功能，环境行政处罚裁量基准应当根据环境违法行为的这一特性，以客观裁量因素为重点，识别特定环境违法行为所涉及的客观裁量因素，并进一步区分为本质性裁量因素和非本质性裁量因素，合理地确定各裁量因素的裁量比例和权重。在环境行政处罚中，需要执法者主观判断的因素往往具有较强的专业性和复杂性，难以有效地抽象化为规则的形式。环境行政处罚裁量基准对于上述主观裁量因素，应当予以列举并设定大致的标准。

2. "保留裁量空间"的技术要求

从裁量的角度来说，环境立法对行政处罚裁量权的授予，是为了使行政机关在实际案件中能够发挥主观能动性以追求个案的正义。环境行政处罚裁量基准并不是剥夺裁量权，而是控制裁量权。其建构功能也并不涉及行政机关根据特殊案情创造性地考虑特殊裁量因素的情形。环境问题随着社会经济发展程度的变化而发生着复杂的变化，我们很难在环境行政处罚裁量基准中以规则的形式列举特定环境违法行为的所有主客观裁量因素，只能在科学认知的限度内，予以相对抽象的概括和列举。为了应对复杂的环境问题，环境行政处罚裁量基准应为行政机关的个案裁量留有足够的空间，这一空间应足以满足行政机关根据个案实际情况做出判断的需要。这一裁量空间体现在以下三个方面：

其一，环境行政处罚裁量基准所列举的裁量因素不应具有排他性，应当允许行政机关在个案中根据实际情况需要增加其认为适当的、必要的裁量因素，但是所增加的裁量因素宜限定在客观裁量因素的范围内。我国各地现行环境行政处罚裁量基准中，很多存在"其他情节"的裁量因素项目，这更多的是为了应对环境问题而设置的，出于执法的现实需要。由于它是为了应对环境问题的客观变化而设置的，该项目宜仅限于客观裁量因素。环境行政处罚裁量基准中规定的主观裁量因素一般较为概括，并不需要行政机关自行增加主观裁量因素，否则可能加大不相关因素干扰的风险。但在《指导意见》中，参考基准所列举的共性、个性和修正裁量因素从文本解释的角度来看是排他性的，这是可以改进的一个方面。

其二，环境行政处罚裁量基准中设定的罚款的效果格次应当是一个幅度范围，而不应当是一个确定的数值，执法者可以根据情节细化确定的处罚幅度内选择最终的法律效果。如果执法者无法选择最终的法律效果，那么在环境行政处罚裁量基准制度下的行政处罚裁量活动将变为一种相对机械化的计算活动，根据个案情况对裁量因素的增添也将失去意义。但《指导意见》采取了数学公式计算处罚效果的方式，计算所得处罚效果是一个确定数值，这种技术形式应辅之以灵活的适用规则，才能够避免机械适用的尴尬。

其三，环境行政处罚裁量基准不应涉及行政命令的内容。我国环境立法中，环境执法者有警告、责令停产停业、罚款的行政处罚权力，有采取查封、扣押的行政强制措施的权力，还有责令整治的行政命令的权力。就环境行政处罚裁量基准这一概念本身来说，应仅限于对环境执法者行政处罚裁量权的控制，而不应涉及与采取行政强制措施、行政命令相关的行政裁量权。但是在我国环境行政处罚裁量基准的制度实践中，很多地方都将行政命令的内容纳入行政处罚裁量基准的范围，这是因为行政命令的裁量同样涉及对违法行为情节的判定。环境行政处罚裁量基准中对于情节的细化更多的是基于对客观裁量因素的判定，而所涉及的主观裁量因素则较为宽泛。以"责令整治"为代表的环境命令，对于单位和个人经济自由的影响是显而易见的，在这种情况下，执法者主观上对于经济和环境关系的权衡非常重要。所以，环境行政处罚裁量基准不应将行政命令的裁量权也包括在内。《指导意见》虽明确提出要控制除罚款处罚以外其他种类行政处罚的裁量权，但在裁量基准的制定及其程序中并未涉及罚款处罚以外的种类。

3. 小　结

总体而言，环境行政处罚裁量基准是在环境法领域运行的具有规则主义外观的控制行政处罚裁量权的行政自制制度。相对于一般意义上的行政处罚裁量基准制度来说，其特殊点在于它运行在环境违法行为的客观性和环境行政处罚的主观性相互矛盾的执法背景下，并试图通过平衡客观的规则和主观的裁量，来实现对环境违法行为的客观性和环境行政处罚的主观性的协调。

在对规则与裁量的平衡中，行政机关预先将裁量的过程和结果以情节细化和效果格化的技术结构固定为规则，与此同时，又要为个案裁量留有必要的空间。一方面，规则缩小了立法授予的裁量范围，执法者的裁量要受到规则的限制。就此来说，规则与裁量之间发生着冲突或竞争。另一方面，规则规范了裁量的运行过程，其具有建构裁量权的功能。就此来说，规则与裁量之间存在着一致的方面。环境行政处罚裁量基准的制度建构，应当协调规则与裁量相互冲突的一面，融合它们之间一致的一面，实现规则与裁量在特定制度条件下的相对平衡。

反过来说，规则与裁量的失衡对于环境行政处罚裁量基准的制度功能是具有严重损害的。规则过多、过细，则严重限制行政自发生长的空间，改变行政处罚裁量的性质，难以实现个案的实质正义。而裁量过多，则无法满足我国当代对于控制裁量权、规范裁量权的现实需要，环境行政处罚裁量基准将形同虚设，也无法处理现实中环境执法难以理性化的核心问题，即环境违法行为的客观性和环境行政处罚的主观性的矛盾。

因此，在规则与裁量处于平衡的状态下，环境行政处罚裁量基准这一制度才能发挥其应有功能。环境行政处罚裁量基准应当追求规则与裁量的平衡，在特定条件下，规则的细化程度满足发挥其建构、限定和制约裁量权功能的需要，与此同时，留给执法者裁量的空间能够满足其根据实际情况追求个案实质正义的需要。

第二章 环境行政处罚裁量基准的生成

环境行政处罚裁量基准最早产生于我国行政执法实践中，而后在中央文件的不断背书和学界的支持下，在全国范围内推广了开来。因此，其生成过程是较为复杂的。《指导意见》在总结一段时间实践经验之后，提出了较为原则性的裁量基准生成过程。但尚未解决且较为重要的问题是，需不需要在裁量基准的生成过程中引入多元共治，以及引入何种多元共治模式。鉴于环境法对公众参与的原则性要求，这个问题对于环境行政处罚裁量基准制度的常态发展具有重要意义。

第一节 行政裁量基准生成过程的一般理论

一、行政裁量基准的生成模式

《指导意见》中规定裁量规则和基准的起草和发布程序是："生态环境部门负责行政处罚案件审查的机构具体承担裁量规则和基准的起草和发布工作。起草时应当根据法律法规的制定和修改以及国家生态文明政策的调整，结合地方实际，参考以往的处罚案例，深入调查研究，广泛征求意见，按照规范性文件的制定程序组织实施。"这是在总结我国近些年环境行政处罚裁量基准制度经验的基础上提出来的，比较符合实际情况。

但《指导意见》中所规定的裁量基准生成过程是原则性的，并没有明确规定操作层面的步骤。这与裁量基准行政自制的控权逻辑有一定关系。

在行政自制理论中，行政机关可以自行决定采取何种方式、在何种程度上控制自身的权力；裁量基准制定权来源于行政处罚权，既然上级机关不行使法律授予下级机关的行政处罚权，那么上级机关也就无法代替下级机关制定其裁量基准。因此，《指导意见》所规定的裁量基准生成过程具有一定的解释空间。这一生成过程实际上可以有两种解释方式，也对应了我国实践中行政处罚裁量基准的两种生成机理，一是"自下而上"的，二是"自上而下"的。

所谓"自下而上"，是指裁量基准主要在基层执法中生成，继而由省级、市地级生态环境部门采纳。在我国行政处罚裁量基准产生并初步发展的阶段，主要采取的就是"自下而上"模式。如最早的浙江金华行政处罚裁量基准制度在产生时，便是在基层行政处罚试点的基础上，总结行政处罚中的热点和难点问题，将基层实践经验转化为裁量基准。[1] 这样做的好处在于基于基层执法经验的裁量基准比较符合实际执法需要，能够有效实现"同案同判"的效果；但缺点是基层执法活动不一定能够全面地考虑各方面的裁量因素，存在合理性问题。同时，将基层执法经验转化为省级裁量基准，在操作上存在一定的困难。

所谓"自上而下"，是指由省级、市地级生态环境部门自行或在一定帮助（如专家、公众、基层执法人员的参与）下制定裁量基准，要求基层执法者予以适用。在这一生成机理下，第一步是省级、市地级生态环境部门对环境违法行为进行预先裁量，包括选择应予规定的环境违法行为，选择环境违法行为的裁量因素及其判定标准，选择处罚效果的得出方式；第二步是将上述预先裁量转化为规则形式，在这些规则内容的基础上制定裁量基准并对下级机关发生效力。在行政处罚裁量基准制度在全国推广并得到大力发展后，越来越多的地方采取这种"自上而下"的生成过程。这种生成机理的优点在于能够尽可能全面地考虑各种裁量因素，并在此基础上保证行政效率；缺点是可能存在适用性难题，而不能密切联系基层执法的现实需要。

这两种生成机理虽然现实路径不尽相同，但归根结底都是要实现裁量向规则的转化，而且都采用了情节细化和效果格化的转化手段。无论在哪

---

[1] 参见周佑勇：《行政裁量基准研究》，中国人民大学出版社2015年版，第10页。

一种生成机理下,行政处罚裁量基准内容的生成过程都是制定者将其预先裁量活动转化为规则形式的过程,只不过在第一种生成机理下,制定者并不"创造"预先裁量,而是通过对下级机关预先裁量活动的确认来完成自身的预先裁量活动。

二、行政裁量基准内容的确定

在裁量基准的两种生成机理下,虽然具体路径各不相同,但都是由制定者预先裁量向规则内容转化的过程。也就是说,从制定者的角度来看,裁量基准的生成过程就是制定者将预先裁量活动转化为规则形式的过程。据此,裁量基准的生成过程可以分为两个阶段:一是制定者对违法行为预先进行行政处罚裁量;二是制定者将其预先裁量活动以情节细化和效果格化的技术转化为行政处罚裁量基准中的规则。具体而言:

第一阶段,制定者对违法行为预先进行行政处罚裁量。在制定裁量基准时,首先要做的是对违法行为进行预先裁量,总结出裁量基准的实体内容。在预先裁量中,裁量基准制定者对一般情况下特定环境违法行为进行行政处罚裁量,考虑对该环境违法行为进行处罚时应考虑的裁量因素及其判定标准、各个裁量因素在处罚效果判断中的权重和最终处罚效果的大致范围。这一预先裁量过程可以大致分为三个步骤:一是制定者按照控制裁量权的需要选取环境违法行为的种类,如《指导意见》中选取了"违反环境保护排序许可管理制度的行为"等几种"常见环境违法行为";二是制定者针对这些环境违法行为选取裁量因素和判定标准;三是制定者对不同严重程度的违法情节设定不同的处罚效果幅度区间,作为大致的处罚效果预期范围。

第二阶段,运用裁量基准的制定技术将实体内容转化为规则形式。裁量基准的制定规则主要有情节细化和效果格化两种。它们都能够从不同角度将制定者的预先裁量,也就是裁量基准的实体内容转化成裁量基准的规则内容。情节细化技术根据制定者预先裁量中所选取的裁量因素及其判定标准将违法情节细分为不同等级或严重程度;效果格化技术根据制定者对不同严重程度违法情节的处罚效果预期,将法定处罚幅度划分为若干个处罚格次。不过效果格化技术已见式微,《指导意见》并没有采用明显的效果格化技术，而是通过数学公式计算裁量等级得出处罚效果。

在完成这两个阶段的工作之后，裁量基准的规则内容得以确定，在经过一定程度的体系化编纂之后构成可以适用的裁量基准。

第二节　环境行政处罚裁量基准的多元共治生成路径

党的十九大明确提出，要打造共建共治共享的社会治理体制，形成全社会共同参与生态文明建设的良好风尚。在这一时代要求下，我国环境管理模式也发生由"环境管理"向"环境治理"的转变，行政主体与社会主体在新的环境治理体系中也正在从"命令控制"向"沟通协作"发展。[1] 因此，以控制行政主体行政处罚裁量权为功能预期的行政处罚裁量基准，在其制度建构中应当发展多元共治的路径，顺应新时期环境治理与社会治理的策略变革。但是行政处罚裁量基准作为一种行政自制手段，它有着相对自我封闭的运行过程，而较少公众参与。这不仅有悖于环境法的公众参与原则，同时也阻碍了这一制度本身的良性运行和长远发展。对此，《指导意见》明确要求在裁量规则和基准的起草和发布过程中要"广泛征求意见"，这可视为对公众参与的强调。在习近平生态文明思想的引领下，应进一步贯彻落实《指导意见》对公众参与的要求，以环境多元共治保障环境行政处罚裁量基准生成过程的合理性。

一、环境多元共治在行政裁量基准制度中的意义

（一）环境多元共治有助于实现公众参与原则

1. 公众参与原则的意义

（1）公众参与原则的概念

我国《环境保护法》第五条将"公众参与"和"保护优先""预防为

---

[1] 参见秦天宝：《法治视野下环境多元共治的功能定位》，《环境与可持续发展》2019年第1期，第13页。

主""综合治理""损害担责"等原则相并列,作为环境法的基本原则。"公众参与"作为环境法的基本原则由来已久,已经逐渐成为环境法与其他部门法相区别的重要方面。所谓公众参与,在一些情况下也称为环境民主,是指在环境保护领域中,公众应当能够通过一定的途径参与到与环境有关的决策活动中,促进环境决策符合公众的利益。[1]

早在20世纪60年代末,西方国家的环境保护运动就发挥了促进环境法快速发展的重要作用,[2]此后世界各国所制定的环境保护法律法规,都将公众参与作为环境保护的一个重要方面。有的原则性地强调公众参与环境保护活动的重要意义,而有的则以"公民诉讼"等制度形式提供了具体的、体制内的公众参与途径。1992年《里约宣言》在提出可持续发展理念的同时,也强调了全体相关公民宜共同参与处理环境问题。[3]

公众参与作为环境法的基本原则有其深刻的现实背景。一方面,公众对于环境事务的参与是自发的,这一客观规律决定了公众参与环境保护的必然性;另一方面,政府难以独力承担环境保护的全部工作,公众参与有助于弥补政府履行环境职能的不足。具体来讲:

首先,环境问题影响到处于该环境下的所有人的切身利益,在一定的社会物质条件下,公众将产生对环境质量的关切和要求,这使得公众参与环境保护成为一种必然的趋势。现代社会由于社会物质条件的极大改善,人们逐渐脱离了工业社会对于物质财富的现实追求,而进入了风险社会之中。[4]在风险社会,人们开始更多地关心未知的损害或风险。在所有的风险中,人们对环境风险似乎更加敏感和热衷。在涉及公共事务的治理时,通常会存在搭便车的问题,也就是说绝大多数利益受到该公共事务影响的个人都会倾向于由他人处理这一公共事务,而自己得以从中受益。但在环境风险的应对上,一旦环境风险是现实而紧迫的,或者相关公众认为它是现实而紧迫的情况下,公众更倾向于参与到相关的环境活动中。比如在我国各地发生的对二甲苯(PX)环境群体性事件中,公众对于邻近的环境风险,表现出了高度的关注,并采取游行、静坐等方式向公权力部门表达其

---

[1] 参见吕忠梅:《环境法学概要》,法律出版社2016年版,第86页。
[2] See A. Dan Tarlock,"Environmental Law: Then and Now",90: 2 *Washington University Journal of Law & Policy* (2010) 184; p.185.
[3] 参见周训芳、李爱年主编:《环境法学》,湖南人民出版社2008年版,第44—45页。
[4] 参见[德]乌尔里希·贝克:《风险社会》,何博闻译,译林出版社2004年版,第15页。

对于这项环境决策的意见。由此可见，公众对于环境事务的参与具有天然的需求，这种趋势不因制度是否提供公众参与途径而有所变化。环境法对于公众参与的要求，旨在将上述制度外的参与转化为制度内的参与，维护了法的秩序价值。

其次，公众参与是弥补政府环境保护职能履行不足的重要措施。环境问题是在市场中产生的，但是以确权为基础的市场无法包容无特定权利主体的自然环境，市场机制所产生的外部不经济性使得政府有必要负担管制环境的职能。[1] 政府对于自然环境的管理和保护是难以面面俱到的，而且政府可能会不行使或怠于行使其环境管理职权，这将导致政府失灵。为了弥补市场失灵，环境法引入了政府管制；而为了弥补政府失灵，则应诉诸公众参与。[2] 社会公众介入环境管理决策，不仅能够起到监督政府环境保护职能履行的作用，而且在一定程度上可以为政府提供建议和意见，帮助政府更好地履行其环境保护职能。[3]

归根结底，可持续发展理念要求以人为本，环境保护工作不能脱离社会公众对环境的认知和体验，而且公众也必须成为环境保护的参与主体，否则环境保护和环境法的实施将缺少其必要的社会基础。作为环境法的基本原则，公众参与并不仅仅存在于某一些具体公众参与措施中，而是贯穿于环境法律制度的始终。环境行政处罚裁量基准作为环境法的一项内容，在其制度设计和实施中，应当遵守公众参与的原则性要求，强化公权与私权之间的合作和监督，促进裁量基准在特定地域社会环境中实现利益均衡。

（2）公众参与原则的权利基础

公众参与原则具有坚实的权利基础，其根源于公民环境权。将公众参与融入立法权和行政权的运行中，是一个普遍的做法，在我国相关的法律法规如《立法法》《行政处罚法》中都有关于公众参与程序的规定。在上述法律中，公众参与并不是处于基本原则的地位，是政府"可为"之事项，并不是"当为"之事项，而这与环境法对公众参与的理解是不同的。环境法之所以将公众参与置于基本原则的地位，从而原则性地要求所有涉

---

[1] 参见吕忠梅：《环境法学概要》，法律出版社2016年版，第46页。
[2] 参见［美］约瑟夫·萨克斯：《保卫环境：公民诉讼战略》，王小钢译，中国政法大学出版社2011年版，第71页。
[3] See Nicholas J. Schroeck, "A Changing Environment in China", 18：1 *Vermont Journal of Environmental Law* (2016) 1: p. 13.

及环境问题的法律决策都必须在不同程度上实现公众参与,是因为公众参与在环境法中不仅是一种实用主义的措施,而且具有其深层次的权利基础——公民环境权。[1]

传统的法治理念对有限政府的倡导,要求国家对公民仅负有最低限度的保障义务。[2] 但是在政府规制进入环境保护领域以后,国家的环境保护职能,不仅是追究生态破坏和环境污染者的责任,而且还要预防环境污染和其他公害,并致力于维护和提高环境质量,这超出了传统法治理念对国家的界定和要求。在这种情况下,环境保护成为政府的一种"施与",政府的环境保护行政措施是一种善政的表现,而若没有进行环境保护,政府也无法被要求这样做。为了解决公众是否能够要求国家保护环境的问题,人们从人权的层面提出了环境权,认为人们有权利生活在一个良好的环境之中。[3]

美国的约瑟夫·萨克斯教授对环境权理论进行了系统的论述,并提出公共信托理论作为环境权的认识基础。[4] 根据公共信托理论,自然环境是全体公民(包括当代人和后代人)的共通财产,任何人都不能随意地使用和损害,全体公民将这一共通财产作为公共信托财产交由国家来进行管理,国家作为受托人应当为了信托人,即全体公民的利益而妥善管理自然环境这一公共信托财产。[5] 公共信托理论解答了环境保护视域下国家和公民之间的关系,认为国家对自然环境的管理,是基于全体公民的公共信托,应当为了全体公民的利益服务。基于这一理论,作为信托人的公民则有权利要求国家妥善管理自然环境,履行环境保护的重要职责,进而有权利要求参与并监督国家的环境管理事务。由此,在公法意义上,公民环境权是国家环境保护义务的价值依据。

公民环境权具有参与环境事务和监督环境事务的内容。一方面,公民有权利享有无害于自身健康和幸福的良好的环境,政府对环境的管理影响

---

[1] 参见吴真:《公共信托原则视角下的环境权及环境侵权》,《吉林大学社会科学学报》2010年第3期,第23页。

[2] 参见余少祥:《论社会法的国家给付原则》,《法学杂志》2017年第4期,第61页。

[3] 参见吴真:《公共信托原则视角下的环境权及环境侵权》,《吉林大学社会科学学报》2010年第3期,第24页。

[4] 参见[美]约瑟夫·萨克斯:《保卫环境:公民诉讼战略》,王小钢译,中国政法大学出版社2011年版,第135页。

[5] 参见吴真:《从公共信托原则透视环境法之调整对象》,《当代法学》2010年第3期,第131页。

处于特定环境下的每一个公民的生活环境，公民也就有权依法参与到环境管理活动中。另一方面，任何单位和个人都不能损害自然环境这一公共信托财产，作为信托人，公民有权利监督任何损害自然环境的行为，不仅监督政府的环境损害追责行为，而且还要监督政府自身可能损害环境的行为。与公民环境权相对应的，是政府的环境保护义务，由于公民环境权中包含参与政府环境决策的内容，那么政府在进行环境决策的时候则有义务实现实体的和形式的公众参与。环境行政处罚裁量基准将显著地影响到政府环境行政处罚职能的履行，因而对于环境是具有实质性影响的，这一情况使得公众在环境行政处罚裁量基准制定和实施中的参与具有了公民环境权的基础。

（3）公众参与原则对环境民主和环境公平的实现

在美国20世纪六七十年代，人们强烈地要求参与到环境保护的管理和决策活动中，这甚至达到了爆炸的程度。[1] 其时对于环境保护公众参与的要求已经不再是，至少不仅仅是基于民主政治的理论，更多的是对于现状的极度不满。[2] 人们在面对广泛的环境不正义时，选择通过一定的渠道和措施表达自己的意见和态度。这一环境运动浪潮折射出环境民主和环境公平的重要性，而环境保护公众参与能够有效维护环境民主和环境公平。[3]

民主和公平都是法的价值。对于民主，柏拉图认为，在政治德性上，每个人从神那里所得的是一样多的，因此每个公民应当分享统治权。[4] 美国前总统杰弗逊认为："我不相信世上有比把权力放在人民手里更安全。如果我们认为人民没有足够的智慧去行使这权力，解决的办法不是把权力拿走，而是开启他们。"[5] 我国也将民主作为社会主义核心价值观的一个

---

[1] See A. Dan Tarlock, "Environmental Law: Then and Now", 90: 2 *Washington University Journal of Law & Policy* (2010) 184: p. 185.

[2] 参见梁鹤年：《公众（市民）参与：北美的经验与教训》，《城市规划》1999年第5期，第49页。

[3] See Lisa Heinzerling, "Environment, Justice, and Transparency: One Year in, A Reinvigorated Environmental Protection Agency", 19 *New York University Environmental Law Journal* (2011) 1: p. 7.

[4] 参见王锡锌、章永乐：《专家、大众与知识的运用——行政规则制定过程的一个分析框架》，《中国社会科学》2003年第3期，第113页。

[5] 转引自梁鹤年：《公众（市民）参与：北美的经验与教训》，《城市规划》1999年第5期，第52页。

重要方面。公平,在很多情况下与正义、公正等词语具有类似的含义,它有一张"普罗透斯式的面孔",我们很难准确定义公平的内涵和外延。我们能够做到的是,从公平的反面来理解公平,也就是说在面对一个社会事实时,我们较易在一定范围内识别出其中明显不公平的方面。但绝对公平和明显不公平之间还存在一定的模糊地带,借由对不公平的理解,我们也很难清楚地厘清什么是公平的状态。总之,民主和公平都是法所应当维护和实现的价值,一部法律是否有利于实现上述价值,在某种意义上,是判断该部法律优劣的一个标准。

在环境法的视域下,民主和公平的内涵具有一定的变化。环境民主是与环境权理论一脉相承的。根据环境权理论,公民有权利要求国家妥善履行其环境保护职责,环境保护也由此成为国家的一项法律义务。为了促进国家环境职能的正当性,并监督其履行过程,环境法将法的民主价值延伸至环境保护领域。环境公平,或者说环境正义,是与 20 世纪后半叶西方国家环境保护运动直接相关的。当时,环境问题愈演愈烈,人们发现往往是大型企业、在经济社会中处于优势地位的人群在污染环境、浪费自然资源,并且从中受益,巩固自己的优势地位;反而是妇女、儿童、少数族裔以及其他在经济社会中处于劣势地位的人群主要承担着环境损害,而他们应对环境损害的能力普遍很差。这种环境利益享有和环境损害承担上的不正义直接导致了环境问题的社会化,人们认识到环境问题已经不单单是有关自然环境的问题,而是社会问题、经济问题。[1] 因此,环境公平或者环境正义成为当时最响亮的口号,环境法也将环境利益的公平享有和环境损害的公平承担的正义观念作为其制度追求。

环境保护的公众参与对于维护环境民主和环境公平具有重要的意义。一方面,公众参与是环境民主的最主要的制度体现。在民主政治的理论中,无论是广场审判式的直接民主还是代议制等形式的间接民主,都是一种公民参与的形式。在环境法领域也是如此,环境民主的实现,离不开公众作为自然环境公共信托财产的信托人了解、参与并监督政府管理自然环境的活动。归根结底,政府的环境治理是为了维护环境公共利益,而环境公共利益在特定现实条件下并不是宽泛而抽象的。处于环境损害

---

[1] See Alice Kaswan, "Environmental Justice and Environmental Law", 24: 2 *Fordham Environmental Law Review* (2013) 149: p. 169.

和风险之中的社会公众对环境问题具有切身的体会和理解,这种体会和理解可以为决策者界定特定语境下的环境公共利益提供一定依据。另一方面,公众参与是实现环境公平的有效手段。在与环境问题相关的社会现实中,往往涉及环境利益和环境损害分配上的不公平。环境法的公众参与机制可以确保遭受环境利益减损和承受环境损害的人群有机会在制度内表达自己的利益关切,[1] 并在遭受环境损害而得不到行政机关公平对待,或者因行政机关的行为而遭受环境损害时,能够通过司法途径获得必要的救济。

2. 环境多元共治对公众参与的推进

环境多元共治,首先强调的是环境保护中所涉及的各个主体,行政机关、企业事业单位、社会公众以及第三方机构等的共同参与。由于环境事务的特点,行政机关和相关企事业单位的参与较为直接,而社会公众等主体的参与程度则相对较低。而公众参与是我国环境法的一项基本原则,是人类环境保护经验的深刻总结,它并不是"可为"之事项,而是"当为"之原则。它要求社会公众能够有途径参与到影响环境的相关决策活动中。环境行政处罚裁量基准制度中的多元共治通过将社会公众的参与活动制度化,促进公众参与原则的实现,具有以下三个方面的重要意义:

首先,环境多元共治促进环境公共利益在环境行政处罚裁量基准中的体现,确保裁量基准对环境权利的维护和增进。公民环境权利是环境法律制度的基石,而对于环境公共事务的参与则内含于这一权利之中,是公民环境权利保障的一个重要面向。环境行政处罚裁量基准的制定和实施将显著影响公民从事的与环境相关的活动,对公民环境权利及其保障具有潜在的影响。在多元共治模式下,公民在裁量基准制定与实施活动中的参与,能够确保裁量基准对环境公共利益的体现,以及对公民环境权利的维护和增进。

其次,环境多元共治弥补裁量基准制度中政府职能履行的不足,降低行政失灵的风险。长期以来,环境法律治理所要解决的两个主要问题是市场失灵和行政失灵的问题。由于市场在生态环境方面具有外部不经济性,这使得传统的部门法难以处理生态环境问题,因而产生了以政府管制为主

---

[1] See J. Clarence Davies, "Environmental ADR and Public Participation", 2 *Valparaiso University Law Review* (1999) 389: p. 392.

要手段的环境法;而又由于政府管制存在行政失灵的风险,所以环境法在近几十年间发展出公共信托理论、公民环境权理论、公益诉讼理论、环境多元共治理论等旨在发动民间力量参与环境保护的思想和理念。在环境行政处罚裁量基准制度中是存在行政失灵的现实危险的。一方面,行政主体难以面面俱到地规定现实中所有可能的案件情节,也难以准确无误地平衡环境利益和其他利益之间的关系;另一方面,由于裁量基准的自制属性,行政主体仍然具有选择不适用裁量基准的权力,在这种情况下,仍存在滥用裁量权的风险。因此,可以发挥环境多元共治的功能,应对裁量基准制度下行政失灵的问题。

最后,环境多元共治增进裁量基准的民主、公平和秩序价值。民主、公平和秩序都是裁量基准制度所要追求的法的价值,这些价值的实现在某种意义上可以证成裁量基准制度的正当性。环境多元共治为原本封闭的自制制度引入公众参与的程序,促进了民主价值的实现。环境多元共治使得行政相对人在裁量基准的制定与实施中有更多的表达利益诉求的机会,促进环境利益、社会经济利益在裁量基准中的均衡,促进了公平价值的实现。环境多元共治将公众制度外的参与转化为制度内的参与,促进了秩序价值的实现。

(二) 环境多元共治增强行政裁量基准内容合理性

政府生态环境部门作为环境保护方面的专家,其在环境决策中具有专业性,其所进行的裁量基准制定与适用活动也具有理性主义的色彩。相反,社会公众一般并不具有环境保护方面的专业性,其在环境多元共治中的参与具有经验主义的色彩。环境问题并不仅涉及与自然环境相关的事实问题,还涉及与人类社会相关的价值问题。环境多元共治有利于沟通和融合环境决策的理性主义与经验主义,使各方利益在裁量基准规则内容中得到相对完整的表达,增强裁量基准规则内容的合理性。

作为具有高度专业性的规则制定主体,生态环境部门能够制定出符合工具合理性的裁量基准。但是,在环境决策中,极少(如果有的话)存在纯粹的技术性问题,会不可避免地涉及价值判断的问题。裁量基准中含有大量的情节判定标准,这些情节判定标准通常以一个技术性的数值来表示违法行为的生态环境危害程度,而对于规则中"应当"设置的数值标准,则需要根据价值判断来设定。也就是说，对于特定违法行为所造成的环境损害程度的评估是一个具有技术性的事实判断的过程；而对于违法情节严重程度的评价则是一个价值判断的过程，判断主体可以主观地将损害后果达到某一特定程度的事实界定为"严重的"违法情节。在价值判断中，判断主体不可避免地受制于自身立场和视角。在这种价值判断下，所制定裁量基准的规则内容并不一定能够反映客观实际情况，其价值目标的合理性也值得商榷。

就此而言，环境多元共治可以将经验主义的维度引入上述过程之中，运用公众经验增强裁量基准规则内容的合理性。环境行政处罚裁量基准在实践中是一系列控权的行政规则，其中大量涉及价值目标选择的问题，比如控权范围、程度、对不确定法律概念的解释，等等。这些问题不仅是与执法行为直接相关的，而且应当建立在一定地区的环境、经济、社会等现实条件上，也就是具有一定的地方性知识背景。生活在特定地区的人们的切身利益将直接或间接地受到环境执法行为的影响，从而对于该地区与环境执法相关的环境、社会和经济条件具有最为直观和深入的体会，他们的这种体会不同于地方生态环境部门的专业性判断，是一种没有经过抽象化、一般化过程的，事实判断与价值判断相混合的经验性认识。[1] 通过了解公众的上述经验性认识，生态环境部门能够在制定环境行政处罚裁量基准时，更加清楚地把握本地区公共利益和私人利益的存在形式和分布状况，从而使行政规则达到更合理的利益均衡。归根结底，在环境法的视域下，事实判断和价值判断并不是严格二分的，在一定条件下，正确的事实判断能够推导出正确的价值判断。[2] 因此，虽然公众意见可能存在混淆客观事实与主观价值的"不专业"问题，但是在环境法律规制中，这种判断是具有合理性并在一定条件下可以作为制定规则的依据。总之，公众参与所提供的经验主义判断能够使生态环境部门有机会减轻所受自身立场和价值观念的影响，从而促进裁量基准价值目标的合理性。

诚然，在实践中多元共治的参与主体和途径是多样的，一些实力较强

---

[1] 参见王锡锌、章永乐：《专家、大众与知识的运用——行政规则制定过程的一个分析框架》，《中国社会科学》2003年第3期，第115页。

[2] 参见蔡守秋：《"休谟问题"与近现代法学》，《中国高校社会科学》2014年第1期，第155页。

的公众团体有可能会委托专家来对相关环境决策提出意见。在这种情况下，公众意见具有了专业理性基础，而不再是经验主义的。具有专业性的公众意见可以在与生态环境部门的专业意见相互争辩、相互补充的过程中，实现一种控制裁量基准制定过程的效果，通过这种制约效果，也能够实现对裁量基准价值目标的影响。[1]

(三) 环境多元共治增强行政裁量基准可接受性

环境行政处罚裁量基准往往涉及对大量利益冲突进行协调，通过多元共治，使利益主体参与到规则制定和完善过程中，在体制内代表相关利益进行沟通，进而达成某种意义上的利益均衡，这样的环境行政处罚裁量基准更能为社会公众所接受。[2] 据此，环境多元共治能够增强裁量基准的可接受性，保障裁量基准的常态、有效实施。

环境多元共治通过构建利益表达的平台，使裁量基准所涉及的大量利益冲突能够得到充分的沟通和协调，实现利益的相互均衡，使公众更容易接受。尤其是在法律中不确定概念的解释方面，行政主体为了实现对不确定法律概念的细化，需要在探查立法原意的基础上，将之细化为各种裁量因素及其权重。这一过程往往是不公开、不透明的，鉴于裁量基准无论制定得多么细致无法完全、准确地反映客观实际情况，这一"暗箱操作"所产生的裁量基准在一些情况下难以为社会公众所接受。

环境行政处罚裁量基准作为规范执法的行政规则，其最终目的是在环境行政处罚的个案中进行适用。在环境行政处罚裁量基准中，情节细化涉及对法律中不确定概念的解释，这种解释需要探查立法原意，[3] 却不一定总是与立法原意完全相符。但行政裁量基准制定权是由执法权推导出的，在涉及不确定法律概念的问题上，存在民主性的缺陷。[4] 因此，由行政机关"暗箱操作"产生的环境行政处罚裁量基准的社会可接受性存在一定问题。在很多情况下，这种不公开和不透明的方式本身就削弱了行政规则的

---

[1] 参见王锡锌、章永乐：《专家、大众与知识的运用——行政规则制定过程的一个分析框架》，《中国社会科学》2003年第3期，第121页。
[2] 参见王锡锌、章永乐：《专家、大众与知识的运用——行政规则制定过程的一个分析框架》，《中国社会科学》2003年第3期，第117页。
[3] 参见章志远：《行政裁量基准的兴起与现实课题》，《当代法学》2010年第1期，第74页。
[4] 参见周佑勇：《裁量基准的正当性问题研究》，《中国法学》2007年第6期，第32页。

合理性。[1] 社会公众对环境行政处罚裁量基准的认识和理解，在很大程度上能够实现对环境行政处罚过程的理性认知，从而提高社会公众对环境行政处罚裁量基准的可接受程度。

首先，在参与制定过程时，社会公众可以了解生态环境部门的制定依据、考虑事项、利益衡量等相关内容，从而了解环境行政处罚裁量基准规则背后的控权逻辑，有利于环境执法工作的开展。同时，在特定的多元共治中，公众能够将自己的利益关切传达给生态环境部门，以供生态环境部门在制定相关裁量基准规则时予以充分考量，在一些情况下，能够对裁量基准的规则制定产生实质性的影响。这种实质性的多元共治机制下，公众有机会作为某种意义上的"决策者"，对于自身实质性参与制定的裁量基准，接受的程度更高。

其次，从事经营生产等与环境相关活动的人是受到环境管制的主体，也是环境行政处罚潜在的相对人，这些主体在环境行政处罚裁量基准制度中的参与不同于社会上一般公众的参与，其利益关切更强烈且利益分布更为集中。美国环境保护署在执法中，比较注重通过与行政相对人的协商促进环境执法的效果。[2] 在环境行政处罚裁量基准制定活动中发动生产经营者进行参与，有助于其了解并接受环境行政处罚的理由，也有助于其更好地履行环境义务。[3] 这种参与方式能够减轻环境行政处罚裁量基准在适用过程中可能遇到的执法困难。

最后，值得说明的是，并不是只有通过多元共治得出的环境行政处罚裁量基准才具有可接受性。生态环境部门在全面、理性地考虑环境违法行为的各种相关因素，平衡相关利益之后，也能够制定出为社会公众所接受的环境行政处罚裁量基准。多元共治的功能在于，一方面对生态环境部门提供帮助，促进上述理想制定过程的实现；另一方面使公众参与决策，弥补环境行政处罚裁量基准民主性的缺失。这些功能都有助于提高环境行政

---

[1] See Paul Daly, "The Scope and Meaning of Reasonableness Review", 52: 4 *Alberta Law Review* (2015) 799: p. 814.

[2] See Ronald H. Rosenberg, "Doing More or Doing Less for the Environment: Shedding Light on EPA's Stealth Method of Environmental Enforcement", 35 *Environmental Affairs* (2008) 175: p. 213.

[3] See Ronald H. Rosenberg, "Doing More or Doing Less for the Environment: Shedding Light on EPA's Stealth Method of Environmental Enforcement", 35 *Environmental Affairs* (2008) 175: p. 216.

处罚裁量基准的可接受性。

二、多元共治与行政裁量基准的理论抵牾及其消解

(一) 多元共治与行政裁量基准的理论抵牾

1. 基于裁量基准自制逻辑的质疑

对于在环境行政处罚裁量基准制度中适用多元共治的质疑，首先来源于行政处罚裁量基准所具有的自我控制的控权逻辑。行政处罚裁量基准作为一种自制制度，不同于立法控制、司法控制等外部控权方式。在自制的控权逻辑下，这一制度注重发挥行政主体的主观能动性，实现符合法治要求的自我约束。行政裁量基准本身的正当性并不依赖是否具有民主基础，多元共治也因此并不是行政处罚裁量基准制度所必需的内容。而包括环境多元共治在内的公众参与机制对行政裁量权的控制仍然是一种外部的控制，体现着他制的控权逻辑。这与行政裁量基准所具有的自制逻辑是存在矛盾之处的。因而，多元共治与裁量基准在理论上的抵牾，首先基于对行政裁量权的控制逻辑，具体表现为多元共治的他制逻辑与裁量基准的自制逻辑之间的理论冲突。

首先，多元共治并不是对行政裁量权的自制所必需的。行政处罚裁量基准对行政处罚裁量权的控制，与法律对行政权力的外部控制不同，是具有一种内部控制的逻辑。这种行政机关自我控权的制度措施也不以法律所具有的国家强制力作为保障，而依赖行政机关的自我约束意识。[1] 在是否控制自身的裁量权，是否制定行政裁量基准来控制裁量权以及控制哪些裁量权等问题上，行政机关可以自行判断。也就是说，制定行政处罚裁量基准是行政裁量活动的一部分，行政处罚裁量基准的制定权直接来源于行政机关的裁量权，而非立法权。[2] 既然属于行政裁量活动，那就意味着行政机关可以根据实际需要，在不违反法律法规的前提下，自行决定行政处罚裁量基准的内容和控权程度，甚至在适用裁量基准时，在特殊情况下，执法者也可以脱离裁量基准以其他正当处罚理由进行处罚。因此，就裁量基

---

[1] 参见崔卓兰：《行政自制理论的再探讨》，《当代法学》2014年第1期，第6页。
[2] 参见周佑勇：《裁量基准公众参与模式之选取》，《法学研究》2014年第1期，第45页。

准的制定与实施而言，包含民主价值的多元共治并非其合法性和正当性的基础。

其次，多元共治的"他制"逻辑与行政处罚裁量基准的"自制"逻辑相冲突。多元共治机制本质上是"他制"的，是通过发动社会力量共同参与到环境治理之中，监督行政权力的行使，弥补行政职能的不足，是从外部对行政权力的一种监督和制约。而行政裁量基准制度的建立初衷，是以行政权力的自我控制，实现权力的外部控制所难以实现的功能和目的，如促进行政主体自觉守法，使行政处罚适应不断变化的社会现实情况等。因而多元共治的控权逻辑与行政处罚裁量基准"自制"的控权逻辑至少是相冲突的。发展行政处罚裁量基准这种行政自我控权的制度措施，不仅因为这一制度能够促进行政裁量权的合理行使，也因为自制能够实现他制所不能实现的目的，比如发挥行政机关的主观能动性、适应不断变化的社会现实需要，等等。在行政自制制度中引入他制，很可能会对行政机关的自主行为形成一种外部束缚，违背了发展自制制度的初衷。另外，他制机制与行政处罚裁量基准在制度衔接上存在一定的问题。现在与行政处罚裁量基准制度相关的已有的他制机制，主要是司法审查，涉及的是司法审判中将行政处罚裁量基准作为审查依据和审查对象的双重问题，[1] 这显然与多元共治对行政处罚裁量基准所实现的他制不同。因此，就目前来讲，多元共治的他制逻辑与行政处罚裁量基准的自制逻辑存在衔接上的问题。

最后，多元共治可能使行政处罚裁量基准从自制手段成为变相立法。行政处罚裁量中必然涉及对法律条文中不确定概念的解释，在行政处罚裁量基准中也以情节细化的技术手段予以表达。但是行政处罚裁量基准在以规则形式表达不确定法律概念的解释的过程中，在不同程度上僭越了立法的职权。这是行政处罚裁量基准的规则主义外观所具有的一个问题，是应当在行政处罚裁量基准的制定过程中尽量避免的。而多元共治的引入，将为行政处罚裁量基准对不确定法律概念的解释提供一种相对"民主"的正当性基础，掩饰了行政处罚裁量基准制定权与立法权之间的本质区别。这可能使行政机关轻视在解释不确定法律概念方面的谨慎要求，导致行政处罚裁量基准在某些方面形成或取代了立法的功能，成为一种变相的立法。

---

[1] 参见周佑勇：《行政裁量基准研究》，中国人民大学出版社2015年版，第200页。

2. 基于裁量基准技术理性的质疑

人们对环境问题的认识在很多情况下要依赖自然科学的事实判断结果，而价值判断在认识过程中的作用是有限的。这是由环境问题较强的客观性决定的。在环境行政处罚裁量中，对于环境事实的认识和判断具有重要的地位。这使得环境行政处罚裁量基准具有较强的技术理性，其制定活动也因此需要一定的专业技术，具有理性主义的特点。而参与多元共治的其他主体，如社会公众，在很多情况下都不具备制定裁量基准所需的专业知识，难以从技术理性的角度对裁量基准的规则完善提供对策建议，使得多元共治更多地包含经验主义的色彩。既然如此，多元共治所可能具有的促进行政处罚裁量基准内容合理化的作用是很难实现的，至少是存在疑问的。

在环境行政处罚裁量基准中，技术理性体现得尤其明显。由于环境问题具有较强的客观性，在很多情况下需要借由自然科学来进行事实判断，而留给公众参与决策的空间非常有限。环境行政处罚裁量基准的技术理性主要体现在以下几点：

其一，我国制定有相对完善的环境标准体系，对于环境保护设施、水源保护地、大气污染物排放浓度等许多事项都有细致的规定。在行政处罚裁量中，对于情节严重程度的判定在很多情况下直接以环境标准的规定为准，且不会因多元共治而发生变化。因此，多元共治所能提供的经验性认识在情节判定标准的制定过程中难以发挥作用。

其二，环境问题虽然与经济、社会发展相关联，但主要还是与自然环境相关，特定环境要素的污染和破坏问题具有相对客观性。比如，虽然大气污染问题可能因地域、时段不同而呈现差异，但其作为大气环境污染所具有的本质性要素是不会变化的。这些本质性要素中的一部分也进入环境行政处罚裁量基准之中，成为裁量因素。在这种裁量因素已经结构化了的情况下，公众生活经验的作用非常有限。再如超标排放大气污染物的违法行为，其本质性因素是超标倍数，对该违法行为的行政裁量活动几乎必然要考虑超标倍数这一本质性因素，而不会因公众意见而排除对这一裁量因素的考虑。

其三，环境治理受制于科学技术的局限性，对于环境违法行为的处罚裁量必须以合理的科学技术手段为支撑，不同的裁量因素对科学技术手段的需求也不同。环境行政处罚裁量所运用的科学技术手段不仅是人们目前科学技术发展所能够达到的，而且也必须是成本较为合理的。公众对环境科学技术的不了解使其难以实现有效参与，而且环境科学技术手段在一些事项上的限定，也使多元共治的必要性降低。

环境行政处罚裁量基准具有较强的技术理性，需要高度专业化的技术知识作为基础。而公众缺乏对这方面技术内容的了解和掌握，只能从经验的角度对少数技术性较弱、未完全结构化的规则内容提供意见。这使得公众的意见难以对环境行政处罚裁量基准的规则内容产生实质性的影响，难以实现制度内的有效多元共治。为了保证环境行政处罚裁量基准的规则质量，甚至会加强其技术理性，使自然科学对于环境问题的事实判断能够清楚、准确、全面地转化为行政机关的裁量因素。就这样的质量要求来讲，多元共治的作用可能是微小的。总之，环境行政处罚裁量基准的技术理性为社会主体提出了较高的参与门槛，环境多元共治中的公众参与更多的是经验主义的，难以对技术性较强、已经结构化了的那部分规则内容产生实质性影响。

3. 基于多元共治可操作性的质疑

行政裁量基准这一行政自我控权路径相较于立法控权路径来说，能够更加灵活、迅速地适应不断变化的现实情况。这一特点内含了对行政效率的追求。而环境多元共治所表达的更多是对环境民主的追求。在操作层面上，多元共治对环境民主的追求与行政裁量基准对行政效率的追求之间存在冲突。

就我国当前时期行政处罚裁量基准制度实践来讲，所适用的公众参与一般仅达到公众知情而已，并没有形式性和实质性的公众参与，这在相当程度上是因为行政处罚裁量基准往往涉及事项繁多，且种类各异，在操作层面上实现公众参与存在难度。而且社会公众对于行政处罚裁量基准这类技术性较强的制度措施，往往认为是政府的工作，没有表现出强烈的参与意愿。这些问题都导致在行政处罚裁量基准制度中多元共治存在可操作性差的问题，这进一步削弱了多元共治的必要性和可行性。对于环境行政处罚裁量基准来说，上述问题甚至更为突出。

首先，多元共治作为一种权力的外部控制方式，在涉及多个行政部门的情况下能够通过理顺部门间关系，提升行政效率。但是，行政裁量基准的制定一般仅涉及单一行政部门，即生态环境部门，而并不涉及不同行政部门之间的协调问题。因而，多元共治对行政效率的提升功能难以在行政裁量基准制度中发挥。

其次，我国各地现行环境行政处罚裁量基准中所规定的处罚事项粗细不一。有些地方仅对主要环境违法行为制定了行政处罚裁量基准，而没有涉及其他一些环境违法行为。而省级生态环境部门所制定的环境行政处罚裁量基准一般需要规定得比较全面，需要对绝大多数环境违法行为的处罚裁量活动制定相应的细化标准，仅留出一些立法没有授予裁量权或裁量权已经足够小的事项不做细化规定。在环境法律体系下，由生态环境部门行使行政处罚权的事项主要规定在污染防治法、环境影响评价法、环境安全管理法、环境信息法、清洁生产促进法等多个法律领域，而不同领域的环境法律之间存在不同程度的差异。这是在仅涉及原环保部门处罚权的情况下，在机构改革之后，环境行政处罚裁量基准所规定的范围具有增多的趋势。我们虽然能够为所有的环境法律从理论上抽象出一套法学理论，但这些法律在实践中的差异性却是不容忽视的。依据这些法律法规制定的环境行政处罚裁量基准往往卷帙浩繁，动辄有上百个条款，对每个条款都进行程度较高的多元共治显然是不现实的。而且环境行政处罚裁量基准的条款之间因环境法律之间的差异而具有一定的差异性，所涉及的利益类型也不尽相同，很难以同一个多元共治程序来进行处理。[1]

最后，在环境公共事务治理的问题上，往往涉及"搭便车"的问题。[2] 由于自然环境是全体公民共同享有的，任何人都不能排他性地占有，任何人也都不是自然环境的所有权人。这导致在自然环境受到损害或威胁的时候，人们往往倾向于等待他人做出努力来改善自然环境，而自己从他人努力的结果中获得反射性利益。鉴于恢复自然环境的损害或消除自然环境的危险在很多情况下都会对行为人的私人利益造成减损，更强化了人们的"搭便车"心理。环境行政处罚裁量基准与一般社会公众的关联度较小，关心环境行政处罚裁量基准的人更多的是潜在的受环境行政处罚的

---

[1] See Wendy E. Wagner, "The Participation–Centered Model Meets Administrative Process", 2 *Wisconsin Law Review* (2014) 671: p. 681.

[2] 参见 [美] 埃莉诺·奥斯特罗姆：《公共事务的治理之道：集体行动制度的演讲》，余逊达、陈旭东译，上海译文出版社2012年版，第7页。

主体和一些可能的环保社会组织，这些主体所代表的利益形式并不能完全代表社会公众的切身利益，对行政机关进行利益衡量的帮助较为有限。因此，社会公众"搭便车"心理很可能会削弱环境行政处罚裁量基准中多元共治的实施效果。

总之，在环境行政处罚裁量基准制度中适用多元共治的操作难度比较大。因此，如果将多元共治作为一项行政义务，并对于裁量基准中的所有条款都进行形式的或实质的多元共治，不仅成本巨大，而且必然会影响行政效率。[1] 民主与效率都是法所追求的价值目标，它们各自有其独特的价值，在民主与效率发生冲突时，应当按照一定的标准和条件，确定它们之间合理的位阶顺序。一般而言，环境行政处罚裁量基准作为一种自制的控权制度，民主并不是它的首要价值目标，甚至不是它的必要价值目标，而行政效率则应当是它的重要价值目标。因此，在多元共治的操作难度对行政效率造成严重影响的情形下，有必要反思多元共治的合理限度。

（二）理论抵牾的消解

1. 关于自制逻辑

对行政处罚裁量基准适用多元共治机制的质疑首先来自对其制度属性的认识，这一观点认为行政处罚裁量基准是一种行政自制手段，其自制的控权逻辑使其不依赖民主作为基础，而且与多元共治机制所具有的他制的逻辑也是不相适应的。但是，自制与他制在很多情况下并不是彼此对立的，它们存在相互促进的一面，行政处罚裁量基准的自制逻辑只能证明这一制度不需要多元共治就有其权力来源，而不能证成行政处罚裁量基准对多元共治的排斥，也不能满足环境法对公众参与的原则性要求。实际上，多元共治机制在很多情况下可以为行政自制提供一种外部条件，促进公权与私权之间的沟通和平衡，以他制的手段促进自制功能的实现。[2]

首先，多元共治在很多情况下是环境行政处罚裁量基准正当性的基础。基于自制逻辑的质疑观点认为，行政处罚裁量基准的制定与立法不

---

[1] See Wendy E. Wagner, "The Participation – Centered Model Meets Administrative Process", 2 *Wisconsin Law Review* (2014) 671: p. 691.

[2] 参见张梓太：《公众参与与环境保护法》，《郑州大学学报（哲学社会科学版）》2002年第2期，第15页。

同，裁量基准的制定权不来源于民主过程，而是直接来源于立法授权，立法在授予行政机关执法权的同时也就意味着行政处罚裁量基准制定权的授予。归根结底，行政处罚裁量基准的制定权是执法权的内容之一。[1] 因此，多元共治所提供的民主基础，并不是行政处罚裁量基准的正当性基础。那么，多元共治，也就不是行政机关在制定与实施行政处罚裁量基准时的一项行政义务。但是，环境法对公众参与有着原则性要求，并不是将公众参与看作可以选择的"善举"。环境法要求所有对环境具有影响的决策都应当考虑公众的意见，环境行政处罚裁量基准虽然是行政内部规则，但对行政相对人具有事实上的外部效力，对环境也具有直接或间接的影响。因此，在环境法领域，行政处罚裁量基准的多元共治具有相当程度的必要性。基于环境法的公众参与原则、环境正义理念、公民环境权理念，多元共治在某种意义上可以作为环境行政处罚裁量基准正当性基础之一，而不必考虑行政处罚裁量基准制定权是否来源于民主过程。

其次，他制手段与自制手段之间存在一致的一面，二者可以相互衔接和保障，具有积极的意义。基于自制逻辑的质疑观点认为多元共治的他制逻辑与行政处罚裁量基准的自制逻辑相冲突，不利于实现行政自制的目的。实际上，多元共治的他制与行政处罚裁量基准的自制之间的冲突是手段上的冲突，但在目的上两者是一致的，都是控制行政处罚裁量的裁量权。在目的一致的前提下，手段上的冲突可以通过调整具体的权利义务来进行协调。行政自制是从公权力部门的视角来看待自身权力的控制，而多元共治是从私权利部门的视角来看待公权力的控制。这二者对于控权以及控权所涉及的利益关系的认识不尽相同。同样是对于权力的控制，行政自制是从公权力的视角来实现，而多元共治则是从私权利的视角来实现。多元共治可以与行政自制相结合为行政裁量基准提供一个公权与私权、公益与私益相互交流、沟通的平台，促进行政自制的理性化。再者，行政处罚裁量基准的实施在很多情况下还依赖一些外部条件，[2] 而多元共治机制所带来的积极社会影响，可以为行政处罚裁量基准的实施提供社会基础。

最后，多元共治并不必然导致行政处罚裁量基准成变相立法。多元共

---

[1] 参见熊樟林：《裁量基准在行政诉讼中的客观化功能》，《政治与法律》2014 年第 8 期，第 26 页。
[2] 参见王霁霞：《论裁量基准制度有效实施的条件》，《法学杂志》2010 年第 2 期，第 109 页。

治在很多情况下并不能等同于公众决策，而最终的决策权仍然属于行政机关。因此，行政处罚裁量基准是否会严重僭越立法的职权，在很大程度上依赖行政机关对不确定法律概念的解释，而非公众意见。与此同时，在环境法中，公众参与是一项基本原则，在行政裁量基准制度中必然要具有某种形式的制度表达。这一原则性要求使环境行政处罚裁量基准不同于其他领域的行政裁量基准，使得行政自制不能成为多元共治的障碍。

2. 关于技术理性

基于技术理性的质疑观点认为，行政处罚裁量基准的规则更多的是一种技术性内容，制定行政处罚裁量基准需要较高的专业技术，并且必须将事实与价值相分离，[1] 才能做出正确的判断。而公众既缺乏专业技术，又没有将事实与价值相分离的义务，多元共治机制将影响行政处罚裁量基准的质量。但是，环境法作为沟通人文科学与自然科学的桥梁，具有联系事实判断与价值判断的要求，就此而言，环境行政处罚裁量基准的制定技术和其价值目标之间具有紧密的联系，技术上的质量要求并不排斥多元共治，甚至在一些问题上，公众的经验、意见是环境行政处罚裁量基准规则质量的必要保证。

一方面，在环境法这一交叉学科的视域下，环境问题不仅仅是技术性问题，环保手段与环保目的之间存在紧密联系。[2] 环境问题不仅是技术问题，也是社会和经济问题，不仅是事实问题，也是价值问题。在环境法的视域下，事实判断与价值判断之间没有不可逾越的鸿沟，环境技术在很多情况下影响着环境决策。很多与环境问题相关的不确定法律概念既有技术的规定性内容，也有经验的规定性内容。比如何为"良好的生活环境"或者"对环境造成严重污染"，对这些不确定法律概念的解释无法单纯地从技术手段来获得，还要更多地依赖环境主体的价值判断。我们可以从自然科学的角度提出应对环境污染和生态破坏的一些措施，但是却不能够准确认识这些措施对于经济、社会和环境整体的影响，以及受此影响我们应当在何种程度和范围采取这些措施。人文社会科学可以为我们解答为何保护

---

[1] 参见王锡锌、章永乐：《专家、大众与知识的运用——行政规则制定过程的一个分析框架》，《中国社会科学》2003年第3期，第115页。

[2] 参见杨志峰、刘静玲等编：《环境科学概论》（第二版），高等教育出版社2010年版，第337页。

环境、在何种情况下应当采取保护措施等问题,但是难以为违法情节的判定设定具体的裁量标准。由于环境问题的这种复合性,环境行政处罚裁量基准的制定不可能也不应当是纯粹的技术性的,很多内容还需要考虑对经验事实的判断。而社会公众对于特定地区的自然环境有着最为直接的经验感受,公众意见可以作为制定环境行政处罚裁量基准的重要参考。

另一方面,环境法要求事实判断与价值判断的联系,认为正确的事实判断在一定条件下是可以推导出正确的价值判断的,[1] 因而公众不分离事实与价值的经验认识在环境法中是具有意义的。环境法的这种特殊性,还是源于环境问题的复合性,无论单纯从事实角度还是从价值角度都无法准确地认识环境问题,这与传统的社会经济问题具有一定的区别。以生态环境部门为代表的技术专家在制定环境行政处罚裁量基准时,其所设定的裁量因素及判定标准,即便是对于环境事实的认定,也不可避免地体现着制定者自身的立场和价值观点。这使裁量基准的技术合理性可能受到质疑,多元共治可以降低这种对技术质量的影响。以公众意见为代表的经验认识,有益于弥补技术专家在价值判断上的局限性,促进上述过程的合理性。因此,在环境行政处罚裁量基准中,理性主义的技术质量要求与经验主义的多元共治并不是相互矛盾的,在某些问题上,多元共治是技术质量的保证。

总之,多元共治不仅符合环境行政处罚裁量基准技术合理性要求,而且是内容质量的必要保证。也就是说,虽然多元共治机制可能并非行政处罚裁量基准制度整体下的一个必要组成部分,但是由于环境法中事实和价值的弥合,多元共治机制成为环境行政处罚裁量基准制度中的一个必要组成部分。在环境行政处罚裁量基准制度中,行政机关的自主性在于选择适用何种多元共治机制,而不在于决定是否适用多元共治机制。

3. 关于可操作性

多元共治的可操作性,在许多制度中,都是一个难题,这一问题主要有两个方面:一是公众的参与意愿问题,二是制度设计的操作性问题。在环境行政处罚裁量基准制度中,这些都是重要的问题,但并不构成对适用多元共治的严重阻碍。

---

[1] 参见蔡守秋:《"休谟问题"与近现代法学》,《中国高校社会科学》2014年第1期,第154—155页。

首先，应当明确的是，公众是否有参与意愿和公众是否有参与权利并没有必然的联系。公民环境权利作为一项新兴的、独立的公民权利，是公民参与环境决策的权利基础。这一权利具有深刻的伦理基础和时代背景，并不以公民是否实际行使了环境事务参与权而发生变化。实现多元共治的制度措施，首要的是保障公民的环境事务参与权，而后才是某些实用主义的目的。这一点是环境行政处罚裁量基准与规范其他事项的行政处罚裁量基准的不同之处，环境行政处罚裁量基准多元共治的权利基础是公民环境权利，而规范其他事项的行政处罚裁量基准的多元共治则无此坚实的权利基础。因此，公众参与意愿的有无和强弱并不能阻碍多元共治机制的建立，而会对多元共治机制的实施产生影响。

其次，制度设计的操作性问题是复杂的，但也是可以克服的。在环境行政处罚裁量基准中，多元共治的最主要和最直接的功能是促进价值目标的合理性。由此，多元共治机制构建应以最大限度地实现上述功能为目的。在此基础上，可以选择对参与范围和幅度进行适当的限制，寻求最佳可利用的方案，从而降低可操作性上的困难。因此，制度设计层面的操作性问题并不能构成对多元共治的阻碍。

4. 质疑的启示：多元共治不是无限的

虽然上述质疑都无法否定多元共治在环境行政处罚裁量基准制度中的必要性，但是上述质疑都具有一定的价值，有助于我们更为清晰、理性地认识与多元共治机制有关的问题。

基于自制逻辑的质疑，在一定程度上揭示了行政处罚裁量基准作为行政自制手段对于行政机关自主性的重视。而多元共治这种他制手段不可避免地将影响行政机关的自主性，如果行政机关的自主性受到了过分的损害，那么行政处罚裁量基准可能会成为一种变相的他制手段而失去了行政自制的特点和意义。因此，为了保证行政机关在制定行政处罚裁量基准时具有必要的自主性，实现行政自制的目的，则有必要限制多元共治对行政机关自主性的影响。归根结底，是限制多元共治的程度。这种限制主要是通过限制多元共治的主体、对象和程序来实现的。因此，通过自制与他制的理论分歧，我们可以获得启示，即多元共治并不是绝对的，而是具有一定程度上的限制。

基于技术理性的质疑，阐明了行政处罚裁量基准的技术特点。虽然在环境行政处罚裁量基准中技术规定具有特殊性，可能包含对经验事实的判断，但也应注意到，还是存在相当数量的违法情节，对这些情节的判定在技术上已经结构化了，无论公众意见如何都很难有所变化。因此，基于多元共治机制的经济考虑，应当有侧重地选择适用多元共治的事项，对于在技术上几乎不存在替代方案的事项，多元共治可以仅停留在公众知情程度上，而对于其他技术性较弱或未结构化的事项，则可以进行较高程度的多元共治。多元共治的对象并不是全方位的，而应当侧重于选择那些技术性较弱或者尚未完全结构化的事项。

基于可操作性的质疑，为多元共治机制的实施提供了一个实践的视角。在环境行政处罚裁量基准中，多元共治虽然是一个必要的机制，但如果不能在现实中实施，那也只能是个制度理想。在现实生活中，各地方生态环境部门可能由于各种现实条件的约束而难以实现多元共治的最大化。环境行政处罚裁量基准是实践的产物，其多元共治机制也不能脱离于实践，应当在行政资源有限的前提下，为了促进裁量基准价值目标的合理性，寻求可持续实施的、常态的制度路径。由于多元共治要求多主体的协同互动，因而多元主体的参与意愿对其可操作性的影响是较为直接的。对此，可以通过限定主体范围，降低参与成本等方式提升多元主体的参与意愿。同样，可以适当简化多元共治程序，在能够发挥多元共治控权功能的前提下，使多元共治程序的操作难度适应行政效率的需要。

总之，通过对三方面理论质疑的反思，可以得出结论，这些理论问题都不足以排斥多元共治在环境行政处罚裁量基准制度中的实施。与此同时，这三方面理论问题有其合理的、具有启发性的一面。环境行政处罚裁量基准制度中的多元共治并不是绝对的、无限度的，而是具有一定的现实基础，受制于一定现实条件，有必要为环境行政处罚裁量基准选择一条折中的多元共治路径。

5. 多元共治的有限性

为了寻求一条折中的路径，有必要回顾从上述三方面理论质疑所得出的启示。为保证行政自主性，则需要对多元共治的范围和程度进行限制；为满足技术质量的要求，则需要有侧重地选择共治的对象；为保证行政效率，则需要适当简化共治的程序设计。我国学者在行政处罚裁量基准多元共治问题上的研究也表明，在特定条件下需要根据不同的参考变量选择合适的多元共治模式。[1] 而环境行政处罚裁量基准作为行政处罚裁量基准制度中的一个特殊领域，可以确定大致的多元共治模式。因此，作为环境行政处罚裁量基准中多元共治的折中选择，有限的多元共治是最佳的路径。这种有限性表现在两个方面：在多元共治的范围上，将共治主体和共治对象特定化；在多元共治的程度上，以共治主体在形式上的参与为主。

我们可以类比公众参与来划分多元共治的模式。公众参与根据参与程度和范围的不同可以分为几个层次或模式。如1969年阿恩斯坦在《公民参与的梯子》中将公众参与分为三种模式，每种模式下有不同的档次，总共八个档次。[2] 这三种模式分别是：其一，无参与，大体是指操纵公众团体或不赋予其实权或不考虑公众意见，这是一种虚假的参与；其二，形式性的参与或者象征性的参与，是指公众能够知情，并且其意见能够得到听取，但没有决策权力；其三，实质性的参与或者有实权的参与，是指公众与政府分享权力或者可代行政府权力，甚至能够以自己的名义行使权力。这三种模式的划分虽然较为概念化，但是能够为我们环境行政处罚裁量基准中多元共治的基本模式提供一个可以选择的理想类型。

在上述理想类型中，环境行政处罚裁量基准适宜采取形式性的多元共治模式，基本要求是公众应当知情，并且制定者应当适当考虑公众意见。首先，虚假的参与并不能实现多元共治对价值目标合理性的促进作用，更多的是一种宣示善政的效果，是不适宜的。其次，实质性多元共治要求公众具有不同程度上的决策权。但是环境行政处罚裁量基准归根结底是一种行政自制手段，其制定权来源于行政机关的执法权，如果执法权不可由公众行使的话，那么行政处罚裁量基准的制定权也应当专属于行政机关。这既是为了保障国家权力运行的秩序，也是尊重行政机关的自主性。与此同时，环境行政处罚裁量基准的制定需要一定的专业技术，由行政机关运用技术理性自行制定相关的规则，是最为现实的做法。最后，形式性多元共治在能够确保公众知情权得到保障的同时，也可以促进公众意见对于决策过程的积极影响。具体来讲，形式性多元共治要求告知公众环境行政处罚

---

[1] 参见周佑勇：《裁量基准公众参与模式之选取》，《法学研究》2014年第1期，第46页。
[2] See Sherry R. Arnstein, "A Ladder of Citizen Participation", 35: 4 Journal of the American Planning Association (1969) 216: pp. 216–224.

裁量基准的制定与实施情况;[1] 同时,要求政府为公众提供适当的渠道来对环境行政处罚裁量基准的内容提出意见,并且在制定和修订相关规定时要考虑上述意见,但并不一定要采纳所有意见。

在多元共治的范围上的限制,主要通过限定共治主体和共治对象来实现。基于行政成本和行政效率的考虑,在裁量基准的制定与实施活动中,将所有私法主体都作为多元共治的主体是不现实的,将所有裁量基准相关事项都作为共治对象也是不合理的。因此,在保证多方利益得到广泛代表的前提下,应有针对性地选择有参与意愿的特定目标主体作为多元共治的主体。而共治对象则侧重于可操作的、技术要求较低的事项。

在多元共治的程度上,采取形式性的多元共治模式。与公众参与模式相比,多元共治模式可以根据参与程度分为形式性多元共治模式和实质性多元共治模式。作为多元共治的一种实现形式,我们在多元共治的程度探讨中也不妨沿用这一划分。所谓形式性的多元共治,其基本的要求是共治主体对相关事项的知情,并且作为共治主体之一的裁量基准的制定者应当适当考虑其他共治主体的意见。选择形式性多元共治的原因在于:一方面,环境行政处罚裁量基准中的多元共治不宜采用实质性的多元共治模式。裁量基准的属性是一种行政自制制度,其制定权并非来自立法权,而是来自执法权。如果立法并未赋予其他主体执法权,那么执法权就应专属于被授权主体,即行政机关。而实质性的共治模式要求共治主体分享执法权,这与立法旨意是相违背的。因此,实质性的共治模式并不适用于裁量基准制度。另一方面,环境行政处罚裁量基准具有较强的技术理性,行政机关基于其专业性,应当承担裁量基准起草、审议、发布和修订工作的主要任务。而社会主体的意见更多的是经验主义的,可以在一定程度上对决策过程产生积极影响,但不能代替行政机关的专业决策。

总之,环境行政处罚裁量基准中的多元共治应选择一种折中的路径,这一路径以多元共治的有限性为特点,在保证行政自制功能的前提下,实现公民环境知情权,促进公权与私权之间的交流与合作。归根结底,之所以选择有限范围的形式性多元共治作为环境行政处罚裁量基准的多元共治模式,是因为这一模式可以在大多数现实条件下,实现多元共治的目的,

---

[1] See Nathanael Paynter, "Flexibility and Public Participation: Refining the Administrative Procedure Act's Good Cause Exception", *The University of Chicago Legal Forum* (2015) 397: p.409.

即促进环境行政处罚裁量基准价值目标的合理性。多元共治机制的具体构建，也应当以是否有利于实现这一目的为标准。在实现这一根本目的的同时，有限范围的形式性多元共治模式能够在保证行政机关对自身权力自主控制的前提下，为公权与私权之间的交流和合作提供一个现实可行的、常态的平台。

三、有限多元共治生成路径的内容

（一）多元共治的主体

环境行政处罚裁量基准制度适宜采用形式上的、有限范围的多元共治。而这种范围上的有限性，首先就表现为参与主体的有限性，或者说对于不同的参与主体，其在环境行政处罚裁量基准制度中能够实现的参与范围和程度是有所不同的。这是由于不同参与主体的知情及其意见所体现的价值和功能不同。在环境行政处罚裁量基准制度的有限多元共治中，涉及的主体主要包括行政机关、生产经营者和社会一般公众。

1. 行政机关

作为环境行政处罚裁量基准制度的多元共治主体之一的行政机关一般是指制定与实施裁量基准的生态环境部门，主要是裁量基准的制定者。根据《指导意见》，省级生态环境部门和有条件的设区的市级生态环境部门有行政处罚裁量基准的制定权。因此，我们无法将多元共治中的行政机关以级别来界定，而应以其在裁量基准制度中的角色来界定。

就裁量基准的两种生成机理来说，在"自上而下"的生成机理下，裁量基准的制定者是多元共治的主体，包括省级生态环境部门和有条件的设区的市级生态环境部门；在"自下而上"的生成机理下，裁量基准多元共治的主体除了上述部门外，还应包括基层执法者。但基层执法者在多元共治中的主要工作是向裁量基准的制定者提供建议和意见，所以严格来说基层执法者并不是和行政机关同等意义上的多元共治主体。

党的十九大报告明确提出环境治理"以政府为主导"，在环境行政处罚裁量基准的多元共治中也应坚持行政主导的路径。作为多元共治主体的行政机关，在制定与实施裁量基准的过程中，应通过适当程序接受和考虑其他多元共治主体的意见和建议。在保证行政自主性和行政效率的前提下，为满足不断变化的现实需求，对裁量基准的规则内容进行相应的修改。

2. 生产经营者

生产经营者是指从事生产经营等活动对环境产生影响的单位和个人，是潜在的环境行政处罚法律关系中的行政相对人。

生产经营者作为多元共治主体具有其正当性。首先，生产经营者具有开发利用环境容量和自然资源的权利，法律对生产经营者施加的环境义务并不导致经济发展权利的消灭。生产经营者具有参与政府决策的权利基础。其次，环境行政处罚裁量基准对基层执法人员具有直接内部效力，并进一步影响具体案件中的环境行政处罚行为，对行政相对人具有事实上的外部效力。[1] 因而环境行政处罚裁量基准实际上与生产经营者的切身利益具有密切的联系。最后，从事某一行业的生产经营者，往往对于本行业可能造成的环境问题具有最为直观的经验认识，甚至具有相当程度的专业知识，这些经验认识和专业知识可以为环境行政处罚裁量基准的合理化提供帮助。比如，对于生产、销售含有放射性物质材料的企业来说，其对放射性污染防治法律规制具有高度的利益关切，为了本企业的利益或者社会公共利益，基于其专业性，该企业可以向生态环境部门建议在某项环境行政处罚的裁量因素中增加"放射性物质种类"或者建议修改某些裁量因素的判定标准。这种参与方式不仅有助于生态环境部门了解相关行业的实际守法情况，还有助于提高相关环境行政处罚裁量基准内容的合理性。

生产经营者作为多元共治的主体具有其可行性。环境行政处罚裁量基准的适用，实际上就存在于环境行政处罚行为之中。作为环境行政处罚法律关系中的行政相对人或潜在的行政相对人，生产经营者具有较强的参与意愿。[2] 如果符合自身利益的裁量因素被行政机关纳入行政处罚裁量基准，那么在违反环境法律义务的时候，生产经营者的行为能够获得行政处罚主体的相对公平的裁量。另外，在一些情形下，如在受到环境行政处罚时，生产经营者对于环境行政处罚裁量基准中相关规定的建议可以及时、

---

[1] 参见周佑勇：《裁量基准的制度定位——以行政自制为视角》，《法学家》2011年第4期，第2页。

[2] See David Keenan, "Discretionary Justice: The Right to Petition and the Making of Federal Private Legislation", 53 *Harvard Journal on Legislation* (2016) 563: p. 580.

准确地反映给行政机关，具有相对便捷的参与渠道。

生产经营者在多元共治机制中，主要具有知情权、要求说明理由及提交意见和建议供行政机关参考的权利。这三方面权利都属于形式性的多元共治的范畴。知情权和要求说明理由的权利具有一定程度的相似性。但知情权主要在于对环境行政处罚裁量基准的信息公开要求；而要求说明理由的权利是指行政机关在做出环境行政处罚时，受到处罚的生产经营者可以要求处罚机关说明其所依据的环境行政处罚裁量基准相关规定（如果有的话），以及如果没有适用相关规定的话，没有适用的原因。生产经营者有权提交与环境行政处罚裁量基准相关的意见和建议，但其意见和建议并不具有代替行政机关决策的效力，只具有要求行政机关予以考虑的效力。

3. 社会一般公众

环境行政处罚裁量基准的另一类有限参与主体为社会上的一般公众。在这一语境下，社会一般公众是相对于生产经营者而言的，是指并非环境行政处罚法律关系中潜在行政相对人的单位和个人。对于社会一般公众来讲，环境行政处罚裁量基准的影响相对来说较弱。与生产经营者相比，社会一般公众的参与更为有限。[1] 我们可以在与生产经营者的对比中，明确社会一般公众在环境行政处罚裁量基准中的参与特点。

社会一般公众进行参与的权利基础是公民所享有的环境权利，[2] 这一点毋庸置疑。但是，社会一般公众并没有生产经营者对于环境违法行为的经验认识，在绝大多数情况下也不具有相关的较高程度专业知识，而对于环境质量和生活健康，却有着最为直观的感受和高度的关切。因此，社会一般公众对于环境行政处罚裁量基准的认识是更为经验主义的，对于技术性较强的规则内容则缺乏理解和认识。

不仅如此，相对于生产经营者而言，社会一般公众参与多元共治的实现难度较大。一方面，社会一般公众对于环境行政处罚尚可能存在认识不足的问题，遑论环境行政处罚裁量基准，因此社会一般公众进行参与的意

---

[1] 参见［美］埃莉诺·奥斯特罗姆：《公共事务的治理之道：集体行动制度的演讲》，余逊达、陈旭东译，上海译文出版社2012年版，第48页。

[2] 参见吴真：《公共信托原则视角下的环境权及环境侵权》，《吉林大学社会科学学报》2010年第3期，第22页。

愿并不强烈。另一方面，社会一般公众的利益较为多元，利益分布也较为复杂，很难直观地通过多元共治程序将所有利益关系呈现给环境行政处罚裁量基准的制定者。

因此，社会一般公众存在参与上的困难，这就使得在有限多元共治机制下，首先要有针对性地向社会一般公众开放参与渠道和参与对象。在权利上，社会一般公众也可以具有知情权、要求说明理由以及提交意见和建议的权利。社会一般公众进行参与的有限性体现在参与范围的限定上。总的来讲，对于技术性很强或技术手段已经结构化了的事项，可以不开放社会一般公众的参与。但是无论如何，社会一般公众的知情权都应当予以保障，且在当前信息时代背景下，这一权利是较容易实现的。

（二）多元共治的对象

在环境行政处罚裁量基准的有限多元共治路径下，生产经营者和社会一般公众等多元共治主体具有知情，要求说明理由和提出建议、意见的权利，因而裁量基准的多元共治对象则是特指这些主体的知情，说明理由的要求、建议和意见所针对的事项。一般来讲，在裁量基准的多元共治中，这些事项主要包括控权范围的划定、裁量情节的细化以及效果格次的划分这三类活动。

1. 控权范围的划定

环境行政处罚裁量基准作为一种控权手段，行政机关在制定活动中首先面临的问题就是控制哪些权力的问题。就我国现行环境行政处罚裁量基准的制度实践来讲，许多地方行政机关在制定时，通常仅选取数量有限的主要环境违法行为进行规定。因此，控权范围的划定问题是具有现实意义的。通过多元共治机制可以促进控权范围在划定上的合理性。

在控权范围的划定方面，更多地体现着价值目标的问题，而具有较低程度的技术要求，这是控权范围的划定问题适合进行多元共治的主要原因。在控权范围的划定上，行政机关主要考虑的是执法的实际需要，从专业性的角度考虑案件发生频率、裁量难度、裁量权范围等因素；而社会公众，包括生产经营者，考虑得更多的是对理性裁量的心理需要。对于一些行政机关在专业技术角度认为并不重要，或不需要为之制定行政处罚裁量基准的环境违法行为，社会公众反而可能会经验地认为其对自身生活环境或经营自由具有重要影响，从而产生要求规定行政处罚裁量基准的内在诉求。如果行政机关所制定的环境行政处罚裁量基准规定的环境违法行为类别不符合社会公众对于环境违法行为的看法，或者说不符合社会公众对于环境行政处罚裁量权的控权预期，那么很难说这一环境行政处罚裁量基准是合理的，它可能在技术角度是合理的，但是在价值目标上是存在偏差的。

控权范围的划定不仅涉及字面意义上的控制哪些权力的问题，还涉及重点控制哪些权力，即控权重点的问题。在控权重点的问题上，行政机关需要以利益均衡为原则，结合地方性知识加以确定。无论是利益均衡中所涉及各方利益，还是地方性知识包含的本地区实际执法环境的内容，都离不开社会公众的利益关切和环境认识。

通过多元共治程序，将社会公众对于不同种类环境违法行为的认识和心理预期展现给行政机关，有助于行政机关在制定环境行政处罚裁量基准的过程中，突破自身专业认识的局限，更加合理地划定控权范围，从而促进环境行政处罚裁量基准实现其控权功能。这一过程最直接体现为社会公众对行政机关内部控权的外部影响，实现了公权和私权之间的合作和交流。[1]

2. 裁量情节的细化

环境行政处罚裁量基准的技术构造，分为情节细化和效果格化。其中，情节细化的主要工作是选择裁量因素及其在裁量过程中所占比例，或称裁量权重；效果格化的主要工作是根据情节细化结果将处罚范围划分为若干个处罚格次。相较于情节细化，效果格化主要涉及数值的计算问题，技术性较强，而且在很多情况下都采取均等分方法，结构化较为明显。因此，裁量基准的多元共治对象主要是裁量情节的细化。

裁量情节的细化包含两方面内容：一是裁量因素的选择，二是裁量因素权重的赋予。裁量因素的选择，是指裁量基准选择若干个考虑因素来细化立法中的不确定法律概念，比如选择烟尘黑度、主要污染物类别两个考虑因素细化立法中"造成大气污染"的概念；裁量因素权重的赋予，是指裁量基准为各种裁量因素规定其在裁量过程中的所占比例，也就是对裁量

---

[1] 参见周佑勇：《裁量基准的制度定位——以行政自制为视角》，《法学家》2011年第4期，第10页。

活动的影响程度。从众多事实性因素中选取裁量因素和赋予相应权重的活动在很大程度上涉及价值判断，因而情节细化工作是较为合适的多元共治对象。

裁量因素与其判定标准是紧密联系在一起的，它们不仅含有技术性较强的内容，也含有涉及价值判断的内容。裁量因素的权重，一般在环境行政处罚裁量基准中表现为在效果判断中所占的百分比或影响效果判断的一个加分数值，主要体现行政机关对这一裁量因素重要性的价值判断。值得说明的是，如前所述，即便是技术性规定，也体现着制定者的价值立场；而即便是需要制定者进行价值判断的内容，也必须具有科学事实上的依据。因而在裁量因素及其权重的选择的问题上，普遍地存在需要进行价值判断的内容，这些内容也是适宜进行多元共治的领域。

首先，在裁量因素的选择方面，多元共治具有有限但是重要的作用。对于一类环境违法行为，行政机关在制定环境行政处罚裁量基准时，通常要预先进行行政处罚裁量，总结出一系列考虑因素，这些考虑因素经过一定的概括和整理成为行政处罚裁量基准的裁量因素。这一过程本身就说明裁量因素的选择是具有一定的主观性的。多元共治机制可以为这一选择过程提供一个外部视角，弥补行政机关主观判断的不足，促进裁量因素选择上的合理性。[1] 对于一些专业技术性较强的裁量因素，尤其是更为细致、技术性更强的判定标准来说，公众在认识上存在专业性不足的缺陷，可能导致参与上的困难。公众在认识上的优势并不在于专业知识，而在于直接的经验感受。对于一些技术性较强的环境概念或环境指标，行政机关可以通过直观的讲解和类比，使公众能够将这些环境概念与环境指标与自身经验相联系，从而对裁量因素形成必要的认识。

其次，在裁量权重的判断方面，多元共治具有非常重要的作用。对环境违法行为的判断一般存在少数本质性因素，辅之以若干非本质性因素。我国很多地方的环境行政处罚裁量基准仅仅规定一至两个本质性因素，大多并不规定裁量权重。在认识到裁量因素过少将严重削弱裁量活动合理性的前提下，我们提倡多选取裁量因素，再根据实际需要为各个裁量因素赋予特定的权重，以均衡地影响最终处罚效果的判断。因此，在裁量权重的

---

[1] 参见王锡锌、章永乐：《专家、大众与知识的运用——行政规则制定过程的一个分析框架》，《中国社会科学》2003年第3期，第115页。

选择上，更多地涉及价值判断的问题。社会公众可能在技术性较强的内容上力有不逮，但是有能力相对清晰地意识到自身对于特定环境违法行为的关注点，对关注点的认识本质上就是价值选择的过程。社会公众在环境治理事项上的价值选择倾向，可以适当地融入裁量因素权重中，促进环境行政处罚裁量基准规则内容的合理性，更好地实现裁量基准建构裁量权的功能。

无论是裁量因素的选取，还是其权重的选择，实际上都是行政机关对不确定法律概念的解释中的一部分内容。裁量因素及其权重选择中的多元共治，实际上就是社会公众对不确定法律概念的解释过程的参与。行政机关对不确定法律概念的解释，具有较强的主观性，行政机关可能受制于自身的价值立场、知识结构、生活环境而不能做出非常合理的解释。社会公众在解释过程中的参与，能够在一定程度上弥补行政机关的固有不足，促进对不确定法律概念的解释的合理性。

3. 效果格次的划分

虽然在《指导意见》中已经没有了明显的效果格次划分的内容，但是这方面内容在我国实践中仍是广泛存在的，有必要加以探讨。在环境行政处罚裁量基准效果格次的划分上，多元共治也能够提供有益但是有限的帮助。效果格次划分的问题仅在裁量因素较少的情况下存在，因为在有较多裁量因素的情况下，很难简单地划分为各个效果格次，需要根据裁量权重计算处罚效果。效果格次的划分虽然是个主观判断的过程，但是具有一定的前提性基础，这一基础就是情节细化的内容。在完成了情节细化时，在很多情况下，效果格次也基本能够根据基础值法进行划定了。[1] 多元共治机制对效果格化能够实现的影响是比较有限的。

不仅如此，在环境行政处罚裁量基准中，一类环境违法行为的效果格次可能多达十余个，这使得效果格次划分工作在整体上比较繁杂，多元共治的可操作性很有限。加之多元共治机制对效果格化实质影响的有限性，在效果格化阶段所适用的多元共治宜保持在告知的程度上，这是就公众对效果格次划分的直接参与来说的。公众也能够通过在裁量因素权重选择中的参与而实现对效果格次划分的间接参与。在给定的裁量因素和裁量权重

---

[1] 周佑勇：《行政裁量基准研究》，中国人民大学出版社2015年版，第109页。

下,一般能够得出格次划分所依据的各个格次的基础值。效果格次划分中所涉及的价值判断内容,主要在于通过扩大或缩小裁量格次而体现处罚轻重倾向。当然,在以设定裁量因素权重取代划分效果格次的制定模式中,处罚轻重倾向可以通过设定权重数值实现更加理性的调整。从这一意义上说,公众对效果格次划分的参与可以统一归入对裁量因素权重选择的参与。

(三) 多元共治的程序

具有可操作性的参与程序是环境行政处罚裁量基准中多元共治的实施基础。这些程序的目的是使公众的经验判断能够得到较为充分、准确的表达并被行政机关获取,以促进环境行政处罚裁量基准的合理性。由于环境行政处罚裁量基准是一种行政自制手段,因而在环境行政处罚裁量基准制度下适用的多元共治程序,也应当由行政机关依据实际情况自行决定具体内容。但是我们可以大致地按照环境行政处罚裁量基准制定与实施的环节为多元共治程序设计框架性内容。

1. 裁量基准制定中的多元共治程序性内容

在裁量基准的制定活动中,多元共治具有最为直接的作用,因而多元共治在这一环节中的程序性内容是最具基础性的。在通常意义上,行政处罚裁量基准中的多元共治机制就是指在制定过程中适用的告知、征求意见等程序。在环境处罚裁量基准制度中,多元共治也主要存在于规则制定过程中。在这一阶段的多元共治机制下,行政机关一般应当在已制定有草案的情况下进行多元共治,多元共治程序具有以下几方面内容:

行政机关选择多元共治重点。由于环境行政处罚裁量基准往往卷帙浩繁,完全实现多元共治并不现实。为了更好地实现多元共治的目的,行政机关可以在公布行政处罚裁量基准草案之前,先行注明征求意见的重点内容,以引起社会公众的注意。

行政机关向社会公布草案并征求意见。《指导意见》要求在裁量基准的起草过程中要"广泛征求意见"。多元共治的前提是认识到参与对象的存在状态,为了实现多元共治,行政机关首先应当将所制定的环境行政处罚裁量基准草案全文公布,并附带说明文件以便于社会公众理解草案内容和重点。公布草案的直接目的在于向社会公众征求对草案的意见和建议。

行政机关收集公众意见并予以考虑。在草案公布后的合理期限内，行政机关收集并整理所有相关公众意见，包括但不限于公民个人和社会组织意见、生产经营者意见等。由于环境行政处罚裁量基准所适用的多元共治机制为形式上的多元共治，因此公众意见仅具有参考价值而不具有代替行政机关决策的效力。行政机关可以根据实际情况考虑各方意见。在这一环节可以参照立法上的公众参与程序实施。

2. 实施过程中的参与

环境行政处罚裁量基准作为一种规则，应当具有一定的稳定性。[1] 但是软法相较于硬法而言，其优点在于灵活性和有效性，能够适时地进行变化。环境行政处罚裁量基准作为一种软法规范应及时根据社会发展的实际需要进行相应的修改和完善。在环境行政处罚裁量基准实施过程中进行的多元共治，可以实时地反映社会发展的现实状况，有助于对裁量基准的合理化改进。环境行政处罚裁量基准的实施过程实际上也就是行政机关适用环境行政处罚裁量基准进行环境行政处罚的过程，因此行政相对人，在绝大多数情形下属于生产经营者，具有天然的参与意愿和参与便利，其经验认识也具有一定的价值。在这一过程中的多元共治程序主要包括以下内容：

行政相对人对环境行政处罚裁量基准提出意见的权利。行政相对人在受到行政处罚时可以进行陈述和申辩，这是《行政处罚法》赋予的权利。但是这并不涉及对行政机关在进行处罚时所适用的环境行政处罚裁量基准内容进行质疑的权利。环境行政处罚裁量基准并不具有法律的效力，只对行政机关具有内部效力，行政相对人可以对其内容的合理性提出意见。

行政机关考虑行政相对人所提出的意见。在做出行政处罚并收到行政相对人针对裁量基准相关规定的意见后，基层环境执法人员应当如实记录并整理，定期层报环境行政处罚裁量基准的制定部门。该制定部门在收到基层环境执法人员汇报的行政相对人意见后，应当根据实际需要进行留存，作为相关裁量基准后续修订工作的公众意见资料。

行政机关对环境行政处罚裁量基准进行定期评议和修订。《指导意见》

---

[1] 参见周佑勇、尹建国：《行政裁量的规范影响因素——以行政惯例与公共政策为中心》，《湖北社会科学》2008年第7期，第138页。

要求"生态环境部门应当建立快速、严谨的动态更新机制,对已制定的裁量规则和基准进行补充和完善,提升其科学性和实用性"。这是因为环境行政处罚裁量基准要求较强的时效性,在我国社会高速变化的新时期,必须保持一定的修订频率。制定环境行政处罚裁量基准的行政机关应当定期评价相关裁量基准的时效性,需要修订的,对相关条文按照制定程序公布并征求意见。在修订时,行政机关须考虑所征求的意见和修订前一定时期内收到的行政相对人意见。

第三章
环境行政处罚裁量基准的内容建构

　　环境行政处罚裁量基准作为一种行政自制手段，具有规则主义的外观，虽然不是"法"，但却是一种运行在法律框架内的规则，是一种软法规范。这一规则所规定的内容，从自然主义的角度来说，决定了该规则的"良"与"恶"，而从实用主义的角度来说，则决定了该规则能否发挥其应有的控权功能。环境行政处罚裁量基准是执法者预先进行裁量并将裁量过程固定下来的规则，因此裁量基准的内容与裁量活动具有密不可分的关系。在环境行政处罚裁量基准得到适当遵守的前提下，从裁量基准的内容可以合理地推知行政机关在执法实践中可能做出的行为，包括与违法行为相关的考虑因素和可能的法律效果。可以说，环境行政处罚裁量基准内容的合理性在很大程度上决定了执法者在实践中遵照此裁量基准进行裁量活动的合理性。因此，环境行政处罚裁量基准的内容建构具有重要意义。

第一节　环境行政处罚裁量基准内容建构的内部视角

一、行政裁量基准实体内容的合理性

（一）行政裁量基准实体内容的构成

　　环境行政处罚裁量基准是执法者在执法活动中，预先对各类案件进行

裁量，并将裁量过程规则化的结果。因此，执法者在此过程中的预先裁量，是隐含在其制定的裁量基准的内容中的，是裁量基准内容的实体。在这一逻辑下，行政处罚裁量基准实体内容，就是执法者预先进行的行政处罚裁量活动。在行政法学上，对于行政处罚裁量的构成一直存在一元论和二元论的分歧。[1] 对行政处罚裁量的构成的认识，是分析裁量基准实体内容合理性的前提和基础。

一般而言，一个行政处罚决定的做出要经历四个阶段：一是对案件事实的认定；二是解释和确定法律规范的构成要件；三是等置（或称涵摄）；四是确定法律后果。[2] 具体而言，对案件事实的认定涉及行政主体对案件的行为主体和法律事实的确认，在这个过程中行政主体需要根据自身执法经验进行先期判断，对案件的生活事实进行分析、取舍，使之成为可以由法律评价和认定的案件事实。[3] 在对法律规范构成要件的解释和确定的过程中，行政主体需要对法律规范中没有明确界定的法律概念进行解释。法律规范中明确界定的法律概念是极少的，如确定的期限"七日内"等，大多数法律概念具有不确定性，如"造成大气污染的""造成严重环境危害的"，等等。行政主体在构成要件判断中对这些不确定法律概念的解释和认定，虽然受到法律目的、原则的限制，但还是存在一定的自由选择空间。将案件事实与法律规范构成要件进行等置是"将事实一般化，将规范具体化"的过程，有的学者称之为"涵摄"。在这一过程中，行政主体的目光将在事实和规范之间来回审视，将规范具体化向个案延伸，将事实抽象化向规范提升。[4] 这其中同样涉及行政主体对不确定法律概念的解释，并且还涉及行政主体在一些情况下对这种等置关系的主观性调整。在法律后果方面，在罚与不罚、以何种方式处罚、以何种幅度处罚等方面，行政主体具有明显的选择权。

就做出行政处罚决定的过程而言，行政裁量存在于其全过程。在学理上，由于前三个阶段主要涉及对不确定法律概念的解释和认定，因此，将

---

[1] 参见周佑勇：《建立健全行政裁量权基准制度论纲——以制定〈行政裁量权基准制定程序暂行条例〉为中心》，《法学论坛》2015年第6期，第13页。

[2] 参见郑春燕：《取决于行政任务的不确定法律概念定性——再问行政裁量概念的界定》，《浙江大学学报（人文社会科学版）》2007年第3期，第168页。

[3] 参见王贵松：《行政裁量的内在构造》，《法学家》2009年第2期，第36页。

[4] 参见郑永流：《法律判断形成的模式》，《法学研究》2004年第1期，第147页。

上述阶段的行政裁量称为"要件裁量";而最后一个阶段主要涉及法律效果的选择,便将这一阶段的行政裁量称为"效果裁量"。

裁量一元论和裁量二元论的分歧,基于对要件裁量和效果裁量之区别的认识。行政裁量概念的产生是与司法审查密切相关的,所谓的裁量一元论和裁量二元论在很大程度上也是处在行政裁量司法审查的语境下。以德国、法国、日本为代表的大陆法系国家,在很长的时间内,都坚持裁量二元论,从而使这一理论在历史上占据支配地位。[1] 这一理论认为,对不确定法律概念的要件裁量是法律问题,而对法律效果的效果裁量则是裁量问题,前者要受到司法审查的限制,而后者是行政自主的领域,不应受制于司法审查。裁量一元论则不区分要件裁量和效果裁量,认为无论是所谓的要件裁量,还是所谓的效果裁量,都涉及对不确定法律概念的解释,具有实质的联系,都要受制于司法机关的审查。裁量一元论不仅在英美法系国家得到奉行,而且在20世纪后期以来的大陆法系国家也有相对重要的地位。[2] 我国行政法一直具有实用主义的风格,采用了裁量一元论的理论,因而我国并不对要件裁量和效果裁量在司法审查中区别对待。

反观我国目前制定的环境行政处罚裁量基准的文本,绝大多数是以情节细化和效果格化作为技术结构的,情节细化主要涉及要件裁量,效果格化主要涉效果裁量。它们之间的内在联系在于,一旦案件事实符合情节的某一判定标准,便能在裁量基准中一一对应地确定其法律效果,这一过程所确定的法律效果具有一个相对较小的处罚幅度,行政主体可以在其中进行选择。从这一过程可以清楚看出,效果裁量是在要件裁量的基础上对法律效果的适当选择。[3] 所以我国行政处罚裁量基准在很多情况下,是将情节细化与要件裁量相对应,而效果格化与效果裁量相对应。

(二)司法审查中的合理性原则与比例原则

基于对行政裁量构成的上述认识,合理的行政处罚裁量至少是在要件

---

[1] 参见王天华:《从裁量二元论到裁量一元论》,《行政法学研究》2006年第1期,第25页。
[2] 参见王天华:《从裁量二元论到裁量一元论》,《行政法学研究》2006年第1期,第25页。
[3] 参见王贵松:《行政裁量的内在构造》,《法学家》2009年第2期,第35页。

裁量和效果裁量上都经得起司法机关的合理性审查，或者说，行政处罚裁量的最低限度的合理性标准，是司法审查中对行政裁量的合理性判断标准。[1] 这一合理性标准的含义，是现代法治社会所能容忍的行政机关做出的合理性程度最低的裁量状态。之所以说司法审查中的行政合理性标准是一种最低限度的合理性标准，是因为在分权制度下，司法机关应当充分尊重行政机关在相关领域的专业性和判断力，避免代替行政机关做出判断。[2] 我们在英美法系的合理性原则和大陆法系的比例原则的判例和学说中，能清楚地看到这一点，并且了解在司法审查的视野下，行政裁量的合理性应当具有怎样的标准。

关于行政自由裁量权的控制，英国在 16 世纪系统地总结了对行政裁量进行司法审查的标准，发展成普通法上的合理性原则，这一原则如今是一个对行政行为的有效性进行实体审查的重要标准。[3] 在合理性原则漫长的发展过程中，普通法在狭义和广义两种意义上从反方向使用了这一原则，界定了"不合理"的含义。狭义上的不合理，是通过温斯伯里（Wednesbury）案的判决予以制度化的，意指行政机关所做出的决定是极其不合理的，是任何一个有理性的行政机关都不会做出的。[4] 该定义中后半句是对前半句"不合理"程度的描述。在这一意义下，行政决定只要不是明显荒谬的，在司法审查中就被认为是合理的。显而易见，这一标准对行政裁量的限制过于宽松，现在法院在狭义意义上适用合理性原则时，考虑的是所议行政决定是否可以认为是一个理性主体能够做出的。[5] 而从广义上来讲，不合理原则除了上述包含在狭义不合理中的内容外，还包括相关考虑和目的适当性两项标准。也就是说，当行政决定考虑了不相关因素或者没有考虑相关因素，或者其目的不适当的时候，可以认为该行政决定是不合理的。英国通过合理性原则规划了对行政裁量进行司法审查的范围，在行政自主与司法控制之间达成了一种平衡。总的来说，在普通法上的合理性

---

[1] See Jeffrey A. Pojanowski, "Reason and Reasonableness in Review of Agency Decisions", 104: 3 *Northwestern University Law Review* (2010) 799: p. 814.

[2] See Jeffrey A. Pojanowski, "Reason and Reasonableness in Review of Agency Decisions", 104: 3 *Northwestern University Law Review* (2010) 799: p. 800.

[3] 参见余凌云：《行政自由裁量论》（第三版），中国人民公安大学出版社2013年版，第49页。

[4] 参见余凌云：《英国行政法上的合理性原则》，《比较法研究》2011年第6期，第16页。

[5] 参见余凌云：《英国行政法上的合理性原则》，《比较法研究》2011年第6期，第22页。

原则的标准下，合理的行政裁量是一个理性的行政主体可能做出的，考虑了相关因素而不考虑不相关因素的，目的适当的行政裁量。

在大陆法中，是以比例原则实现对行政权力的控制，确保行政裁量的适度。比例原则主要解决的是手段与目的之间的关系衡量，要求行政机关的执法手段与目的应当成比例。比例原则受到自由主义国家观念的影响，用以避免公民的基本权利受到国家权力的不当侵害，强调国家权力的适度。对公民基本自由的保护，是宪法与行政法的一项重要内容，以此为目的的比例原则近年来在适用范围上也不断地扩大，尤其在行政处罚领域具有重要的地位。在理论上，比例原则有著名的"三阶理论"，[1] 即：第一，该原则要求行政机关的手段必须适合增进或实现所追求的目标；第二，要求行政机关应依据经验在可选择的、妥当的手段中选取最温和的一种；第三，要求行政机关对执法行为的实际利益与人民受到的损害之间进行价值层面上的衡量，行为的实际利益要大于人民因此受到的损害。狭义上的比例原则仅指第三阶的要求。要言之，比例原则是对于不合理负担的一种限制，在这一标准下，合理的行政裁量应当为实现目的而采取合理的、成比例的手段。

从最基本的意义上来说，合理性原则和比例原则都根源于对人权的保护，防止国家公权力对私人空间的不当侵入。在我国，行政法学者通常将合理性原则作为行政法的一项基本原则，而这一原则也在不同程度上体现在我国现行行政立法中。[2] 一些学者也在探讨以合理性原则中的部分内容对比例原则进行重构，[3] 以统一的比例原则取代合理性原则作为审查行政裁量的标准。[4] 还有的学者提出了行政裁量的均衡原则，这一原则融合了合理性原则和比例原则的主要内容，从行政裁量所要实现的功能的角度，给出了可度量的判断行政裁量是否合理的标准。

（三）符合环境法理念的行政均衡原则

有的学者为行政裁量的合理性提出了行政均衡原则，这一原则是从利

---

[1] 参见刘权：《目的正当性与比例原则的重构》，《中国法学》2014年第4期，第134页。
[2] 参见张明新、谢丽琴：《论自由裁量权膨胀条件下的"行政合理性"原则——兼论行政合理性原则在现代行政法中之地位》，《南京社会科学》2000年第7期，第66页。
[3] 参见刘权：《目的正当性与比例原则的重构》，《中国法学》2014年第4期，第135页。
[4] 参见杨登峰：《从合理原则走向统一的比例原则》，《中国法学》2016年第3期，第105页。

益分析的角度，认为行政行为在本质上是行政权力对公共利益的集合、维护和分配。[1] 对公共利益的集合、维护和分配必然涉及不同类型的公共利益之间、公共利益与个人利益之间的冲突与协调。在这一语境下，行政裁量的功能是权衡相互冲突的多重利益关系，并做出选择和判断，使这些利益之间在整体上达致平衡状态。[2] 也就是说，行政主体在选择和判断行为方式和行为效果时，应当充分考虑各种利益关系，综合权衡以促使各种利益尽可能地最大化。[3] 这也是从利益衡量的视角判断行政裁量活动是否合理的标准。

实际上，行政裁量的均衡原则是一种对普通法的合理性原则和大陆法的比例原则从利益分析角度进行的阐释，提倡行政均衡原则的学者也确实是将这一原则作为合理性原则和比例原则的"概称"来看待的。[4] 比例原则强调手段与目的之间的成比例关系，是对行政管制与个人自由、公共利益与个人利益之间关系的衡量与协调，追求法益的相称性，以此避免对个人利益的过度侵犯。而合理性原则要求行政行为的内容应当是公正的、合理的，其判断标准比较主观，其中目的适当性、考虑相关因素的标准都包含利益衡量的要素。严重牺牲一方利益的行政行为很可能违反相关立法的旨意，在目的上就是不适当的；而行政行为的相关因素则在一定程度上能够代表各方面的利益。因此，合理性原则和比例原则都包含利益均衡的理念，而这一理念经由行政均衡原则得到了具体化和独立化。

行政均衡原则与环境法学方法论存在内在联系。在最初的意义上，环境法的实施及其功能的实现，主要是经由国家环境管理活动来进行的，而行政管理则是国家环境管理之中最重要的部分。环境法律制度的建构和运行，在相当大的程度上建立在环境行政行为有效性的基础上。因此，对合理行政行为的建构当然地内含在环境法律制度的建构之中，要求行政行为达致利益均衡的理念也或经转化或直接融入环境法学的方法论中。行政法的利益均衡理念结合了可持续发展理念后，在一定程度上促进了以协调与融合为核心的环境法学方法论的产生和发展，而这一法学方法论的很多表

---

[1] 参见周佑勇:《行政裁量的均衡原则》,《法学研究》2004 年第 4 期, 第 125 页。
[2] See Pier Luigi M. Lucatuorto, "Reasonableness in Administrative Discretion: A Formal Model", 8 *Journal Jurisprudence* (2011) 633: p. 634.
[3] 参见周佑勇:《行政裁量的均衡原则》,《法学研究》2004 年第 4 期, 第 126 页。
[4] 参见周佑勇:《行政裁量的均衡原则》,《法学研究》2004 年第 4 期, 第 125 页。

述实际上也具有利益均衡的理论内核。

环境法在三个层面上具有协调与融合的功能：自然科学与人文科学的协调与融合；事实判断的生态中心主义与价值判断的人类中心主义的协调与融合；环境因素、社会因素和经济因素的协调与融合。[1] 就上述三个层面来说，第三个层面，即就具体问题进行学术研究或政策选择时，对环境、社会和经济三类因素的协调与融合，从利益分析的视角来观察，实际上就是要求环境利益、社会利益和经济利益在决策中的协调与融合。再具体到行政决定及其裁量过程，则要求行政主体在上述过程中协调与融合环境利益、社会利益和经济利益。

所谓对各种利益的协调与融合，是在环境问题的复合性的基础上，认识到其中普遍存在相互独立的各种利益，这些利益并不是孤立的，它们之间的关系不是绝对的，既存在冲突的一面，又存在一致的一面，而环境法学方法论则要求协调它们之间相互冲突的一面，使之达致一种平衡状态，同时，要融合它们之间相互一致的一面，使之达致一种共赢状态。由此可见，环境法学方法论对利益的协调与融合，包含利益均衡的理念，进一步促进了在环境法领域行政均衡原则的适用性。

总之，可以得出结论，合理的环境行政处罚裁量应当在考虑其中所涉各种利益及其相关影响因素的基础上，通过协调与融合的方法，在个案中实现利益均衡。这不仅是从利益分析的角度对环境行政处罚裁量功能的概括，而且是判断环境行政处罚裁量合理性的具体标准。

二、环境行政处罚裁量基准中的行政均衡

合理的行政处罚裁量应当遵循行政均衡原则，追求相关利益的适当均衡。但是，行政法学中所探讨和阐述的利益均衡与环境法学中的这一概念虽然具有内在的联系，但还是有一些区别。这是由环境法作为一个独立的部门法的特殊性所决定的，亦即环境法不再局限于传统部门法对于人类社会经济利益的考虑与衡量，而将这种考虑与衡量活动拓展至人类与自然之间，将生态环境利益和社会经济利益纳入其中。因此，环境法在行政裁量

---

[1] 参见吴真、李天相：《以协调与融合为核心的环境法学方法论初探》，《法学杂志》2017年第7期，第11页。

的合理性标准上,相较于行政法的均衡原则,引入了生态环境利益与社会经济利益的考量。

(一) 环境行政处罚裁量中的利益关系

行政法学理论认为,在行政行为中,行政机关通过裁量活动要在个案中实现两种利益关系的均衡:公共利益与个人利益、个人利益与个人利益。环境法则引入生态环境利益和社会经济利益关系的维度,[1] 生态环境利益和社会经济利益之间的关系在一些情况下是公共利益与公共利益之间的关系,从而对传统行政法学理论提出了新的要求。

行政法学理论中所说的公共利益与个人利益的均衡,仍没有超出禁止过度侵犯个人利益原则的范畴,行政行为能够对行政相对人的个人利益产生较大的影响,如果行政行为需要减损个人利益以促进公共利益,那么就需要在公共利益与个人利益之间寻找一个平衡点。就个人利益与个人利益的均衡来说,现代行政职能日益复杂,行政机关的行政行为对行政相对人个人利益的影响,在很多情况下会直接或间接地影响第三人的个人利益,此时行政机关在做出行政行为时,就要考虑行政相对人的个人利益与第三人的个人利益之间的均衡。[2] 由此可见,在行政法学理论上,行政裁量中所衡酌的公共利益似乎被视为一个整体,并要与个人利益相平衡。

但是在部门法学领域,利益的概念和分类则更为具体化和复杂化,就环境法学领域来说,行政处罚裁量涉及的利益还应细分为生态环境利益与社会经济利益两种。而在传统行政法上,行政均衡原则中的利益一般是指社会经济利益,亦即社会经济公共利益与个人社会经济利益之间进行衡酌,个人社会经济利益与其他个人社会经济利益之间进行衡酌。但是在环境法中,生态环境利益作为一种独立的、与社会经济利益之间存在冲突和一致关系的新型利益,具有重要的地位。虽然对于生态环境利益的准确界定尚存争议,但一般认为生态环境利益包括个人生态环境利益和生态环境公共利益,或者称生态环境私益和生态环境公益。在生态环境问题甫一进入法律视野之时,生态环境私益通常是在私法语境下进行确认和保护,

---

[1] See Michael Burger, "Environmental Law/Environmental Literature", 40: 1 *Ecology Law Quarterly* (2013) 1; p. 7.
[2] 参见周佑勇:《行政裁量的均衡原则》,《法学研究》2004年第4期,第126页。

而生态环境公益则是在公法语境下进行维护。在环境法作为独立的部门法诞生以后，公法手段作用于私法领域，以规避市场的外部不经济性带来的弊端，呈现私法公法化或公法私法化的趋势。生态环境私益与生态环境公益由于其本质上都是基于人类与自然之间的关系，具有天然的联系。很多理论学说将这两类生态环境利益都囊括进环境权利的范围中，既丰富了环境权利的内容，又导致了环境权利概念的泛化与模糊。笔者在此并不打算细致探讨环境权利是一种公法权利，或是一种私法权利，或是一种复合型权利，因为无论环境权利的属性为何，这一权利的存在本身就足以证明生态环境利益在环境法中的基础性地位。但这并不意味着这一利益是绝对的、不容妥协的，因为在当前时期环境法的运行过程中，普遍存在着生态环境利益与社会经济利益之间的冲突。

环境保护与经济发展，这一对范畴在不同的社会发展阶段具有不同的关系，而这一关系大体可以经由环境库兹涅茨曲线进行预测。环境库兹涅茨曲线是环境保护领域通常所讲的倒"U"形曲线，它表明环境与经济之间的关系在社会经济发展程度较低的阶段呈现出竞争的关系，随着经济的发展，环境质量会逐渐变差，而当经济发展到一定的程度，环境质量就会逐渐好转。但是，自然环境受到的损害过于严重则将不可逆转，这一不可逆转损害的严重程度称为生态环境阈值。而环境与经济之间存在相互促进的方面，这在拐点右侧较为明显，但在左侧过程中也有所蕴含。也就是说，环境与经济之间冲突和一致的关系并不是绝对的，而是同时存在的，只不过在特定的社会经济条件下具有主次之别。环境法是人类对自身环境行为的自我设限，在一定程度上允许经济发展同时伴随环境质量变差，但无论如何不能超过自然环境所能承受的最大限度，即生态阈值。因此，环境法在运行中普遍涉及环境保护与经济发展之间的矛盾问题，涉及生态环境利益与经济利益之间的冲突问题。

值得注意的是，生态环境利益与社会经济利益之间的冲突是基于一定的社会背景的，根本上决定于社会经济条件这一基础。[1] 生态环境利益与社会经济利益之间的关系在很大程度上是无法在国家环境立法中统一协调与分配的，而是需要基于地方语境、实践语境进行具体分析。环境行政处

---

[1] 参见徐祥民、朱雯：《环境利益的本质特征》，《法学论坛》2014年第6期，第47页。

罚裁量权的授权目的是在个案中追求实质正义,正因如此,在环境行政处罚裁量中所衡酌的利益关系应包括生态环境利益与社会经济利益之间的关系。不同于传统行政法行政均衡理论中的公共利益与个人利益、个人利益与个人利益之间的均衡,生态环境利益与社会经济利益之间的均衡主要是一种公共利益与公共利益之间关系的视角,即生态环境公共利益与社会经济公共利益之间的衡酌。

(二) 生态环境利益的考量

进一步探讨环境行政处罚裁量中应如何衡酌生态环境利益与社会经济利益,首先需要对生态环境利益和社会经济利益本身有清楚的反思。环境法学对于生态环境利益和社会经济利益的讨论,很多情况下是在可持续发展理念下进行的。在可持续发展的视域下,生态环境利益与社会经济利益都有自身独特的价值,而又都由于对方的存在,自身利益的范围和受保护程度发生了变化,这一变化受到自身依据特定标准所具有的权重的影响。[1] 下文对生态环境利益与社会经济利益分别进行分析,在这一基础上探讨环境行政处罚裁量中所应实现的生态环境利益与社会经济利益相均衡的标准以及实现方式。

法律所保护的生态环境利益是共同体全体成员对于达到法律所规定的环境品质或标准的生态环境的享受。[2] 就此而言,生态环境利益在环境行政处罚中具有极其重要的位置,是环境行政处罚所要保护的法益之一。

一方面,行政处罚是行政机关对依法负有法律责任的单位和个人依照法律的相关规定给予行政制裁的具体行政行为,被处罚的单位和个人所负有的法律责任是其违反第一性义务而产生的第二性义务。因此,行政处罚所要保护的是法律中所规定的第一性义务不被违反的状态。在环境法方面,上述第一性义务则是指单位和个人依法负有的环境义务,如不得超标排污的义务、不得擅自倾倒畜牧业废弃物的义务,等等,环境法对上述环境义务的设定是基于对生态环境利益的维护。

另一方面,我国环境法的立法目的是"保护和改善环境,防治污染和其他公害,保障公众健康,推进生态文明建设,促进经济社会可持续发

---

[1] 参见梅献忠:《论利益衡量思想与环境法的理念》,《政法学刊》2007年第4期,第76页。
[2] 参见徐祥民、朱雯:《环境利益的本质特征》,《法学论坛》2014年第6期,第48页。

展"，在这五个方面中都涉及对生态环境利益的维护，可以说生态环境利益是我国环境立法所要保护的法益。环境行政处罚作为环境法律制度的一个环节，也必然是以生态环境利益作为所要保护的法益。

虽然生态环境利益在环境立法中具有重要的地位，但是对于生态环境利益的准确概念，我国学界一直以来都众说纷纭。一说认为生态环境利益是一种"人们在观察社会现实基础上经由哲学反思洞见的共同体中所有自然人成员共同追求的共同善"；[1] 一说认为生态环境利益是环境因其生态功能而具有的利益，这种利益体现为对人的有用性；[2] 一说认为生态环境利益是"环境法上消极保护的法益，即指尚未上升为环境权利和环境权力的其他应受环境法保护的正当利益"。[3] 由此可见，学界对生态环境利益的性质实际上还是存在争议的。

"利益"是一种对人的有用性，是以人的存在为基点的，因此将"自然环境"人格化以作为生态环境利益享有主体的理论严重缺乏哲学基础，具有明显的生态中心主义倾向，在人类生产生活方式发生根本转变以前，将自然物作为利益享有主体来建构法律制度的进路只能是一种空想。在确认了人作为利益享有主体后，我们所要面对的问题是，私人可不可以实现对生态环境利益的所有，也就是说，私人是否能够排他性地享有生态环境利益。根据自然科学的事实判断，我们可以很确切地说，自然资源与生态环境是自然界的组成部分，参与能量循环和物质循环，并在其中体现其生态价值，这一过程是不因资源权属而改变的。因此，即便是私人对自然资源拥有所有权（虽然在我国自然资源的所有权专属于国家，但不妨有此假设），也不能实现对生态价值的排他性占有。因此，从这一意义上来说，生态环境利益应当界定为一种公共利益，在很多情况下，学界也确实将生态环境利益与环境公共利益在同一意义上使用。

就这一意义来说，所谓生态环境利益，从本质上讲，是一种共同的善，这种共同的善由一个共同体内的所有成员共享，同时也由这一共同体

---

[1] 王小钢：《义务本位论、权利本位论和环境公共利益——以乌托邦现实主义为视角》，《法商研究》2010年第2期，第60页。
[2] 参见杨朝霞：《环境权：生态文明时代的代表性权利》，《清华法治论衡》第19辑，第53页。
[3] 史玉成：《环境利益、环境权利与环境权力的分层建构——基于法益分析方法的思考》，《法商研究》，2013年第5期，第51页。

内的每个成员分享。它具有三项特征：创造主体的共同性、受益主体的普惠性和自然人独立享有性;[1]虽然确定了其性质，但还没有完成对其概念的界定，我们还要进一步探讨生态环境利益的内容。对于生态环境利益的内容，大致有这样几种观点：其一，生态环境利益是指没有恶化的环境，或者说具有一定品质的环境;[2]其二，生态环境利益是环境要素的生态功能对人类的生态需要的满足，人类的自然属性决定了其对于空气、水、土壤等自然资源或环境要素的生态功能的需要，这构成了生态环境利益的基础;[3]其三，生态环境利益是人们对于环境需要的一种利益表达，这种利益表达的背景是生态环境利益分配的不正义现象，生态环境利益这一概念本身是为了表达弱势群体或地区对于环境需要的诉求;[4]其四，生态环境利益是一种人格利益，是人格的内容，因为人有生活在适宜环境中的尊严;[5]其五，生态环境利益可以细分为生态利益、资源利益或生活利益，生态利益是自然生态系统为人类提供生态功能所产生的非物质性利益，资源利益是人类开发利用自然资源的物质性利益，生活利益是人们居住在适宜生活环境中所具有的非物质性利益。[6]

纵观数个观点，可见其共性是将生态环境利益置于人类—环境关系中进行观察，而这一关系并不是传统法学中的人与物之间的关系，也不是简单的主体与客体之间的关系，而是较为复杂的密不可分、相互影响的关系。生态环境利益是相对于环境负利益而言的，是一种环境未遭受损害的状态。[7]法律所保护的生态环境利益是否实现，则要看环境是否达到了法律所确定的标准或品质。在大多数情况下，生态环境利益并不是单独存在的，而是与社会利益和经济利益共同出现，甚至相互交织在一起。环境未

---

[1] 参见王小钢：《从行政权力本位到公共利益理念——中国环境法律制度的理念更新》，《中国地质大学学报（社会科学版）》2010年第5期，第42页。
[2] 参见徐祥民、朱雯：《环境利益的本质特征》，《法学论坛》2014年第6期，第48页。
[3] 参见廖华、孙林：《论环境法法益：对环境法基础的再认识》，《中南民族大学学报（人文社会科学版）》，2009年第6期，第113—116页。
[4] See Alice Kaswan, "Environmental Justice and Environmental Law", 24: 2 *Fordham Environmental Law Review* (2013) 149: p.169.
[5] 参见刘长兴：《环境利益的人格权法保护》，《法学》2003年第9期，第106页。
[6] 参见刘卫先：《环境法学中的环境利益：识别、本质及其意义》，《法学评论》2016年第3期，第155页。
[7] 参见徐祥民、朱雯：《环境利益的本质特征》，《法学论坛》2014年第6期，第48页。

遭受损害的状态本身是一种理想状态，因此生态环境利益就意味着要对经济利益，无论是私人经济利益还是公共经济利益的限制。[1] 但是，生态环境利益并非环境行政处罚所要保护的唯一的利益。由《环境保护法》立法目的中"促进经济社会可持续发展"语句我们可以看出，环境法不仅强调保护生态环境利益，而且还要求保护社会经济利益，在此基础上实现可持续发展，生态环境利益和社会经济利益在环境法的视野下并无优先或等级之分，只是在行政处罚裁量活动中需要根据实际情况和均衡原则来确定二者的权重。

（三）社会经济利益的考量

社会经济利益是社会经济权利的主要内容。社会经济权利是继公民和政治权利之后的第二代人权，是人们要求国家给予一定的物质利益来肯定其社会生活和经济生活中公民身份的有效性。[2] 但我们不能将这一权利理解为一项绝对权利，或者说社会经济利益具有绝对的、不容妥协的地位。这一利益在现实生活中的法律保障与实现受到很多因素的影响，在这些条件影响下，这一利益本身成为一种相对的、需要衡量的利益。

环境法律规制作为国家环境保护的主要手段，自其产生之初便表现为国家公权力向私法领域的渗透，[3] 以公法手段对私法领域的经济自由进行干涉，这势必对公共社会经济利益和个人的社会经济利益产生影响。就我国目前所处的社会阶段来讲，国家环境规制在很多情况下会直接对社会经济利益产生限制作用。比如环境影响评价法的规定要求，未进行环境影响评价或环境影响评价文件未经审批通过的不得开工建设，否则要承担法律责任，这一环境规制措施直接体现了国家对经济自由的干预，虽然限制了社会经济利益，但是维护了生态环境利益。再比如我国自然保护区立法对自然保护区功能区划有明确的规定，但在实践中，自然保护区周边社区的一些居民世代都以开发利用自然保护区内的自然资源为生，在山林中打猎、放牧、采伐等，自然保护区的设立将严重影响甚至剥夺这些居民开发

---

[1] 参见王小钢：《从行政权力本位到公共利益理念——中国环境法律制度的理念更新》，《中国地质大学学报（社会科学版）》2010年第5期，第45页。
[2] 参见魏健馨、刘丽：《社会经济权利之宪法解读》，《南开学报（哲学社会科学版）》2011年第3期，第107页。
[3] 参见吕忠梅：《环境法学概要》，法律出版社2016年版，第43页。

利用自然资源的社会经济权利，也往往引发矛盾。由此可见，在环境法视野下，社会经济利益与生态环境利益都是正当的、需要保护的利益，但二者之间广泛存在冲突。

我们不能倒果为因地说国家对生态环境利益的维护损害了社会经济利益，而是应当在肯定社会经济利益的正当性的前提下，认识到正是人们追求社会经济利益的活动造成了当代环境问题，这才激发了人们对于不受损害的环境的诉求，产生了生态环境利益的概念。因此，环境法以生态环境利益限制社会经济利益的原因，是不受限制的追求社会经济利益的活动对生态环境利益的过分损害。社会经济利益受到的源自生态环境利益的限制是广泛的、深层的，一般来讲具有以下特点：

其一，限制的正当性。人们追求社会经济利益的活动损害了生态环境利益，在法律中确认与保障生态环境利益，从而限制追求社会经济利益的人类活动，是具有正当性和合理性的。

其二，限制方式的多样性。在环境法中，生态环境利益对社会经济利益的制约和限制途径是全面的，既可以运用行政权力通过环境行政许可、环境行政处罚等方式为生态环境利益的目的而限制社会经济活动，还可以运用司法权力在环境公益诉讼中对环境违法者的社会经济利益施加不利影响以维护环境公共利益。

其三，限制对象的广泛性。与生态环境利益发生冲突并受到部分限制的社会经济利益，既包括单位和个人的私人社会经济利益，也包括公共社会经济利益。如企业承担环境责任，主动或被动改变生产方式，经济自由受到限制，这体现了生态环境利益对私人社会经济利益的限制；再比如地方政府在制订区域规划时，为了避免严重的环境风险而禁止一些具有带动地方经济社会发展能力的企业入驻，这体现了生态环境利益对公共社会经济利益的限制。因此，生态环境利益与社会经济利益的冲突不仅包含公共利益与个人利益的冲突，也包含公共利益与公共利益的冲突。

其四，限制结果的直观性。在现实生活中，生态环境利益对于社会经济利益的限制往往是"看得见、摸得着"的，能够直观地感受得到。相反，人们追求社会经济利益的活动造成的生态环境利益的损失，相当一部分是难以观察到的，尤其是环境风险。真正地转化为现实的环境损害可能要经历数年甚至更长时间，且仅能够从科学上评估环境风险大概的严重程度，如果将科学局限性考虑在内，环境风险可能较评估更为严重。这一直观的反差在一定程度上对公众环境保护意识的提高造成了阻碍，对于政府决策的影响甚至更为强烈。在我国政治体制下，行政机关中官僚的升迁与在位时的政绩直接相关，而在位时间是个相对较短的时间范畴，在这一期间，环境风险不一定会暴发，生态环境利益的减损也不容易直观地观察到；但社会经济利益则不同，社会经济利益的增减能够直观地体现在 GDP 的数值上，也能够体现在人民物质生活水平上。在这种对比下，政府官员作为公共理性人，很难自发地从长远利益的角度思考，倾向于重视社会经济利益而牺牲生态环境利益，在短期内创造更好的政绩。虽然我国为了解决这一问题，建立了领导干部自然资产离任审计制度，但由于生态环境利益损害结果固有的隐蔽性、潜伏性，加之生态环境利益对社会经济利益限制结果的直观性，很难真正地促使政府官员转变重社会经济利益而轻生态环境利益的价值取向。为了实现这一转变，应当通过全面的制度设计，促使政府官员成为生态理性人，在此基础上自觉地平衡社会经济利益与生态环境利益。

总之，环境立法通过确认和保障生态环境利益，以对社会经济利益形成一定程度的限制。但这并不等于要剥夺社会经济利益，社会经济的可持续发展也是环境法的立法目的之一。这就要求在环境决策中不仅要考虑生态环境利益，还要考虑社会经济利益。在环境行政处罚过程中也是如此。但是在我国环境立法的法律责任条款中，违法情节的绝大多数都没有对于社会经济相关问题的规定，而是留给行政机关通过对不确定法律概念的解释来加以完善。在我国当前背景下，行政机关在很多情况下还不能做到将环境保护与经济发展放在同一重要位置上来看待，虽然中央文件已经有此要求。行政机关在进行环境行政处罚时，几乎必定会从社会经济利益的角度考虑处罚对象、违法行为和可能的处罚结果。在我国很多地方的环境行政处罚裁量基准中，也确实将与社会经济利益直接相关的一些因素作为裁量因素予以列出，并赋予一定的权重。因此，无论从理论上，还是在实践中，环境行政处罚裁量活动都无法脱离对社会经济利益的考量。《指导意见》中明确提出："行使行政处罚自由裁量权，应当符合立法目的，充分考虑、全面衡量地区经济社会发展状况、执法对象情况、危害后果等相关因素，所采取的措施和手段应当必要、适当。"

（四）生态环境利益与社会经济利益的综合权衡

在环境行政处罚裁量中对生态环境利益和社会经济利益的综合权衡，应当先以不同的认识路径对生态环境利益和社会经济利益进行识别和衡量，在此基础上以协调与融合的方法进行综合平衡。

环境、社会和经济利益具有其独特性，却又是彼此关联的，它们都处于人类环境行为这一宏观的语境之下，但我们很难在这一较为宽泛的语境下对各种利益本身的形式和权重进行识别，而应当将这样的识别活动置于特定的语境下。我们在环境行政处罚裁量中对这些利益进行的识别和权衡，是为了协调与融合它们之间的相互冲突与一致的关系，在这一特殊语境下对生态环境利益和社会经济利益的识别和权衡活动也具有特殊性。

为了综合权衡生态环境利益与社会经济利益，我们需要在人类社会经济需求的背景下探讨生态环境利益的权重，在生态环境需求的背景下探讨社会经济利益的权重。南非宪法法院的一则判决能够为这一考虑方式提供一个较好的注解。在这则判决中，南非宪法法院认为，原环境事务与旅游部在考虑是否批准建设加油站时要考虑到社会经济利益，它不能因市政府在批准建设加油站的市政规划时已经考虑了社会经济利益而不履行这项考虑义务，因为环境部门对社会经济利益的考虑在实质上不同于市政府对该项利益的考虑，环境部门是从环境的角度考量社会经济利益。[1]

具体而言，在对生态环境利益的认识方面，应当以自然科学的规律性认识为基础，在此基础上加入对人的关怀。在特定时空下，生态环境利益的界定与自然环境不受损害的状态的含义是息息相关的，为了准确识别和判断生态环境利益则必须先对相关的自然环境状态有科学的认识，而对于自然环境的认识则应当以自然科学的事实判断为依据。包括生态学在内的自然科学能够为我们认识自然环境状态提供科学的依据，但是自然科学的事实判断并不能简单地、直接地推导出法学对于生态环境利益的价值判断。一些环境法学研究者在识别生态环境利益时，有的是简单地、直观地

---

[1] See *Fuel Retailers Association of Southern Africa v Director General Environmental Management, Department of Agriculture, Conservation and Environment Mpumalanga Province and Others*, Judgment of June 2007, (2007) 6 SA 4 (CC).

对生态环境利益形成价值判断而没有寻求事实依据，有的则是直接将生态学的事实判断作为认识生态环境利益的全部基础。这两种进路都是有失偏颇的。姑且不论生态学原理中对于价值、利益、权利等概念的使用与法学理论中对于这些概念的使用是不完全相同的，仅就其推导过程而言，前者是忽略事实判断而得出对于自然环境事实的价值判断，而后者是从事实判断直接得出价值判断，都是存在严重逻辑问题的。从事实判断向价值判断的推导最重要的是要说明这一推导所适用的范围和条件、所适用的具体场域和语境。[1] 生态学语境下的事实判断是不考虑人的尊严和人性的，但环境法的法学语境下的价值判断则必须考虑人的尊严和人性，这是二者最显著的区别。因此，对于生态环境利益的考察应当以自然科学的事实判断为前提，但在此基础上必须加入人性的关怀。

在对社会经济利益的认识方面，应当以传统部门法学及其他人文社会科学的理论为基础，在此基础上着重于与生态环境利益相冲突和一致的内容。长久以来，社会经济利益一直是传统部门法的调整范畴，环境法诞生以来也并没有对这一状况形成颠覆或冲击，环境法更多的是将生态环境利益或环境考量引入法学的视野之中，而对传统部门法的框架进行有限度的改良和更新。因此，对于社会经济利益本身的认识和判断，应当以传统部门法学的理论为基础，其他人文社会科学对于社会经济需求、效益的理论也能够在一定程度上作为判断社会经济利益的背景。但是传统部门法学及其他人文社会科学对于社会经济利益的判断过程是较少或几乎不涉及生态学原理的，因而也是远离环境考量的。要使得对于社会经济利益的判断在环境法的利益衡量中具有意义，则必须在环境的视角下考察社会经济利益。实际上，所谓在环境的视角下考察社会经济利益，在很大程度上意指为了与生态环境利益相平衡的目的而考察社会经济利益，或者说在可持续发展的含义下考察社会经济利益。因此，这一考察视角要求探讨那些与生态环境利益存在价值关联的社会经济利益。在社会发展的不同阶段，社会经济利益将在不同程度上与生态环境利益发生冲突，但二者的冲突并不是绝对的，也存在一致的一面，在这一背景下，环境法建立了自身对于社会经济利益的认识。

---

[1] 参见蔡守秋：《"休谟问题"与近现代法学》，《中国高校社会科学》2014 年第 1 期，第 154—155 页。

在对生态环境利益和社会经济利益都有了准确判断的基础上，在环境行政处罚裁量中则要寻求生态环境利益与社会经济利益相互协调与融合。对生态环境利益和社会经济利益进行平衡的目的是促进二者的协调与融合。所谓协调，具有"分""权衡"的含义，是认识到生态环境利益和社会经济利益都是可欲的、正当的利益，它们之间存在相互冲突的情况，在裁量中要衡量二者的权重，以协调这一冲突。所谓融合，具有"合""结合"的含义，是认识到生态环境利益和社会经济利益虽然彼此独立，但并非孤立，它们之间存在一致的一面，在某些情况下还可以相互转化，在裁量中要尽可能地在这一方面加以融合，促进利益的共赢和最大化。协调与融合是利益均衡的目标，而在具体的利益平衡的方式方法上，环境法提供了一系列利益平衡的原则以供遵循。

利益平衡是环境法中的重要内容，学界对于环境法中利益平衡的原则具有不同的看法。有的学者认为，利益平衡有以下原则：环境行政部门在环境决策中必须进行利益衡量；衡量所有可能受到影响的合法利益；要兼顾公益和私益；当可能对环境造成重大损害性影响或不可逆转的影响时，生态环境利益优先于社会经济利益。[1] 还有一种观点认为，对于正当利益的平衡的四项原则是：利益最大化原则、紧迫利益优先原则、利益缺损填补原则、公益本位原则。[2] 对于环境行政处罚裁量中的利益平衡来说，第二种观点具有操作层面上的实际意义。本书也以第二种观点作为在环境行政处罚裁量中平衡生态环境利益和社会经济利益所要遵循的原则，包括利益最大化原则、利益缺损填补原则、紧迫利益优先原则、公益本位原则。

具体而言，利益最大化原则是指，在生态环境利益和社会经济利益一致的情况下，在不减损各自利益的基础上，融合二者之间一致的一面，拓展利益的总量和范围，实现利益共赢和最大化。紧迫利益优先原则是指，在平衡生态环境利益与社会经济利益的过程中，应当向特定时空下的人们最为需要、最为迫切的利益倾斜。在现实中，资源的稀缺性以及其满足人类需要的有限性决定了生态环境利益和社会经济利益之间的冲突状况是常态，人们往往要在二者之间选择优先保护的利益。利益缺损填补原则是指，生态环境利益和社会经济利益在相互平衡的过程中，往往会发生一种

---

[1] 参见梅献忠：《论利益衡量思想与环境法的理念》，《政法学刊》2007年第4期，第79页。
[2] 参见李丹：《环境立法的利益分析》，中国政法大学2007年博士学位论文，第2页。

利益处于优先地位而另一种利益遭受一定程度的减损,这时则需要在平衡利益冲突的同时对利益缺损的部分进行有效的补偿,实现平衡过程的分配正义。公益本位原则是指,环境法的利益平衡要以生态环境公共利益的实现作为根本出发点和归宿。环境法作为以公益为本位的法,在立法目的中就明确地强调了对环境公共利益的确认与保护。新环境保护法在法律原则中明确提出"保护优先",但是我们不应将"保护优先"绝对化理解为环境保护的绝对的、不容妥协的优先,而应当理解为在生态环境利益与社会经济利益发生冲突并且二者权重并无显著差距时,以生态环境利益优先。

综上所述,就建构环境行政处罚裁量的裁量基准来说,裁量基准制定者的预先裁量活动是合理的,裁量基准实体内容也就是合理的。环境行政处罚裁量的合理性来源于其中生态环境利益和社会经济利益的综合权衡。环境行政处罚裁量中对于生态环境利益和社会经济利益的综合权衡,首先,需要以自然科学的认识为基础,以人为主体对生态环境利益进行识别和衡量;其次,以人文社会科学的理论为基础,对受到环境因素影响的社会经济利益进行识别和衡量;最后,根据利益平衡的原则,以利益的协调与融合为目标,权衡生态环境利益和社会经济利益。

第二节 环境行政处罚裁量基准内容建构的外部视角

自然生态系统作为一个物复能流的整体,所产生的环境问题在空间上具有延续性。[1] 而条块划分的管理体制与这一自然规律存在矛盾,需要因应自然环境问题的特殊性,发展区域协同的管理体制,才能避免社会资源错置的尴尬。为此,以整体保护为核心内容的区域环境治理成为我国当前社会发展阶段的重要环境治理模式,这一治理模式以协同法治为依归,[2] 呼唤环境要素管理制度间的接驳和区域内管理职能的协同。这一治理模式

---

[1] 参见杨妍、孙涛:《跨区域环境治理与地方政府合作机制研究》,《吉首大学学报(社会科学版)》2014年第3期,第66页。

[2] 参见肖爱、李峻:《协同法治:区域环境治理的法理依归》,《中国行政管理》2009年第1期,第8页。

不仅依赖硬法所构建的制度框架,而且需要运用行政裁量基准等软法治理手段促进治理目标的实现。

行政处罚作为环境管理的一项重要内容,具有区域化的制度需要。一般来讲,区域内各职能部门在环境行政处罚的协同方面,更多的是依托联合执法的制度框架,在裁量权的具体运用上,还要依靠本地区裁量基准来判断。裁量基准的特点,使其能够弥补硬法手段的不足,通过其控权功能的发挥,促进区域环境治理目标的实现。另外,需要说明的是,本书语境下的"区域环境治理"是指具有相同区域环境治理目标之"区域"的环境治理,因而这一概念既包括跨行政区域的环境治理,如制定统一环境治理目标的流域、保护地区域的环境治理,也包括省、市行政区域内的整体环境治理。在区域环境治理中运用行政处罚裁量基准,应当考虑整体性的需要,实现裁量基准的规则内容及其适用的区域化。

对于裁量基准区域化的探讨,实际上是从一个外部的视角对裁量基准内容的建构。

一、行政裁量基准区域化的考察

(一) 应然考察

1. 裁量基准应具有区域特点

法应具有一定的地方性,这是裁量基准体现区域特点的必要性基础。著名的德国法学家萨维尼将法律理解为地方历史、文化等经验的总结,是一种默默地产生影响的力量。[1] 这一被总结为历史法学的思想虽然在其提出后的百余年间受到了各方面的质疑,但不可否认的是,它揭示了法律之间差异的存在和缘起。地方性知识,是由美国学者格尔茨通过人类学的视角首先进行阐释的,他认为在特定区域内或特定的人类群体共同拥有一种相同的认识,而这种认识深刻地影响着该群体中的成员的行为方式。[2] 而法律作为社会控制的一种手段,也必然包含或体现特定社会所具有的地方

---

[1] 参见 [美] E. 博登海默:《法理学:法律哲学和法律方法》,邓正来译,中国政法大学出版社1998年版,第89页。
[2] 参见 [美] 克利福德·格尔茨:《地方性知识:阐释人类学论文集》,杨德睿译,商务印书馆2014年版,第167页。

性知识，从而呈现出一定的差异。

在当代法律多元化的思潮下，法律的地方化问题也逐渐成为一门显学，学界不仅在抽象的意义上探讨各种现实因素对法律的影响，也将这种影响放置在特定的法律实施过程中进行考察。如果将法律实施过程按照立法、司法、执法、守法来划分，那么我们可以发现，虽然各个环节都涉及区域化的问题，但却各有不同。而环境法与传统法律部门中的区域化问题又有所不同，因为环境法所处理的环境问题本身就具有地域性和差异性。地方环境条件、社会经济条件等因素对环境立法、环境司法、环境执法和环境守法具有重要的影响。区域环境治理将区域性引入环境法中，在某些方面取代了地域性而成为环境法主要考虑的因素，而在另一些方面则与地域性含义相同。

环境行政处罚裁量基准的区域化问题不能简单地等同于环境执法的区域化。环境行政处罚裁量基准具有规则主义的外表，这与环境执法的通常方式有所区别，而在某些方面更接近于环境立法。因此，环境立法、环境执法的区域化问题都对环境行政处罚裁量基准的区域化研究具有理论意义。因为通常意义上的环境执法几乎不涉及制定规则，更多的是适用规则，而环境行政处罚裁量基准既涉及法律法规中规则的适用问题，又涉及制定控权规则的问题。环境行政处罚裁量基准所涉及的这两方面问题，实际上，前者是指作为实体内容的环境行政处罚裁量，而后者是指这种裁量向裁量基准规则形式的转化过程。这使得环境行政处罚裁量基准的区域化与其内容的合理性之间具有内在联系，区域化通过裁量基准的内容得以体现。环境行政处罚裁量基准的区域化一般主要体现在裁量因素的选取和判定、效果格次的划分、规则的细化程度和重点控权范围等方面。

在环境立法的区域化问题上，主要是涉及国家环境立法和地方环境立法的功能划分以及地方环境立法之间协同的问题。我国《立法法》规定了国家和地方的立法权，该法要求地方立法应根据本地实际情况和立法需要，对国家立法进行细化和具体化，以加强其在该地方的可实施性，但不能与上位法相抵触。这一规定为环境立法的区域化奠定了基础，使得各地方可以根据地方实际情况对国家环境立法进行调适，并确立在本地区具有效力的规则。地方环境立法应当遵守不抵触原则，也就是地方环境立法不能与上位法相抵触。具体而言，国家环境立法设定了一般标准的，地方环境立法应当遵守；国家环境立法设定了最低标准的，地方环境立法可以设定更高的标准作为该地区的最低标准；国家环境立法设定了最高标准的，地方环境立法只能设定低于该标准的地方标准。[1] 这一原则也当然适用于地方环境立法对国家环境立法所设定的环境行政处罚幅度进行调整的问题。

在执法区域化的问题上，行政法学并没有在行政执法方面进行广泛的区域化研究，而是将行政执法作为地方立法的自然延伸来看待。在对合理行政的探讨中，学者引入地方社会经济条件作为地方执法的一个影响因素。[2]

在法律地方化的背景下，探讨环境行政处罚裁量基准的区域化问题具有现实必要性，它的必要性体现在两个方面：一是合理的环境行政处罚裁量不能一概而论；二是对于环境行政处罚裁量权的控制具有差异。

一方面，行政均衡原则要求，合理的环境行政处罚裁量应当实现不同利益的大体均衡，而对于不同利益的识别和权衡，则要考虑现实的特殊情况。[3] 在区域环境治理语境下，行政裁量中对利益的衡量，不仅包括对本辖区、本部门所需考虑的社会经济利益和生态环境利益的衡量，还包括从区域整体的角度对社会经济利益和生态环境利益的考虑和衡量。基于区域整体性进行利益衡量，是区域环境治理对行政处罚裁量提出的特殊要求。因此，合理的环境行政处罚裁量本身就具有对于区域化的要求。而环境行政处罚裁量基准是将制定者的预先环境行政处罚裁量活动转化为情节细化和效果格化的规则，所以在裁量基准中，也必然涉及区域化的问题。具体来讲，环境问题的复杂性和地域性，使得地方环境立法难以完全涵盖所有与环境法律问题相关的考量因素。在环境行政处罚这一执法活动中，执法者在个案的环境行政处罚裁量具有重要的作用，这也使得环境行政处罚裁量的区域化成为环境执法的区域化的一个主要内容。因此，在对环境行政处罚裁量进行合理的规范和控制时，在行政均衡原则的一般性要求下，要

---

[1] 参见孙波：《地方立法"不抵触"原则探析——兼论日本"法律先占"理论》，《政治与法律》2013年第6期，第131页。

[2] 参见张明新、谢丽琴：《论自由裁量权膨胀条件下的"行政合理性"原则——兼论行政合理性原则在现代行政法中之地位》，《南京社会科学》2000年第7期，第69—70页。

[3] 参见周佑勇、尹建国：《行政裁量的规范影响因素——以行政惯例与公共政策为中心》，《湖北社会科学》2008年第7期，第137页。

在不同的具体语境中实现利益均衡,这一过程也就是环境行政处罚裁量的区域化。作为控制环境行政处罚裁量权的裁量基准,就需要将这种体现区域化内容的环境行政处罚裁量转化为情节细化和效果格化的规则。也就是说,我们所探讨的环境行政处罚裁量基准的区域化是体现在其规则内容之中的,是其规则内容合理性的一个必要条件。

另一方面,环境行政处罚裁量基准所要实现的是对于环境行政处罚裁量权的有效控制,作为一种地方制度实践,这就涉及是否要以裁量基准的制度措施进行控制、控制哪些裁量权、如何控制以及控制程度等问题。这些问题的解答都需要建立在对地方环境行政处罚裁量权运行现实情况的基础之上。区域环境治理以协同法治为依归,对传统的环境管理提出了区域化的要求,因此,在特定区域内,合理的环境行政处罚裁量本身就应在区域特定背景下进行权力控制。这种在同一背景下所进行的合理的权力控制,客观上促使处于同一区域的不同行政机关所进行的裁量活动具有一定的协同性。出于整体保护的需要,区域内裁量基准的制定应当在合理差异的基础上追求权力控制层面上的协同性。因而,对于区域环境行政处罚裁量的协同性构建来说,较为重要的,是要建立符合区域环境治理特点的权力控制。

2. 裁量基准内容区域化的适当程度

环境行政处罚裁量基准的区域化,是出于环境行政执法活动的现实需要,目的是在控权规则中体现特定地区环境违法行为的地域性特点,通过对环境立法状况、环境执法状况、自然环境条件和社会经济条件等考量因素进行全面考虑和系统融合,实现对环境行政处罚裁量权的限定和建构。这是一个具有重要理论意义和实践意义的问题。但是,正如我们不能将事实判断向价值判断的推导视为是绝对的,由各考量因素得出环境行政处罚裁量基准合理差异的过程也并不是绝对的,而要受制于一系列条件和界限。因此,环境行政处罚裁量基准的区域化并不旨在无序的、随意的或完全的差异化,而是要受制于一定的程度限制。

法律的区域化虽然在很多情况下是必要的,但结合立法的区域化问题可以看出,过分的区域差异化会对国家法制统一性构成威胁。环境行政处罚裁量基准的区域化也是如此,如果超过了一定的限度,其合理性可能会出现问题。在我国实践中,对于同类环境违法行为,不同省市的环境行政处罚裁量基准中规定的判定标准有时差异巨大。虽然各省市在自然环境状况、社会经济状况、人们对空气污染的忍受程度等许多方面存在地方性差异，但这些地方性差异真的足以导致上述判定标准如此大的差异吗？这种过度的差异化，实际上是地方行政机关以区域化的名义对裁量权的滥用，显然背离了环境行政处罚裁量基准控制裁量权滥用的初衷。这恐怕也是国务院生态环境部发布《指导意见》规范各地裁量基准制定活动的初衷之一。

环境行政处罚裁量基准的区域化之所以具有程度限制，基于以下原因：

其一，国家建设生态文明的总体要求。环境行政处罚裁量权并不是在法律授权的范围内"自由"地行使，而是要符合法律授权的目的和旨意。[1] 在国家范围内，法律授予环境行政处罚裁量权的目的和旨意是一贯的、统一的，这种立法目的和旨意既存在于法律条文的明确表述和暗示中，也存在于与环境立法相关的国家政策文件、执政党报告等文件之中。在当前时期以及将来的一段时间内，我国将以生态文明理念建构国家环境保护工作，在《环境保护法》以及执政党的多个文件报告中都指出了这一点。[2] 环境行政处罚裁量基准的区域化不能脱离生态文明的总体要求。比如，在地方环境行政处罚裁量基准中缩小轻情节的格次，使处罚从轻化，则不符合生态文明理念下环境损害公平承担的要求。

其二，国家法制的统一性。法制在国家范围内应当具有统一性，不能因制度的差异化而受到威胁，这也是法的公平价值的必然要求。我国已经基本建立了系统完备的环境法律制度。国家层面的环境法律法规在各地方应得到有效实施，这是国家法制统一性的必然要求。行政机关对行政裁量权的行使在某种意义上也是国家环境法律法规的实施。生态环境部发布的《指导意见》在各地方的贯彻落实也体现了国家法制统一性的要求。《指导意见》中不仅规定了控制裁量权的原则，而且规定了制定裁量基准的具体方法，这些都在不同程度上为裁量基准区域化实践划

---

[1] 参见周佑勇：《裁量基准的制度定位——以行政自制为视角》，《法学家》2011年第4期，第5页。
[2] 如《中共中央 国务院关于加快推进生态文明建设的意见》《决胜全面建成小康社会 夺取新时代中国特色社会主义伟大胜利——在中国共产党第十九次全国代表大会上的报告》等。

定了界限。

其三,环境问题的共同性。环境行政处罚裁量基准的区域化的一个原因是环境问题具有区域性,因而环境行政处罚裁量必须相应地进行区域性调整。但环境问题作为一种自然事实,在许多方面还具有共同性。比如,对于造成大气污染违法行为的行政处罚,就贵州省和北京市来说,在现实中可能因各种现实情况的明显差异而需要考虑不同的因素,但就大气污染这一自然事实的判断来讲,则都必须要考虑污染物质类别、污染物浓度等因素。在事实判断中的这种考虑过程是很难因地域差异而改变的。

基于以上因素,环境行政处罚裁量基准区域化是具有限度的,而这种程度限制意味着环境行政处罚裁量基准区域化在整体上应当是适度的。这是通常意义上的区域化限度,也就是说,各地方环境行政处罚裁量基准应当在环境立法、政策等统一性要求下保持一定程度的一致性。环境行政处罚裁量基准区域化的适当程度,体现着统一性与地方性相平衡的理念。因此,裁量基准在追求区域协同的过程中仍应尊重"合理差异"。

对协同中"合理差异"的肯定,是出于环境行政执法活动的现实需要,目的是在裁量中考虑特定区域的环境违法行为的地域性特点,对环境立法状况、环境执法状况、自然环境条件和社会经济条件等考量因素进行全面考虑和系统融合。这是一个具有重要理论意义和实践意义的问题。但是,正如我们不能将事实判断向价值判断的推导视为是绝对的,由各考量因素的差异得出环境行政处罚裁量合理差异的过程也并不是绝对的,而要受制于一系列条件和界限。因此,环境行政处罚裁量的合理差异并不旨在无序的、随意的或完全的差异化,而是要受制于一定的程度限制。在我国实践中,对于同类环境违法行为、同一流域内的环境行政处罚裁量基准中规定的判定标准有时差异巨大。这种情况是裁量权运用上的过度而无序的差异化,其合理性存在严重问题,进而造成行政机关之间环境行政处罚裁量的协同性缺失。

(二) 实然考察

环境行政处罚裁量基准的区域化并不是一个单纯的理论问题,而是具有实践基础的现实问题。我国环境行政处罚裁量基准一直以来采取"实践先行"的发展策略,[1] 实践中出现的一些地方差异,使得区域化问题具有了现实意义。首先必须认识到的是,法的区域化是为了使法在社会现实中发挥其应有功能而对法做出的适当调整,[2] 在这一意义上,法的区域化具有功能主义的色彩。而我们对环境行政处罚裁量基准的区域化,也是为了使环境行政处罚裁量基准能够在实践中发挥其预期的控权功能,要言之,是出于实践的需要。因此,我们需要考察我国环境行政处罚裁量基准制度实践中的区域化问题。由于区域环境治理理念是较为晚近的概念,裁量基准区域化制度实践材料较少,因而本书通过考察各地裁量基准之间的内容差异,分析裁量基准对地方区域特点的体现,以间接地了解裁量基准区域化所要解决的现实问题。

1. 裁量基准内容差异的实证调查

近年来,我国各地方制定和修订了相当数量的环境行政处罚裁量基准,制定主体不仅有省级生态环境部门,还包括一些市级、县级生态环境部门。这些裁量基准文本为本书环境行政处罚裁量基准区域化问题的研究提供了良好而丰富的素材。我国各地方现行环境行政处罚裁量基准之间的差异是复杂而具体的,有必要深入地进行实证研究。

(1) 对行政裁量基准内容差异的实证研究方法

在对我国环境行政处罚裁量基准的内容差异研究中,本书采取实证研究方法,在全面查阅并整理了数十份现行环境行政处罚裁量基准之后,从中挑选出具有代表性的、近五年发布的十余份裁量基准,分别从不同的角度分组进行研究。环境行政处罚裁量基准的区域化不仅涉及裁量基准文本本身对于考量因素的体现,还涉及裁量基准文本相对于其他地方裁量基准的特殊之处。需要说明的是,这两个方面并无明显界限,因为裁量基准文本本身对考量因素的体现就构成了该裁量基准相对于其他地方裁量基准的特殊性,本书的这种区分是为了理论研究的便利。在本书对于环境行政处罚裁量基准内容差异的实证研究中,不仅考察特定裁量基准中能够体现地方性知识的规则内容,而且考察地区间差异的具体形态。具体而言,本书

---

[1] 参见周佑勇:《裁量基准的制度定位——以行政自制为视角》,《法学家》2011年第4期,第3页。
[2] 参见孙波:《试论地方立法"抄袭"》,《法商研究》2007年第5期,第6页。

从法律依据、裁量因素、格次划分、控权重点、上下级关系等角度考察所选取的十余份裁量基准的区域化情况。上述研究视角可以很好地涵盖环境行政处罚裁量基准的制定主体、细化对象、制度界限、规则内容等基本问题。

本书第一组研究对象选取了北京、黑龙江、上海、浙江、广东、贵州、辽宁七个省市的环境行政处罚裁量基准，[1] 分析其法律依据、裁量因素、格次划分、控权重点等区域化情况。选择上述七个省市的初步原因是，它们之间经济条件、自然条件可呈现结构性变化：北京、上海为直辖市，浙江、广东为经济较发达省份，黑龙江、贵州、辽宁为经济欠发达省份；北京、黑龙江、贵州为内陆省市，上海、浙江、广东、辽宁为沿海省市。为了有针对性地进行分析，本书选取了"建设项目无环评或环评未经批准擅自开工建设""无建设项目污染防治设施，主体工程即投入生产或者使用""大气污染物排放超标""水污染物排放超标"等环境违法行为的裁量基准文本作为研究内容。上述环境违法行为涉及《环境影响评价法》《大气污染防治法》《水污染防治法》《建设项目环境管理条例》等多部法律法规的细化内容，主要涉及生态环境部门在环境管理和污染防治两个事项上的行政处罚权。另外，本书还选取了广东与深圳、山东与青岛、浙江与温州[2]三对具有上下级关系的环境行政处罚裁量基准作为研究对象，分析上下级间环境行政处罚裁量基准的地方差异问题。

（2）第一组的研究结果和分析

本书第一组研究对象选取了北京、黑龙江、上海、浙江、广东、贵州、辽宁七个省市的环境行政处罚裁量基准。对于第一组的研究结果如表3.1—表3.4所示：

---

[1] 分别为：2019年《北京市生态环境局行政处罚自由裁量基准（试行）》、2015年《黑龙江省主要环境违法行为行政处罚具体裁量标准（试行）》、2017年《上海市环境行政处罚罚款裁量幅度表》、2015年《浙江省环境行政处罚裁量基准》、2015年《广东省环境保护厅环境行政处罚自由裁量权裁量标准（试行）》、2016年《贵州省环境保护行政处罚裁量基准》、2015年《辽宁省环境保护厅罚款裁量标准》。

[2] 分别为：2015年《广东省环境保护厅环境行政处罚自由裁量权裁量标准（试行）》、2016年深圳市《行政处罚裁量权实施标准（第三版）》、2014年《山东省环境行政处罚裁量基准》、2014年《青岛环境行政处罚裁量基准》、2015年《浙江省环境行政处罚裁量基准》、《温州市环境行政处罚裁量基准2018年版（试行）》。

表 3.1　无环评或环评未经批准擅自开工建设

省、市	裁量因素
北京	环评文件形式、主体工程建设情况、主体工程使用情况、社会影响
黑龙江	环评文件形式、建成情况、使用情况、社会影响
上海	环评文件形式、持续时间、及时停止、配合执法、对周边不良影响
浙江	环评文件形式
广东	环评文件形式、建成情况、使用情况、社会影响
贵州	环评文件形式、建成情况、使用情况、造成破坏
辽宁	影响、环评文件形式、完成进度、放射源处、影响他人生活、敏感区、群众反响、突发事件、造成破坏

表 3.2　无建设项目污染防治设施，主体工程即投入生产或者使用

省、市	情节细化（裁量因素内容）
北京	企业类型
黑龙江	环评文件形式、建成情况、验收情况、社会影响
上海	环评文件形式、污染物毒性、违法持续时间、环保设施配备情况、积极采取整改措施、配合执法检查、对周边造成不良影响
浙江	建设情况
广东	环评文件形式、建成情况、社会影响
贵州	无此项
辽宁	环评文件形式、影响他人、重要区域、群众反映、量大时间长、突发事件、造成破坏

表 3.3　大气污染物排放超标

省、市	情节细化（裁量因素内容）
北京	小时烟气量、超标倍数
黑龙江	超标倍数、烟尘黑度、社会影响
上海	超标倍数、物质性质、环评文件形式、主观故意、采取停产整改措施
浙江	超标情况
广东	超标倍数、社会影响
贵州	超标倍数
辽宁	无此项

表 3.4 水污染物排放超标

省、市	情节细化（裁量因素内容）
北京	超标倍数、日排水量
黑龙江	超标倍数、超总量程度
上海	超标情况、排放量、超标项目数、受纳水体级别、及时整改、配合执法、对周边不良影响
浙江	无此项
广东	超标倍数、超总量情况、社会影响
贵州	超标倍数
辽宁	无此项

通过对表 3.1—表 3.4 的分析，可得出以下初步结论：①将地方立法作为重要法律依据，如《北京市大气污染防治条例》；②同一地方的环境行政处罚裁量基准中裁量因素具有趋同性，如上海市对于"水污染物排放超标"和"无建设项目污染防治设施，主体工程即投入生产或者使用"两项违法行为的裁量基准中，都将整改措施采取情况、配合执法检查情况、对周边居民造成不良影响等情况作为裁量因素；③不同地方环境行政处罚裁量基准的裁量因素间具有不同程度的差异，如在"大气污染物超标排放"的裁量基准中，各省市均将超标倍数纳入裁量因素，浙江省只将超标倍数作为裁量因素，而北京市还规定有锅炉功率等裁量因素，黑龙江省规定有烟尘黑度等裁量因素，上海市规定有排放物物质性质、环境影响评价文件级别；④效果格次的细化程度差异较小，通过文本可以发现，裁量基准的格次一般为每个违法行为对应三到五个格次，一些形式特殊的裁量基准，如北京市，格次数目很多，但实际上是先以一个裁量因素将违法行为分为不同类别，每一类别下设置三到五个格次；⑤效果格次的划分以等分为主，以放宽重情节格次为辅，大多数采取基础值模式[1]的环境行政处罚裁量基准的格次是以等间隔划分的，在一些特殊情况下，如在"无环评或

---

[1] 基础值模式是指行政机关在进行效果格化时，根据裁量情节和执法习惯，估量出授权范围内的一个基准点，根据这个基准点决定最后的格次划分。其他制定模式，如数学模式，不涉及格次的宽度问题。参见周佑勇：《行政裁量基准研究》，中国人民大学出版社 2015 年版，第 109 页。

环评未经批准擅自开工建设"的裁量基准中，北京、浙江、广东都加大了重情节格次的宽度，具有从轻处罚的倾向；⑥一些地方仅以若干项环境违法行为的处罚为控权重点，而未全面规定裁量基准，除黑龙江、广东规定得较为全面外，其他省市均只对十余个主要环境违法行为制定裁量基准。这可能是由于这些违法行为在当地的实际情况过于复杂而难以进行细化。

（3）第二组的研究结果和分析

第二组研究对象选取了广东与深圳、山东与青岛、浙江与温州三对具有上下级关系的环境行政处罚裁量基准，分析上下级环境行政处罚裁量基准文本之间的关联。这一组的分析主要比较每对研究对象共同规定的对同一违法行为的细化内容。这一组的研究成果如下：

广东与深圳。对国家法律法规的细化方面，广东省与深圳市的环境行政处罚裁量基准均对《中华人民共和国固体废物污染环境防治法》（2016年版）（以下简称《固体废物污染环境防治法》）第七十七条所规定的无证从事危险废物经营活动的违法行为行政处罚进行了细化规定。广东省的裁量基准中，将涉及数量、社会影响和其他严重情节作为裁量因素；与之相比，深圳市只将涉案数量作为裁量因素，而其判定标准更加严格，据深圳市的裁量基准，涉及数量达5吨以上即要处以最大额度罚款，而广东省则要求10吨以上才可处以最大额度罚款。对地方性法规的细化方面，广东省与深圳市的环境行政处罚裁量基准均对《广东省机动车排气污染防治条例》第三十五条所规定的未取得市环境保护部门委托而从事机动车排气污染定期检测业务的违法行为的行政处罚进行了细化规定，但规定内容相差很大。广东省的裁量基准中，将经责令后改正情况、社会影响及其他严重情节作为裁量因素；深圳市则将检测规模和年度违法次数作为裁量因素。在控权重点上，广东省规定得较为全面，而深圳市主要规定了地方性法规的细化内容，对于国家层面的立法内容则仅涉及污染防治法中的十余项违法行为。

山东与青岛。对国家法律法规的细化方面，山东省和青岛市的环境行政处罚裁量基准[1]均对《固体废物污染环境防治法》第二十二条在自然保护区、风景名胜区、饮用水水源保护区、基本农田保护区和其他需要特

---

[1] 山东省与青岛市现行环境行政处罚裁量基准均为2014年版，虽然一些法律依据在2014年后经历了修订，但无碍其作为地方化分析样本的有效性。

别保护的区域内，建设工业固体废物集中贮存、处置的设施、场所和生活垃圾填埋场的违法行为的行政处罚进行了细化规定。山东省的裁量基准中，将当事人违法次数、改正情况、环境损害情况作为裁量因素，划分为四个格次；而青岛市仅将设施、场所或填埋场占地面积作为裁量因素，划分为五个格次。对地方性法规的细化方面，山东省和青岛市的环境行政处罚裁量基准均对《山东省机动车排气污染防治条例》第三十六条道路运输经营单位拒绝申报登记机动车排气污染物排放状况的违法行为的行政处罚进行了细化规定。山东省的裁量基准中，将当事人违法次数、改正情况、弄虚作假情况作为裁量因素，分为四个格次；青岛市的裁量基准中，以不按规定登记情况作为裁量因素，划分为不按规定时间、不按规定内容、瞒报事项、弄虚作假、拒绝登记等五个格次。在控权重点上，山东省与青岛市的裁量基准规定得都相当全面，其内容上的差异是普遍存在的。

浙江与温州。对于这一对研究对象，我们并不需要进行详细对比，因为它们的环境行政处罚裁量基准从制定模式到规则内容都存在极大的差异。浙江省的环境行政处罚裁量基准采用的是基础值模式，一般只有一到两个裁量因素，由此划分为各个格次范围；而温州市则采用的是计算公式模式[1]，对每一类违法行为规定有多个裁量因素，并规定其裁量比例，通过数学公式计算处罚结果，类似于上海市的做法。

通过对以上情况的分析，可以初步得出以下结论：①在我国环境行政处罚裁量基准的制度实践中，市县级的环境行政处罚裁量基准大致具有两种类型，一种是着重于对上级环境行政处罚裁量基准做出更加具体、严格的控权规定，另一种是不考虑或较少考虑上级环境行政处罚裁量基准的内容，自行设置控权规定；②在一部市县级环境行政处罚裁量基准中可能同时存在上述两种类型的控权规定；③省级、市县级环境行政处罚裁量基准的控权重点并无明显差异。

2. 裁量基准内容差异的实践特点

通过对我国环境行政处罚裁量基准内容差异的实证调查可以发现，我

---

[1] 如对于超标排放污染物的违法行为规定通用公式为 $S = A + (B - A) \times [F(n-1) \sim Fn] \times G$，其中 S 为处罚金额，A 为法律规定的罚款下限，B 为法律规定的罚款上限，Fn 为企业违法规模为第 n 档时的最高处罚百分比，$F(n-1)$ 为企业违法规模为第 n 档时的最低处罚百分比，G 为污染物超标倍数对应的处罚权重。

国环境行政处罚裁量基准的地方化在实践中表现得较为混乱。这一混乱现象主要表现在对于地方化的内容、地方化的程度等问题认识不清。这些现实问题严重地阻碍环境行政处罚裁量基准作为行政自制规则在特定的地方社会现实中发挥其控权功能,也是裁量基准今后区域化运用时所要集中力量解决的重要问题。

(1) 地方化内容不合理

我国各地方在制定环境行政处罚裁量基准时,可以说大都注意到了体现地方特色的问题,都在试图使控权规则在本地方具有可操作性和可实施性。很多地方都将地方性法规授予的环境行政处罚裁量权纳入裁量基准的控权范围之中,并注意到了国家法律法规与地方性法规在特定情形下的适用问题。但是在具体的控权规则的地方化方面,我国各地方的认识不够清晰,其裁量因素及其判定标准、格次划分和控权重点都表现出了较大的随意性。

对于一些与环境条件或社会经济条件具有密切关系的环境违法行为来说,对其进行的环境行政处罚必须考虑特定生态环境条件、社会经济条件的影响,体现在环境行政处罚裁量基准中,则是应当具有特定的裁量因素及其判定标准。地方执法环境和执法目标在一定程度上决定了地方的控权需要,而这应当体现在环境行政处罚裁量基准的格次划分与控权重点中。通过对比我国各地方环境行政处罚裁量基准,我们很难找到裁量因素和格次划分与各地方特点差异之间的相关性,我们也很难识别出某一地方的环境行政处罚裁量基准在内容上具有怎样的地方特色。鉴于我国各地方环境行政处罚裁量基准之间普遍存在两极分化——或趋同或差异巨大,这更加令人感到疑惑:这样的地方差异是合理的吗?

由此可见,在环境行政处罚裁量基准的制定中,我国各地方已经普遍认识到环境行政处罚裁量基准之间应当具有一定差异,但对于如何通过规则设置以实现这样的差异,还存在较大的认识缺陷。

(2) 地方化程度较为随意

对地方化内容的认识不清直接导致在地方化程度上的混乱状态。环境行政处罚裁量活动确实受到地方生态环境条件、社会经济条件等考量因素的深刻影响,但是这种影响不是,也不应当是无限度的。

如对于"大气污染物排放超标"的违法行为的环境行政处罚裁量基准

中，广东省和贵州省都将超标倍数作为裁量因素，而在判定标准上，广东省规定的是从1倍以下到2倍以上等三个标准；贵州省规定的是从3倍以下到100倍以上等数个标准。由此对于超标3倍排放大气污染物的环境违法行为，广东省将在最高罚款格次内处以罚款，而贵州省则在最低罚款格次内处以罚款。这已经不单纯是技术的问题，更涉及公平正义的问题。诚然，广东省和贵州省在与大气污染物排放问题相关的环境条件和社会经济条件等地方性知识上存在一定差异，但这样的地方差异是否如此之大以至于在环境行政处罚裁量中对超标倍数的判定上存在如此大的差异？

再如，在浙江省的环境行政处罚裁量基准中，并没有对"水污染物排放超标"的违法行为的处罚规则，然而浙江省的自然条件决定了水污染防治是其环保工作的重要内容。就水污染违法行为的实践差异和发生数量来说，对这方面环境行政处罚裁量权的控制与规范是必要的。由此可见，在该省的环境行政处罚裁量基准中，对本地方基本的现实情况疏于认识和融入。

在我国环境行政处罚裁量基准的制度实践中，上述问题是普遍存在的，无论是地方化程度明显超出合理范围，还是没有达到最基本的地方化程度，都表现出了地方化程度上的随意性。

（3）不同级别的内容定位不准

在我国的立法体系下，国家法律法规与地方性法规之间存在着法律位阶的划分，也存在着分工的不同。[1] 但是在同样具有上下级之别的环境行政处罚裁量基准的地方制度实践中，上下级之间的关系则较为混乱，这也使得环境行政处罚裁量基准内容的差异化与其制定主体或级别缺乏必要的关联。

如从广东省与深圳市环境行政处罚裁量基准的对比中可以看出，深圳市环境行政处罚裁量基准中的一些规定是对广东省裁量基准的具体化和严格化，二者所规定的裁量因素是不同的，可以在深圳市的范围内结合适用；而从山东省和青岛市、浙江省和温州市的相关对比中可以看出，省级和市级环境行政处罚裁量基准之间存在广泛的重叠和冲突，在适用上也当然地存在冲突。在控权重点方面，省级环境行政处罚裁量基准一般规定得较为全面，而市级的并非如此。如深圳市将环境行政处罚裁量基准的控权

---

[1] 参见张文显：《法理学》（第三版），高等教育出版社2007年版，第109页。

重点集中在该市范围内一些主要环境违法行为,而青岛市则规定得较为全面。实际上,这些现象都是由于对不同级别的环境行政处罚裁量基准的分工缺乏清晰的认识而产生的。

总之,我国各地方在当前时期制定环境行政处罚裁量基准的实践中,都能够认识并注意建立地方特色,但与科学的地方化还相去甚远。实践中对于地方化认识的混乱和浅显,在很大程度上是由于理论上缺乏对环境行政处罚裁量基准地方化的必要支撑。因此,我们在进行裁量基准的区域化时,首先要建立起裁量基准区域化的理论,这也是从外部视角构建裁量基准的内容合理性。

二、环境行政处罚裁量基准区域化的目的

在本章的前述研究中,我们虽然明晰了区域化的一般含义及其必要性,并且了解了环境行政处罚裁量基准在实践中的内容差异特点,但是这并不足以指导环境行政处罚裁量基准的区域化实践。我们必须从"是"的问题转而探讨"应当"的问题,从理论上反思环境行政处罚裁量基准如何合理地实现区域化,而其中首要的问题则是探究环境行政处罚裁量基准区域化的目的。

为了建立对环境行政处罚裁量基准区域化的科学认识,首先需要对环境行政处罚裁量基准本身的性质进行回顾。环境行政处罚裁量基准是一种行政自我控制的手段,目的是实现对环境行政处罚自由裁量权的控制,它是一种具有预设规则形式的执法制度,也是一种不具有立法效力的规则体系。[1] 环境行政处罚裁量基准将能够实现行政均衡的裁量过程转化为规则,一方面以这样的规则控制裁量权,另一方面又为裁量权预留必要的空间,实现规则与裁量之间的合理平衡。环境行政处罚裁量基准的区域化与法律规则的区域化相类似,是为了使环境行政处罚裁量基准在特定地区具有可操作性,有利于追求裁量正义,更好地实现其控权功能。由此而言,环境行政处罚裁量基准的区域化,实际上就是环境行政处罚裁量基准之中规则的区域化,而裁量基准规则的核心在于控权,因而上述区域化问题归

---

[1] 参见周佑勇:《裁量基准的制度定位——以行政自制为视角》,《法学家》2011年第4期,第2页。

根结底是控权的区域化。也就是说,环境行政处罚裁量基准的区域化是要实现在特定地方条件下对环境行政处罚裁量权的控制,达到控权功能是环境行政处罚裁量基准区域化的目的。

因此,环境行政处罚裁量基准区域化问题主要是探讨在特定地方条件下控制何种裁量权、在何种程度上控制裁量权以及为裁量权设置何种具体标准。行政处罚裁量基准对裁量权的控制主要体现为制约、限定和建构裁量权,就此而言,上述区域化问题几乎都是处于裁量权的限定与建构议题的范围内,而制约裁量权更多的是就信息公开与多元共治而言的,与控权的区域化关系较小。因此,环境行政处罚裁量基准控制裁量权的区域化,主要有三个目的:促进行政裁量权的建构、促进区域环境行政处罚裁量的协同以及促进区域环境治理目标的实现。

(一) 行政裁量权的建构

裁量基准的区域化运用,最直接的目的是促进裁量基准建构裁量权功能的实现。

目前我国实践中裁量基准的内容差异更主要的是为了实现裁量权的限定,而非建构。环境行政处罚裁量基准为了发挥其限定裁量权的功能,需要对法律法规授权的处罚范围进行细化,从而将较宽的裁量范围限定在一个更小的空间里。为了在社会现实中发挥限定裁量权的功能,就需要根据区域实际条件,选择应当进行限定的裁量权,并根据不同裁量权应受限定的程度而设定严格程度不同的细化规则。行政裁量权本身是一项正当的行政权力,而控制行政裁量权更多的是出于现实需要。何种行政裁量权应当受到限制是一个具有差异性的问题,地方的立法、执法、守法等现实条件都能够不同程度地影响行政裁量权的运行情况。在我国环境行政处罚裁量基准的制度实践中,很多地方根据地方性法规以及执法实际情况,仅针对某些主要环境违法行为规定裁量基准,就是对环境行政处罚裁量权的有区别的控制。在确定应受到控制的裁量权后,便涉及控制强度的问题。行政处罚裁量基准这一种控权手段,是以规则控制裁量权,规则越细致,留给个案裁量的空间就越小。[1] 为了保留行政机关行政裁量的主动性和创造

---

[1] 参见周佑勇:《裁量基准的制度定位——以行政自制为视角》,《法学家》2011年第4期,第7页。

性，在个案中追求实质正义，就必须在裁量基准中为裁量权留有必要的行使空间，而这一空间的必要范围则更多地受到现实情况的影响。因此，在限定裁量权的控制强度方面也具有差异性。

但是，作为采用功能主义建构模式的裁量基准，其目的并不是剥夺裁量权，而是建构和规范裁量权。相较于此，限定裁量权反而并非其区域化的直接目的。环境行政处罚裁量基准一方面列举相关考虑因素，排除不相关考虑因素；另一方面，平衡各种考虑因素，规定在不同情节下的处罚效果。通过这种方式，这一制度实现了其建构裁量权的功能。而对违法行为相关考虑因素的选取及后续的平衡过程，都受到地方现实条件的影响。就此而言，为了发挥环境行政处罚裁量基准在建构裁量权方面的功能，则要根据区域环境治理的实际情况，将地方现实条件合理地融入情节细化和效果格化中。

行政处罚行为遵循行政均衡原则，合理的行政处罚裁量行为要考虑特定区域的社会现实中的不同因素以及它们之间的均衡。而环境问题具有地域性和复杂性，即便是同一类环境违法行为，处于不同的地域条件下也可能具有不同的现实表现。比如同一水污染违法行为，发生在松花江流域和洞庭湖水域则可能表现出重要、多样的区别，这些区别与两个地区的自然条件、社会经济条件等地方条件具有紧密联系。因此，这两个地区在环境行政处罚裁量中，必根据实际情况，考虑不同的因素或得出不同的平衡结果，始能满足合理行政的现实需要。在我国的环境行政处罚裁量基准的制度实践中，各地方几乎都将某一环境违法行为的本质性因素作为主要或唯一裁量因素，一些地方在此基础上又设定了一些不同的裁量因素，但是并没有清楚地认识到裁量因素与地方现实条件之间的关系。

（二）区域环境行政处罚裁量的协同

裁量基准的区域化运用，将区域环境治理目标引入裁量基准的利益衡量之中，促使不同行政主体所制定的裁量基准都能够在不同程度上体现区域环境治理的特殊要求，并借由裁量基准所具有的控权功能，促进区域环境行政处罚裁量的协同。概言之，裁量基准的区域化运用建立了区域范围内裁量基准的某种相似性和共同性，使得区域范围内对裁量权的控制具有了一定程度上的一致性，最终建立起区域环境行政处罚裁量活动的协同性。这一"协同性"的建立具有以下内涵：

第一，所建立的是裁量活动的协同，而非裁量基准制定活动的协同。出于探讨问题的目的，我们需要将裁量基准制度的运行过程分为裁量基准的制定和裁量基准的适用，也就是实际的个案裁量。裁量基准的区域化运用，要求行政机关在制定裁量基准中进行利益衡量时，要考虑区域环境治理的特殊要求，从而使裁量基准能够更准确地反映本区域环境违法行为的实际情况和环境治理的现实需要。根据该裁量基准所进行的裁量活动也因而能够更加准确地衡量相关因素并服务于区域环境治理目标，在这一意义上具有了协同性。由此可见，裁量基准的区域化运用是对裁量基准制定活动的要求，而目的则是通过裁量基准规则内容的合理设置实现裁量活动的协同。裁量基准制定活动本身的协同性则并不是裁量基准区域化的要求。

第二，所建立的是行政自制基础上的协同，而非外部干预下的协同。裁量基准是一种行政自制手段，具有不同于立法控制、司法控制等外部控权的独特功能，能够弥补外部控权手段的不足。因而，裁量基准作为一种控权手段，其核心在于自我控制，其所能发挥的功能也全部基于其自制属性。因而在裁量基准区域化运用中，行政主体对区域环境治理目标的考虑具有较强的主观性，而不应对行政主体的考量过程设置外部标准，否则将形成对裁量权的剥夺，违背控权初衷。

第三，所建立的是在区域环境治理目标指引下的协同。在裁量基准区域化运用的视域下，各行政主体分别进行裁量基准的制定活动，而同时这些制定活动都统一受到区域环境治理目标的指引，在裁量基准的控制下，裁量权的行使便具有了协同性。

（三）区域环境治理目标的实现

裁量基准的区域化运用，通过将区域环境治理特点融入规则内容之中，促进裁量权的合理建构，最终促进区域环境治理目标的实现。

一方面，行政处罚裁量基准的区域化运用，是建立在行政自制基础上的，有利于发挥行政机关的主观能动性，寻求符合区域环境治理目标的管理策略，并在区域环境治理目标的指引下形成一定程度的协同作用。共同的区域环境治理目标是实现环境治理区域化的基础，在共同的区域环境治理目标的指引下，环境事务参与者可以自主选取有利于实现区域环境治理目标的行为和策略。环境行政处罚裁量基准的区域化使得区域内具有环境行政处罚权的生态环境部门之间具有共同或相似的裁量内容,这一裁量内容直接受到裁量基准的影响。因此,在区域环境治理目标、环境行政处罚裁量基准和生态环境部门处罚裁量活动之间建立起紧密的联系。

另一方面,行政处罚裁量基准的区域化运用,使得行政处罚行为具有一定的区域性和一致性,对于行政相对人来说,增强了其行为法律后果的可预期性。生产经营单位在经济学上被看作理性经济人,在环境法的视域下,其具有较有限的生态意识和社会责任意识,因此可被看作是生态理性经济人。对于生产经营者来说,跨行政区域行政处罚裁量的一致性有利于促进其在管理策略和排污方案选择上的环境友好性。这也有利于区域环境质量的提升、生态环境的保育和环境污染的防治,间接地促进区域环境治理目标之实现。

总之,裁量基准的区域化运用回应了区域环境治理的特殊需要,为区域环境治理赋予了区域性、整体性的维度。

三、环境行政处罚裁量基准区域化应考量的因素

正如霍姆斯对法律的理解,"法律的生命在于经验,而不在于逻辑",环境行政处罚裁量基准的区域化在很大程度上也并不是一种逻辑演绎,而是一种实践总结。它要求在实践中准确地认识和理解区域化考量因素及其对环境行政处罚的影响,并将这些区域化考量因素以不同的形式和途径融入环境行政处罚裁量基准之中。因此,环境行政处罚裁量基准内容区域化具体涉及对各种区域化考量因素的综合。

一般来讲,环境行政处罚裁量基准区域化应考量以下几个方面的因素。

(一) 区域立法状况

区域的环境立法状况不仅决定了环境行政处罚裁量权的种类和范围,还因此在一定程度上影响了控制环境行政处罚裁量权的裁量基准,成为环境行政处罚裁量基准的区域化运用所应考量的因素之一。

根据我国《立法法》和《行政处罚法》,省级和一些法定的市级人民

代表大会和人民政府具有通过制定地方性法规、政府规章等方式设定行政处罚的权力，并且只能在上位法所规定的给予行政处罚的行为、种类和幅度范围内做出具体规定，其中地方性法规可以设定上位法所没有规定的除限制人身自由、吊销企业营业执照以外的行政处罚。我国的国家和地方行政处罚立法职权划分决定了环境行政处罚裁量权的具体种类和范围不仅受制于国家法律法规的授权，还受制于地方性法规的授权及其对国家法律法规所授予的裁量权的具体化。从区域化渊源的意义上来说，区域立法状况不仅包含该区域所立之法，而且包含该区域未立之法。

区域所立之法是指区域内的地方性法规、政府规章对环境行政处罚做出具体规定的情况，它对环境行政处罚裁量基准的影响是直接的、有针对性的。比如，地方性法规规定了新的处罚事项，则其环境行政处罚裁量基准中的相关部分也要对上述新事项进行规定，若是地方性法规对上位法所规定的事项在违法行为、处罚种类、幅度等方面做出了具体规定（这是较为常见的情形），那么其环境行政处罚裁量基准中这一事项所对应的裁量因素和格次范围也必然要做出因应的变化。

区域未立之法是指区域内的地方性法规、政府规章未对某些环境行政处罚事项做出具体规定的情况。这一类主要是针对上位法对环境行政处罚裁量进行了空白授权，而地方性立法没有对上述授权进行细化的情况。这种情况使得环境行政处罚裁量权极大，通过环境行政处罚裁量基准对裁量权进行的控制具有了某种意义上的填补立法空白的作用。[1] 比如我国1996年《环境噪声污染防治法》的法律责任规定中，只授予行政处罚权力而未规定处罚范围，这种空白授权对环境行政处罚裁量权的滥用大开方便之门，[2] 而对处罚范围的具体化则应由地方性立法来完成。如果地方性立法并未做出具体规定的话，那么在环境行政处罚裁量基准中对相关违法行为的效果格次的细化规定则在一定程度上具有了填补立法空白的作用。

(二) 区域执法状况

环境行政处罚裁量基准的核心在于控制裁量权，因而在特定区域的社

---

[1] 参见关保英：《行政自由裁量基准质疑》，《法律科学（西北政法大学学报）》2013年第3期，第50页。
[2] 参见闫国智、周杰：《论行政自由裁量权的泛化及其立法防范》，《政法论丛》2000年第5期，第7—8页。

会现实中环境行政处罚裁量权的运行情况则是环境行政处罚裁量基准区域化必须考虑的因素。区域环境执法状况不仅包括区域环境行政处罚裁量权的运行情况,而且能够从相对于行政处罚裁量而言更高的层面,以区域行政执法的视角全面地描述区域环境行政处罚裁量权的现实情况。这一点使区域环境执法状况成为环境行政处罚裁量基准的区域化运用应考量的因素之一。

相对于区域环境立法状况,对区域环境执法状况的考察则更多地关注行政机关在社会现实中对法律、法规的实施情况。执法的实践需要是行政处罚裁量基准制度产生的主要原因之一,区域环境执法状况主要从两个方面参与环境行政处罚裁量基准的区域化运用。

一方面,区域内行政机关在制定环境行政处罚裁量基准时,在一些情况下并非全面地进行规定,而只选取其中主要的环境违法行为,并确定对于相关行政处罚裁量权的控制强度,这一选取环境行政处罚裁量权及其控制强度的过程在很大程度上是基于本区域环境执法的实际需要。[1]

另一方面,正如最初的行政处罚裁量基准的制度实践主要是实践经验的总结,区域环境执法的实际情况和操作过程,在一般情况下,都是制定环境行政处罚裁量基准中相关裁量因素及其比例的重要参考。

(三) 生态环境条件

环境法对人类环境行为的调整过程离不开对自然环境状况的考察,生态环境状况在根本的层面上影响着环境执法的对象、方式、目标的具体内容。生态环境问题具有地域性,同一种人类环境行为发生在不同区域环境下,可能会具有一定程度上的差异,甚至是造成截然相反的后果。这一自然规律使得环境行政执法必须在具体区域的生态环境下因应地做出区域化调整。因此,区域生态环境状况是环境行政处罚裁量基准实现区域化运用的重要基础。

区域生态环境状况对环境行政处罚裁量基准的影响是全方位的,我们更多的是将其作为环境行政处罚裁量基准的制度背景来加以考察,不仅环境行政处罚裁量权运行在这一背景下,而且环境违法行为也发生在这一背

---

[1] 参见章志远:《行政裁量基准的兴起与现实课题》,《当代法学》2010年第1期,第72页。

景下，区域特有的生态环境状况使得在其背景下的环境行政处罚裁量权和环境违法行为都具有一定的区域特点。

（四）社会经济条件

在环境法的视野下，环境法律制度中生态环境因素与社会经济因素共存，它们之间发生着竞争与一致。[1] 在考虑生态环境因素时，必须考虑与之相关的社会经济因素，在环境法的制度语境下，必须将生态环境因素放在与社会经济因素相协调与融合的视角下来考察，才能得出对生态环境因素本身的正确判断，反之，对于社会经济因素的判断也是如此。

因此，区域社会经济条件与区域生态环境状况对于环境行政处罚裁量基准的区域化来说，处于基本同等的地位。区域社会经济条件为环境行政处罚所设定的制度背景，一定程度上影响了行政机关对特定环境违法行为法律效果的选择，从而影响了区域环境行政处罚裁量基准的规则设置。

总之，环境行政处罚裁量基准区域化运用并不是抽象的、逻辑的，而是源自特定的区域化考量，带有实践经验的深刻印记。为了实现裁量基准的控权功能，各种区域化考量因素之间应当寻求均衡的状态，即根据实际情况协调各种考量因素对环境行政处罚裁量基准区域化的影响，从而确保所涉及的各种利益在裁量基准之中能够得到公平的体现，为利益均衡的实现建立必要的基础。

四、环境行政处罚裁量基准区域化的实现

仅仅对我国环境行政处罚裁量基准区域化问题从实践和理论两方面进行考察，还不足以完成本书对环境行政处罚裁量基准的研究工作。关于环境行政处罚裁量基准的区域化，本书研究的落脚点在于从理论向实践的回归，即探讨理论对实践的指导意义。为此，本书根据对环境行政处罚裁量基准理论内涵的研究，提出在我国当前环境行政处罚裁量基准的制度环境下实现区域化的路径，对于在特定地方条件下控制何种裁量权、在何种程度上控制裁量权以及为裁量权设置何种具体标准等问题，提供实用的解决路径。

---

[1] 吴真、李天相：《以协调与融合为核心的环境法学方法论初探》，《法学杂志》2017年第7期，第19页。

(一) 实现主体

环境行政处罚裁量基准区域化运用的实现有赖于相关主体对各种考量因素的识别和确定,以及将区域化考量向裁量基准规则的转化。因此,裁量基准区域化运用的实现主体,包括两类:一是进行区域化考量的主体;二是将区域化考量向规则转化的主体。

首先,就进行区域化考量的主体而言,主要有基层行政人员与制定机关两种选择。区域化考量因素其概念本身是抽象的,需要根据现实情况赋予其特定的、具体的含义。比如在某流域的水污染治理,或者具体的水污染物排放超标的现实情况下,立法状况、执法状况、生态环境条件、社会经济条件等区域化考量因素各有其具体的内容。对于这些区域化考量因素的具体内容的确定,就是识别区域化考量因素的过程。

之所以存在实现主体的选择问题,是因为我国当前环境行政处罚裁量基准主要有两种生成机理,而这两种生成机理都与主体相关。一是由基层行政人员自行总结、提炼执法经验,汇编成为裁量基准;二是由裁量基准的制定机关自行对执法中可能涉及的违法行为进行预先的裁量,并将这种裁量转化为裁量基准中的规则。我国最初的行政处罚裁量基准就是遵循第一种机理产生的,但在这一制度的发展变化中,第二种生成机理逐渐推广开来。可以说,对于环境行政处罚裁量基准,这两种生成机理都有其合理性。一方面,基层执法人员具有较为丰富的实践经验,对特定地区的自然环境状况、社会经济条件和执法情况等具有较为深入的理解;另一方面,裁量基准的制定机关一般为省级、设区的市的生态环境部门,更容易从环境整体保护的视角,对本区域生态环境状况、社会经济条件等区域化考量因素进行整体的把握,合理地确定需要控权的事项以及控权的强度。

由此,进行区域化考量的主体存在基层执法人员和制定机关两个主体可供选择。为了解决这一问题,有必要从区域环境治理的特殊性中寻找答案。执法者在环境行政处罚裁量中,所面对的是环境违法行为,环境违法行为的特殊性在于其对环境问题的关涉,如果对于环境违法行为所涉及的环境问题缺乏清晰的认识,是很难做出合理处罚裁量的。因而,在区域化实现主体的选择中,应当根据实际情况,选择最了解区域自然环境状况的主体。

其次，将区域化考量向规则转化的主体，当然是制定机关。环境行政处罚裁量基准是由行政机关制定，并主要对下级机关发生内部效力。无论在哪种生成机理下，将区域化考量向规则转化的过程都内含于制定机关以情节细化和效果格化的技术结构制定规则的过程。所以制定机关是将区域化考量向规则转化的主体。

另外，在我国区域环境治理模式中，发展出了以党政领导人负责制为主要模式的协调与问责机制，具有代表性的是河长制、湾长制、湖长制等。在这一制度措施中，由对所涉区域具有管辖权的党政领导人担任河长、湾长、湖长等，由其负责协调所涉区域内职能部门的履职行为。在这一制度中，裁量基准区域化运用的实现主体也发生了一定的变化，河长、湾长、湖长等负责人虽然并不直接行使行政处罚权，但可以针对特定违法行为，根据区域环境治理目标的要求，制定类似裁量基准的行政规则供行政机关参考适用。

（二）实现路径

环境行政处罚裁量基准的区域化运用，实质上是控权的区域化，主要解决的是在特定区域条件下控制何种裁量权、在何种程度上控制裁量权以及为裁量权设置何种具体标准，而这又涉及对区域化考量因素的识别、引入、协调和融合。可见，这一区域化运用过程基本围绕区域化考量来展开，系运用区域化考量促进裁量基准的控权功能。如前所述，与环境行政处罚裁量基准有关的区域化考量因素主要包括环境立法状况、环境执法状况、生态环境条件和社会经济条件等四个方面。这四个方面的区域化考量因素的作用和重要性各有不同，在环境行政处罚裁量基准中需要实现它们之间的相互均衡。对此，本书认为，环境行政处罚裁量基准的区域化运用的实现路径，是以生态环境条件为主，协调与融合各类考量因素，最终转化为规则的形式。

1. 以生态环境条件为主

在各种区域化考量因素之中，以生态环境条件为主。这是因为：其一，我国《环境保护法》明确规定了保护优先原则，这相较于旧环保法及其他早期环境立法来说，是一大进步，也体现了我国当前的环境立法趋势。在这一立法旨意的要求下，环境行政处罚裁量必须将生态环境保护放在主要的、优先的考虑位阶上;[1] 其二，环境违法行为的特殊性在于对生态环境问题的关涉，生态环境问题是一种自然事实，它不仅有人类行为的因素，也有生态系统的因素。[2] 为了清楚地认识本区域环境违法行为的特点，并因地制宜地进行环境行政处罚裁量，必须先对区域生态环境条件有清晰的认识；其三，其他三方面的区域化考量因素，即区域立法状况、区域执法状况和社会经济条件，在环境行政处罚裁量的语境下具有特殊的含义，它们的含义不同于在民法、商法、经济法等语境下它们所可能具有的含义。在环境法的语境下，立法状况、执法状况和社会经济条件都是与生态环境相关的，因而必须明确"环境"的概念，才能进而考察这三方面的区域化考量因素。就此而言，生态环境条件在区域化考量因素中具有基础性地位。

2. 综合运用事实判断和价值判断的识别方法

与环境违法行为有关的客观事实是较为复杂的，而对于环境违法行为的处罚裁量中所需考虑的因素也是涵盖了从生态环境因素到社会经济因素等多个层面和领域，这其中就涉及对上述四类区域化考量因素的识别。比如，在黑龙江省的环境行政处罚裁量基准中，对大气污染物超标排污一项规定有烟尘黑度的裁量因素，这可以认为体现了地方执法实际需要，存在这一需要的原因可以归结为黑龙江省特定的生态环境状况和社会经济条件两方面。对于区域化考量因素的识别可以大致分为两种方法，一种是自然科学的方法，用以认识环境违法行为所涉及的环境要素，识别区域生态环境的事实状况；另一种是社会科学的方法，用以认识环境违法行为所涉及的社会因素，识别区域立法、执法状况及社会经济条件。

虽然这两种方法在表面上分别是事实判断和价值判断的过程，但是它们之中具有内在联系。[3] 对自然环境的事实判断是为接下来的涵摄过程服务的，是在法律适用的语境下进行的事实认定；而对区域立法、执法状况及社会经济条件的价值判断，也并不是无目的、无序的判断，而是考察与自然环境问题的相关的立法、执法状况及社会经济条件。

---

[1] 参见吕忠梅编：《中华人民共和国环境保护法释义》，中国计划出版社 2014 年版，第 39 页。
[2] 参见赵惊涛：《科学发展观与生态法制建设》，《当代法学》2005 年第 5 期，第 131 页。
[3] 参见蔡守秋：《"休谟问题"与近现代法学》，《中国高校社会科学》2014 年第 1 期，第 154—155 页。

3. 实现区域化考量在情节和效果中的规则化

通过情节细化和效果格化的制定技术，合理地将区域化考量体现在环境行政处罚裁量基准的规则中。环境行政处罚裁量基准具有规则主义的外表，其制定者或基层执法人员的区域化考量只有在转化为裁量基准的规则之后才具有实际意义。区域化考量向规则的转化，涉及转化途径、表现形式、转化程度和适度标准的问题。

其一，区域化考量向规则的转化途径，一般来讲，是通过识别区域化考量因素，并将抽象的区域化考量因素具体化为一些利益、因素或需求。比如在黑龙江省"烟尘黑度"的例子中，烟尘黑度实际上不仅体现了地方大气环境的敏感度（生态环境条件），还体现了人们对大气观感的接受程度（社会经济条件），等等；再比如贵州省"超标倍数"的例子中，超标倍数的确定直接体现了地方污染忍受程度（生态环境条件）的具体要求。

其二，区域化考量在规则中的表现形式较为多样，由于区域化考量影响着限定裁量权和建构裁量权的问题，因而在环境行政处罚裁量基准中，区域化考量一方面在环境行政处罚裁量基准的控权重点中体现，另一方面在裁量基准的裁量因素及其判定标准以及格次划分的轻/重罚倾向中体现。

其三，区域化考量向规则的转化在程度上具有一定的合理标准。这是环境行政处罚裁量基准区域化适度性的必然要求。区域化考量向规则的转化根据程度的不同可以分为两种，一种是应予转化的考量，比如对于国家法律法规授予的裁量权，地方性法规做出具体规定而实质性改变该裁量权的，如果裁量基准选择控制该裁量权的话，应当将上述立法情况（区域立法状况）体现在规则中；另一种是有限转化的考量，这是因为裁量基准的规则不可能完全反映出环境违法行为的区域的实际情况，因而区域化考量向规则的转化是有限度的，应当以满足区域执法的实际需要为其合理标准。

（三）实现目标

环境行政处罚裁量基准区域化运用的实现目标是代表不同利益诉求和价值追求的区域化考量因素在裁量基准规则中得到均衡的体现。这个目标符合行政均衡原则的要求，既能够促进裁量基准内容的合理性，又能够为不同区域化考量因素之间的冲突解决提供指引。[1]

环境行政处罚裁量基准的区域化运用对各种考量因素的融入应当是均衡的。这是指环境行政处罚裁量基准的区域化内容是有条件的，而不是随意的。各种区域化考量因素在现实生活中的表现往往都较为复杂、具体，且通常体现着不同的利益关系，因而很难同时完全融入环境行政处罚裁量基准的规则之中，在很多情况下需要进行取舍，最终使得不同区域化考量因素在区域化过程中达到大体均衡。

一方面，与环境行政处罚有关的区域环境立法状况、环境执法状况、生态环境条件和社会经济条件在现实条件下难以实现高度的价值一致。就某一个环境违法行为而言，如果区域生态环境条件对于相关环境损害较为敏感，但区域环境执法状况表明这一环境违法行为发生频率非常小，区域社会经济条件也表明对潜在的可能构成这类环境违法的排污者进行处罚严重影响区域经济发展，那么在这种情况下是否应当控制对该环境违法行为的环境行政处罚裁量权？如果要控制的话，如何实现合理控制？我们很难直接地得出答案，因为在很多情况下不同的区域化考量因素代表着不同的利益关系以及对不同利益的权衡。基于视角的不同，它们之间存在着冲突和一致的情况，虽然它们本身都是正当的、值得考虑的地方性知识。为了将存在冲突和一致的区域化考量因素整体地融入环境行政处罚裁量基准的规则中，使每一种区域性利益或需求都能够得到适当的体现，就需要权衡和协调不同的区域化考量因素，使之在规则中实现整体上的均衡。

另一方面，环境行政处罚裁量基准中规则能够规定的裁量因素是有限的，这就使得区域化考量因素在操作上不可能全部体现为裁量基准的规则形式，而必须有所取舍。区域化考量因素在裁量基准中，最集中的体现是在其裁量因素的设置上。过多的裁量因素对行政效率具有负面影响，而且目前裁量基准的制定技术也难以适应。裁量因素的有限性使得各种区域化考量因素是在一个相对较小的操作空间内，寻求整体上向规则的融入。这一点也要求环境行政处罚裁量基准的区域化必须着眼于各种考量因素的均衡，始能在裁量基准的规则中合理地体现所有考量因素。

需要再次说明的是，作为环境行政处罚裁量基准的四种区域化考量因

---

[1] 参见周佑勇：《行政裁量的治理》，《法学研究》2007年第2期，第128页。

素，即区域立法状况、区域执法状况、区域生态环境状况和区域社会经济条件，都是应当被识别和体现的，在这一点上，它们之间并无位阶的差别。但是对于特定的环境违法行为来讲，其所涉及的区域化考量因素是特定的，各种区域化考量因素对控制行政处罚裁量权的影响也是不同的。因此，在具体的语境下，各种区域化考量因素在环境行政处罚裁量基准中的影响及程度是不同的。

为了使各种区域化考量因素都能够在环境行政处罚裁量基准中得到合理的表达，需要对它们进行平衡，这一平衡应当以生态环境条件为主，以其他考量因素为辅，在不影响考察环境违法行为所涉及的地方生态环境状况的前提下，有限度地考察立法状况、执法状况和社会经济条件。平衡这些区域化考量因素的目标，是为了在有限的裁量因素的规则设定下，实现环境违法行为在区域特定社会中实际情况的较为全面的反映。

总之，区域化考量向环境行政处罚裁量基准中的融入，本质上是一个平衡的过程，不仅涉及不同方面的区域化考量因素之间的平衡，而且涉及区域化和个性化之间的平衡，在这一平衡路径中，应当将生态环境条件作为基础的、主要的区域化考量因素。

第四章
环境行政处罚裁量基准的技术构造

2019年5月，生态环境部发布的《指导意见》对裁量基准提出了一系列技术性要求。我们有必要从理论的高度审视《指导意见》所提出的技术性要求，探讨裁量基准制定技术的合理性问题，进一步促进《指导意见》的实施，推动裁量基准制定技术的规范化。环境行政处罚裁量基准的技术结构分为情节细化和效果格化。情节细化，是指将法律条文中的不确定法律概念细化为若干裁量因素及其权重；效果格化，是指将法律条文中的处罚范围划分为若干个格次。在裁量基准内容的生成过程中，首先由制定者对违法行为预先裁量，接下来通过情节细化技术和效果格化技术将预先裁量转化为基准内容。制定技术的合理性不仅影响着预先裁量能否充分、合理地向规则转化，而且影响着控权的成效。在环境法中，裁量的主观性与违法行为的客观性之间存在着深刻的矛盾，这一矛盾使得裁量基准的制定技术为了实现其技术合理性，必须因应环境法律规制的特殊性做出调整和转变。本书旨在分析环境法律规制的特殊性对裁量基准的制定技术，包括其技术表达模式、情节细化技术和效果格化技术的影响，探讨技术合理性要求下，裁量基准制定活动的应然技术路径。

第一节　环境行政处罚裁量基准的技术表达模式

一、技术表达模式的实践类型

在我国行政处罚裁量基准的制度实践中，其规则内容的表现形式多种多样。裁量基准规则内容的表现形式，从另一个角度来说则是指其制定技术的表达模式。在对实践中行政处罚裁量基准的类型化研究基础上，学界根据效果格次的划分方式将裁量基准的技术表达模式分为寻找基础值模式、经验评估模式和数学模式。但是，就我国环境行政处罚裁量基准制度实践来看，现有研究结果所认识到的模式类型之间具有一定的关联性，它们并不是互相独立的。对此，笔者从实践出发将我国现行环境行政处罚裁量基准的技术表达模式划分为列举标准模式和构成因素模式。

（一）列举标准模式

列举标准模式，是将违法情节的细化结果罗列出来，一一对应为特定的处罚效果格次。这是实践中较为常见的一类技术表达模式。

许多地方的环境行政处罚裁量基准采用了这一模式，如黑龙江省、山东省、深圳市等。如《山东省环境保护厅行政处罚裁量基准》（2018年版）对建设项目未批先建行政处罚的细化规定中，将违法情节细化为4个档次，分别是"建设项目主体工程已开工但未投入生产的""建设项目主体工程已投入生产的""建设项目已投入生产，并造成环境危害的"和"造成严重后果的"，分别对应处建设项目总投资额"1%以上2%以下罚款""2%以上3%以下罚款""3%以上4%以下罚款""4%以上5%以下罚款"4个格次。这一规定设定了裁量因素及其判定标准，并据此按照情节由轻到重列出若干情形，并将这些情形一一对应为效果格次。

（二）构成因素模式

构成因素模式，是指为执法者的裁量活动预先设定一系列裁量因素以及它们在裁量过程中所应当具有的影响程度，这一影响程度以构成比例或裁量权重（等级）的形式来表示，继而通过数学运算得出处罚金额。虽然我国实践中这一模式并未被广泛采用，但是其现已为《指导意见》所采纳，可以预见的是，在未来环境行政处罚裁量基准的制定中将会更加广泛地采用这种模式。在实践中，构成因素模式还可以细分为两种表现类型，这两种表现类型都有其自身特点：

其一，较为常见的一种表现类型是，设置裁量因素并以百分比的数值形式设定其在裁量过程中的构成比例。唐山市环保局制定的裁量基准中，对废水超标排放行为的行政处罚裁量设定了6种裁量因素，"污染物浓度超标排放情况""污水排放量""污染因子超标项目数""是否对周边居民、单位等造成不良影响""1年内被处罚的次数"以及"是否配合执法检查"，它们的构成比例分别为35%、10%、15%、20%、10%和10%。这是第一层次的构成比例。进而对这些因素设定了一些判定标准，如"污水排放量"的判定标准是"是否超过10吨/天"，对应的构成比例分别是"超过"为20%，"不超过"为5%。这是第二层次的构成比例。执法者在适用时，将案情与裁量情节及其判定标准——对照，得出一个百分比形式的数值，按照"罚款金额＝排污费×5×百分值"的公式就可以根据案件情况，计算出应处的罚款金额。

其二，为违法情节设定具体的分值，以分值的形式表示裁量因素在裁量过程中的构成比例，根据案件所出现的违法情节累计分值，通过将累计分值代入数学公式，或者直接将累计分值与效果格次相对应，确定最终的处罚效果。如《辽宁省环境保护厅罚款裁量标准》对于不按规定贮存处置放射性固体废物的，列举了7种情节，并设定了具体的分值，如"违法时间较长的，加5分"，在适用中累计分值得出处罚格次。《指导意见》采纳了这一表现类型，如为"超标排放污染物行为"列举了"超标因子""排放去向或区域""持续时间""区域影响"等个性和共性裁量因素，并根据判定标准为裁量因素设定裁量等级，通过计算个性和共性裁量等级，得出处罚结果。

二、技术表达模式的合理性标准

裁量基准的技术表达模式在很大程度上影响着裁量基准控权功能的发

挥。合理的技术表达模式应当有利于控权的实现。因此，对裁量基准技术表达模式的合理性评价标准的探讨，实际上是探讨裁量基准控权功能对技术表达模式的要求。

第一，有利于反映客观实际情况。裁量基准通过列举裁量因素以实现对情节的细化。对于法律条文中的违法情节来说，仅仅从一项或少数几项因素来判断情节轻重，在很多情况下是较为片面而不符合客观实际情况的。因此，裁量基准中所列举的裁量因素应具有一定的数量，使其能够最大限度地反映客观实际情况。

第二，便于执法中实际操作。裁量基准不同于一般意义上的法律法规，其主要适用主体是基层执法人员。因此，其可操作性是必不可少的。裁量基准的表达应尽量清晰、明确，符合环境管理的实际需要；所规定的情节轻重情形易于在实践中进行判定；处罚效果易于得出。

第三，为执法者留有必要裁量空间。裁量基准是规则与裁量之间的平衡，它通过设定规则控制裁量权，但却并非剥夺裁量权。裁量基准在规则设置中为执法者留有一定裁量空间，允许执法者根据实际情况适当变通适用或脱离裁量基准，避免将裁量活动机械化。因此，裁量基准的技术表达模式不应过于机械，而应注意在一定范围内保留执法者在个案中具体选择的内容。比如所得出的处罚效果不宜为具体数额，而应是一个幅度区间，以供执法者根据个案实际情况选择合适的最终处罚金额。

第四，具有一定开放性。裁量基准作为一种软法规范，灵活性是其显著特点。这一特点使其能够弥补立法控权的不足。因此，裁量基准的技术表达结构应具有一定的开放性，以便于后续修订工作的开展。

三、对两类技术表达模式的评价

列举标准模式和构成因素模式都是在实践中广泛运用的裁量基准技术表达模式。这两种模式都存在优点和缺陷，很难一概而论孰优孰劣，但这并不妨碍我们运用技术合理性标准对两种模式进行评价。

（一）列举标准模式存在明显缺陷

列举标准模式的优点在于其较易使用、易理解，能够为执法者提供裁量活动中所要考虑的相关因素，并为执法者限定较小幅度的裁量范围，同时也为执法者保留了必要的裁量空间。而缺点在于其裁量因素过少，技术结构较为封闭，从长远来看，这个缺陷严重阻碍裁量基准的发展。

这一模式技术合理性的要害之处在于裁量因素的选取，准确地说是裁量因素数量的确定。"列举"这一技术路径内含着一个深刻的矛盾，即裁量因素数量"过"与"不及"之矛盾。

一方面，如果裁量因素过少，如仅以主体工程状态作为裁量因素，那么在实践中便很难期望裁量基准的细化规则能够准确、全面地反映客观实际情况。这不利于个案实质正义的实现。裁量基准的建构裁量权功能在于对不确定法律概念的细化，若裁量因素过少则将削弱其应有的建构作用。相对来讲，这一模式由于其技术结构的限制，很难设定较多数量的裁量因素。我国实践中，采此种模式的裁量基准大多只对违法行为规定少于 3 种的裁量因素，不利于建构裁量权功能的发挥。

另一方面，如果设置较多的裁量因素，则很可能出现格次划分不周延的问题，因为其结构不具有开放性。这一模式实践中主要存在技术上的困难。因为在"列举"的技术路径下，每一种裁量因素都要根据判定标准划分出若干轻重情形，裁量因素数量较多时则难以整合这些情形，继而发生格次划分不周延的问题。如果格次划分不周延，那么裁量基准实质上在限定裁量范围的基础上，剥夺了执法者在部分裁量范围内的裁量权，起到了某种立法的功能，这与其行政自制制度的地位不符，构成了对立法职能的僭越。

（二）构成因素模式是"更优"的选择

构成因素模式的优点在于其结构能够容纳较多数量的裁量因素且具有高度的开放性，可以根据实际情况增减裁量因素或修改裁量因素的权重。但其缺点是通过数学运算得出的处罚效果是一个确定的数值，虽然具有可操作性，但是过于限制执法者的裁量权，有导致机械裁量的隐患。

从外观上来看，这一模式重情节细化而轻效果格化，甚至在很多具体表现类型中不存在明显的效果格化过程，而是通过对各情节设置构成比例或分值的数学运算来确定处罚效果。这一特点使得该模式破除了"列举"技术路径下难以设置较多裁量因素的技术障碍。并且，在易用性方面也有优势，执法者在适用中只需要按照每一裁量因素的判定标准逐一确定分值，便能够计算处罚额度。

这一模式的缺点在于，它将裁量活动替换为数学公式的计算，尤其是在构成因素模式下对违法行为的判定结果不再是一个以格次来表示的处罚效果范围，而是一个以数字来表示的处罚数额，这很可能会过度压缩效果裁量的空间，导致裁量活动的僵化和机械，不利于执法者主观能动性的发挥。但是，如果适用规则较为灵活的话，则能够在一定程度上解决这一问题。如在适用规则中允许执法者根据实际情况以裁量基准所确定的处罚金额为轴线在适当范围内选取最终处罚金额。

两种模式相比较而言，构成因素模式是"更优"的选择。这一模式兼具可操作性和开放性，能够容纳较多数量的裁量因素，有利于反映客观实际情况，具有较大的发展前景。同时，这一模式也为《指导意见》所采纳。需要注意的是，这一模式存在可能导致机械裁量的问题，因而只有配套具有灵活性的适用规则才能确保控权功能的实现。

第二节　情节细化技术

前文对于裁量基准技术表达模式的探讨，主要解决的是裁量因素以及效果格次在数量和表现形式上的技术合理性问题。接下来要考虑的是裁量情节细化技术的合理性建构问题，也就是要探究如何合理地设置裁量因素及其权重。在环境行政处罚裁量基准的特殊语境下，必须因应环境行政违法行为情节判定的特殊性，合理选择裁量因素及其权重。

一、情节细化的"环境"特点

环境行政违法行为不同于一般意义上的行政违法行为，而具有环境公共事务的共性问题。在判定环境违法行为的情节时，执法者受到多种因素的影响，包括自然条件、社会需要、经济状况等，这些因素具有一定的时空特点。在对环境违法行为进行情节细化的活动中，首先涉及对违法情节的判定问题。而环境违法行为的情节判定则受到自然条件、社会需要、经济状况等因素的影响，这些因素不仅影响情节判定中对裁量因素的选取，也影响对所选取的裁量因素权重的认识。因此，情节细化的技术合理性首先在于对环境行政违法行为情节判定特点的把握，也就是对"环境"特点的体现。一般来讲，影响情节细化技术合理性的"环境"特点主要有：注重对环境事实在科学上的客观判断、受到科学技术不确定性的限制以及全面涵括环境因素和社会因素、经济因素。

（一）环境事实判断的自然科学路径依赖

近现代工业革命之后，人类生产力得到了巨大发展，对自然环境的影响日益加深，才产生了现代意义上的环境问题。人类的环境行为与自然环境之间具有紧密的关联；环境法律以及环境法律所调整的行为直接影响的对象，不同于传统法律部门所涉及的人与人之间的关系，而是扩展到人与自然之间的关系领域。环境法致力于将事实判断与价值判断相联系，将法学理论对环境问题和环境违法行为的认识从单纯的逻辑演绎层面，拓宽至对客观环境事实的认知层面。环境法的这一特点使得环境违法行为相较于一般意义上的违法行为也具有特殊性，更多地涉及对自然环境的客观影响，具有了客观性的外观。而这一客观外观，则需要运用自然科学的手段来认识。

环境违法行为的客观性外观使得环境行政处罚裁量较为依赖对客观环境事实的判断。而执法者对环境行政违法行为的处罚裁量活动具有主观性。这种主观性也是为追求个案实质正义所必须赋予的。环境违法行为的客观性又与行政处罚裁量作为一种执法者的行为所具有的主观性形成了鲜明的反差，使得在环境行政处罚的裁量因素中存在无法从主观进行判断的方面。无论是对于排放大气污染物的锅炉额定功率，还是对于放射性物质的衰变率，甚至是环境的敏感程度，都是需要通过自然科学方法评估、鉴定、判断的，而执法者的主观判断在其中影响甚微。对于这些裁量因素的识别和判定活动具有较强的客观性，而执法者的主观判断则更多地体现在判定这些裁量因素的权重，以及据此确定最终的处罚结果等方面。因此，从环境执法者的角度来看，环境行政处罚裁量在很大程度上被割裂为两个过程：一是运用自然科学方法判断客观环境事实，进而识别和判定裁量因素；二是对所判定的裁量因素进行权衡。环境违法事实的客观性与环境行政处罚裁量的主观性虽然存在一定程度的矛盾,但也以某种方式统一在整个裁量过程之中。

这些客观性较强的裁量因素的存在,使得环境行政处罚裁量活动不同于一般意义上的行政处罚裁量活动,而体现了鲜明的环境治理的特点。很多环境法律行为直接作用于自然环境这一客观事物,很难抛开其环境影响而判断其违法性和违法程度。在这种情况下,更为现实的问题是,在裁量因素客观化的条件下,执法者自主裁量所应具有的空间以及环境行政处罚裁量基准如何给裁量留以必要的空间。

(二) 科学技术手段的限制

环境行政处罚作为典型的事后归责的法律手段,认定违法行为的损害后果是其重要内容。很多裁量因素的识别和判定,也都要建立在对损害后果的认定基础上。但是在环境治理中,对环境影响的判断受制于科学技术的限制,很难完全认识一项环境行为的损害后果。在这一背景下,环境行政处罚裁量也必然受到科学技术局限性的影响,这类影响主要体现在以下两个方面。

一方面,科学技术手段本身难以实现对损害后果的精确认识。环境损害具有长期性、累积性、复杂性、易变性,而科学技术具有不确定性。[1]当环境损害发生后,往往并不会直接表现为某种直观的环境影响,而是逐渐累积,而后才成为直观的环境影响;自然环境是一个物复能流的整体,这使得现实中的环境损害往往比较复杂,对水环境的损害可能通过蒸发而污染大气,在大气中沉降而污染土壤,继而影响到动植物;自然环境也有一定的自净能力,在事后往往只能通过估算得出大致的损害影响。环境损害的这些特点都使得其难以为现有科学技术所精确计算。[2]

另一方面,科学技术手段存在获取难度,在一些情况下最佳可利用的科学技术手段仍然无法满足法定要求。环境法律体系中包含一系列环境标准,这些环境标准中包括对环境鉴定、评价和测量方法的规定。环境标准体系所规定的法定要求,是在认定环境损害过程中必须遵守的。但是,我国各地方经济发展状况存在差异,基层执法者所能获取的科学技术措施比

---

[1] See Albert C. Lin, "Myths of Environmental Law", 1 *Utah Law Review* (2015) 45; p.56.
[2] 参见程雨燕:《环境罚款数额设定的立法研究》,《法商研究》2008年第1期,第125页。

较有限，在一些情况下，基层执法者可以获得的最佳科学技术措施仍无法达到法定要求。这凸显了法律的保守性与科学技术局限性之间的矛盾。在这一矛盾状况下，如果不采取不符合法定要求的最佳可利用措施，那么就无法对环境损害及其影响进行科学的认定；而如果采取此种措施进行认定的话，则会使得认定结果受到合法性层面的质疑，而据此认定结果所进行的裁量活动则也存在合法性的问题。

人类环境治理受制于科学技术局限性的影响，在建构环境行政处罚裁量的过程中，需要降低科学技术局限性的影响，尽可能地促进裁量活动的合理性。客观性裁量因素的判定在很多情况下会受制于科学技术的影响，环境行政处罚裁量在依赖客观环境事实的判断的同时，也要考虑科学技术在判断客观环境事实上的局限性。

（三）环境因素与社会经济因素的相互影响

生态不仅仅是环境的保护，而经济也不仅仅是财富的增长。二者紧密地联结在可持续发展和中国特色社会主义生态文明建设理念之中。环境问题是在市场机制中产生的，环境违法行为也多以追求经济利益为目的。[1]在当今社会，人类的社会经济活动要考虑环境影响，而环境行为也具有社会经济的背景。[2]可持续发展理念中，包含环境保护、经济发展和社会进步三项重要要求，它们并不是彼此孤立的，而是紧密地联结在一起。在这一理念下，我们要认识到人类的环境行为受到社会经济条件的影响，同时，人类的社会经济活动也受到环境条件的制约。在进行环境保护活动时，既要考虑生态环境的面向，也要考虑经济发展的需求。环境违法行为更是如此，因为它多以追求经济利益为目的。因此，在判定环境违法情节的过程中，既会涉及对生态环境因素的考量，也会涉及对社会经济因素的考量。

环境、经济和社会的相互联系在当代中国背景下是非常复杂的，无法一概而论。当代中国还是发展中国家，不可能无视经济和社会的发展来进

---

[1] See John Nagle, "The Environmentalist Attack on Environmental Law", 50 *Tulsa Law Review* (2015) 593： p. 599.

[2] See John Copeland Nagle, "Humility and Environmental Law", 10 *Liberty University Law Review* (2015) 335： p. 350.

行环境保护。在国家出台环境法律和政策、充分重视环境保护的大背景下,在一些欠发达地区落后的经济条件下,生态环境保护与经济社会发展之间的矛盾仍然尖锐,如超标排污等环境违法行为时有发生,在强烈的经济发展需求下,地方政府和当地居民往往对此并不苛责甚至是持赞同态度的。[1] 就环境违法行为的损害后果本身来说,既有对自然环境造成的影响,也有对地方社会经济造成的影响。执法者既要考虑环境行政处罚的自然环境面向,也要考虑其社会经济面向。这不仅回应了环境治理的一般需要,而且符合我们对执法实践的总结认知。在环境执法实践中,执法者往往会考虑违法行为所造成的环境损害对周边社区居民的影响以及群众反应强烈程度,这些社会问题的产生具有其环境因素;环境损害行为消耗了环境容量,不利于经济的可持续发展。因此,在现代环境法律治理中,已经不再仅仅针对客观的环境问题制定治理策略,而是更多地考虑调整相关主体的权利和义务,重视公众参与和协调发展的需要。将特定环境问题放在特定经济和社会条件背景下的探讨对环境问题的预防和解决才具有意义。[2]

由于生态环境问题与社会经济问题具有紧密联系,为了发挥环境行政处罚的环境保护功能,就需要在环境行政处罚裁量活动中纳入社会经济因素的考量。并且,作为具有经济人和公共人双重属性[3]的环境行政机关,其在进行环境行政处罚的裁量过程中,就具有考虑经济和社会因素的合理动机。[4] 但是,社会和经济因素的认知,以及协调它们和生态环境因素之间的关系等,都是非常复杂的价值判断过程。做出此类价值判断的人必须具有丰富的信息来源和高度的专业知识,才能够在正确的事实判断之后,推导出正确的价值判断。由于生态环境问题紧密联系着社会经济问题,作为环境治理一环的环境行政处罚,需要在裁量活动中引入社会经济因素的考量。这对执法者提出了更为全面的要求。在判定环境违法情节时,执法

---

[1] 参见巩固:《环境法律观检讨》,《法学研究》2011年第6期,第70页。
[2] See Alice Kaswan, "Environmental Justice and Environmental Law", 24: 2 *Fordham Environmental Law Review* (2013) 149: p. 169.
[3] 参见戴昌桥:《行政官僚行为动机理论的历史演化及其特质——基于人性假设视角分析》,《湖南科技大学学报(社会科学版)》2009年第1期,第70—71页。
[4] See Barbara French, J. Stewart, "Organizational Development in a Law Enforcement Environment", 70 *FBI Law Enforcement Bulletin* (2001) 14: p. 19.

者不仅需要考虑生态环境因素,也要考虑相关的环境损害性影响所可能涉及的社会和经济因素。通过对各种因素的综合衡量,实现对利益均衡的追求和把握。在建构环境行政处罚裁量的过程中,需要认识到对社会经济因素进行价值判断的必要性,并通过裁量基准中裁量因素及其权重的设置,引导执法者做出尽可能正确的价值判断。

二、情节细化技术合理性的建构

在环境行政处罚裁量基准中,情节细化的技术内容主要涉及行政处罚裁量中对不确定法律概念的解释。为了应对实际问题的复杂性,环境立法在大多数情况下,仅规定违法行为的最主要的情节,如"超过水污染物排放标准或者超过重点水污染物排放总量控制指标排放水污染物",但是仅仅按照字面的情节很难实现行政处罚的平等对待。实际上,仅就超标排污这一违法行为而言,它不仅涉及生态环境利益或生态环境因素的内容,还涉及社会经济利益或社会经济因素的内容,应当在综合考虑二者的基础上,进行裁量以实现均衡。在这种情况下,环境立法实际上是将情节的解释权赋予了执法者,执法者在环境行政处罚裁量时必须根据实际情况和立法旨意,合理地解释这些不确定法律概念,才能做出对法律效果的判断。环境行政处罚裁量基准中情节细化的内容正是针对这一问题做出的规定,在这方面需要探讨的问题是如何合理地将预先裁量过程和结果转化为情节细化的内容。

裁量基准的情节细化技术,具有较为结构化的制定模式,这一模式可以归结为"裁量因素+判定标准"。在这一技术结构下,裁量因素是执法者对于特定违法行为选取的一些能够代表该行为某种特点或违法性的事项;而判定标准是能够判断情节轻重程度的一种指标。裁量基准与其判定标准之间是具有一定内在联系的。比如将"(污染物排放)超标情况"作为一项裁量因素的话,一般需要将"超标倍数"作为情节严重程度的判定标准。同时,裁量因素的规定不仅包括主客观因素本身的规定,而且还包括这些因素在完整的裁量过程中影响程度的规定。因此,在准确把握环境行政违法行为情节判定特点的前提下,裁量基准情节细化的技术合理性取决于裁量因素的合理选择以及其判定标准的合理设定。

（一）裁量因素及其权重的选择

裁量因素及其权重的选择，本质上是利益平衡的结果。行政裁量的合理性遵循行政均衡原则，而在环境法中行政均衡包括了生态环境利益和社会经济利益的均衡，这使得环境行政处罚裁量基准必须考虑对生态环境和社会经济利益的均衡。这一均衡在裁量因素选取中的体现，则是情节细化的技术合理性要求。

在这一逻辑下，应当参与环境行政处罚裁量平衡过程的因素必须能够较为全面地代表或反映生态环境利益和社会经济利益，而且这两方面的因素缺一不可，若缺其一则平衡将失去意义，环境行政处罚裁量将失去可持续发展的品格，彻底变为一种利益对另一种利益的压制。因此，我们可以大致将环境行政处罚裁量基准中的裁量因素分为代表生态环境利益的因素和代表社会经济利益的因素，但我们很难在理论框架中准确而详尽地列举每一类中所包含的具体裁量因素，这是因为：

一则环境问题非常复杂，不同类型、种类的环境问题彼此之间差别很大。夜间施工造成噪声污染的违法行为所涉及的生态环境利益与社会经济利益，与建设项目未经环评而擅自开工建设的违法行为所涉及的生态环境利益与社会经济利益具有明显的差别，相应的裁量因素也存在很大差异。

二则对于环境违法行为的裁量因素具有较强的经验性。在我国环境行政处罚裁量基准的制定实践中，裁量因素的选取在很大程度上是基于执法经验的总结。执法者的专业知识、技能和经验使其对特定环境违法行为在现实中的情况有较为直观、准确的判断，在行政均衡理论的指导下，能够合理地完成具体的选取裁量因素的任务。

因此，环境行政处罚裁量基准制定者的预先裁量活动向情节细化内容的转化路径是，制定者凭借作为执法者的专业知识和经验，从利益分析的视角，根据特定违法行为在现实生活中的可能情形，分别识别出代表生态环境利益的裁量因素和代表社会经济利益的裁量因素。由此可见，这一过程实际是裁量中的生态环境利益和社会经济利益向裁量因素的具体化、外观化的表达过程。

裁量因素的权重，是在已经确定了裁量因素的基础上，为各裁量因素分配其对裁量结果的影响程度。由于在环境行政处罚裁量基准中，裁量因素是对生态环境利益和社会经济利益的体现和表达，那么对裁量因素的权衡，则在很大程度上等同于对生态环境利益和社会经济利益的衡量，而裁量因素权重的赋予，则是对这一利益平衡结果的体现。因此，在合理的裁量活动中生态环境利益和社会经济利益的平衡结果，也就是两种利益在特定条件下的均衡状态，是经由裁量因素权重的形式固定在环境行政处罚裁量基准的规则中的。

总之，裁量基准所选取的主客观裁量因素能够较为全面地代表环境违法行为所可能影响的利益类型。在环境处罚裁量中应当对不同利益类型综合考虑，而不能将裁量活动变为一种利益对另一种利益的压制。在确定了裁量因素种类之后，则涉及对裁量权重的赋予。为了更为全面、准确地反映客观情况，裁量基准一般规定有多种裁量因素，这使得裁量因素权重的问题比较重要。裁量活动是对利益的平衡，而裁量因素的选取仅完成了对所要平衡的利益类型的筛选，裁量因素权重的赋予则是对平衡状态的确认。裁量基准在情节细化技术中，通过对每种裁量因素赋予不同的权重，实现对不同裁量因素所代表的不同利益类型的平衡。如前所述，行政裁量中不确定法律概念的解释与法律效果的选择之间具有非常紧密的联系。环境行政处罚裁量基准通过列举裁量因素及其权重建构了解释不确定法律概念的裁量环节，而对于特定的个案来讲，裁量因素的权重一旦确定则能够得出较为清楚的处罚效果，仅为执法者留有在很小的幅度范围内选择最终处罚效果的权力。

在我国环境行政处罚裁量基准的实践中，除了仅规定单一裁量因素的情形（这是本书所反对的，因为难以反映实际情况，缺乏建构功能，同时与《指导意见》不符），一般都以不同的形式规定有裁量因素的权重，一般而言有三种方式：一是并不单独列明裁量因素的权重，而隐含在对于不同裁量因素之间组合的严重程度之中；二是单独以百分比的形式列明裁量因素的权重，这一百分比一般被称为"裁量比例"，是指该裁量因素的判定结果在多大程度上影响总体情节的严重程度；三是以分数加成的方式体现裁量因素的权重，是指裁量因素的判定结果若出现在案件中则为方程加上相应的数值以增加总体情节的严重程度，最终由这些数值的求和方程的结果所对应的严重程度来确定处罚效果。这种方式为《指导意见》所采纳，可以视为今后我国环境行政处罚裁量基准的实践发展方向。在后两种方式下，环境行政处罚裁量基准甚至不需要额外规定格次划分，因为，无论是百分比还是数值都可以通过一定的计算方式计算处罚数额。

总之，将环境行政处罚裁量过程合理转化为裁量基准规则的方式，是将环境行政处罚裁量实体内容合理性的要求，即生态环境利益与社会经济利益的均衡融入裁量基准的规则之中，主要体现在裁量因素的选取和裁量因素权重的赋予。一方面，根据违法行为的实际情况，全面选取能够体现生态环境利益和社会经济利益关切的裁量因素；另一方面，将预先裁量中对生态环境利益和社会经济利益的衡量结果，以裁量因素权重的方式表现在裁量基准之中。

（二）判定标准的设定

判定标准的设定，在外观上往往表现出技术性的特点，但其中仍有价值上的考量。比如对于超标排污违法行为来说，同样是以"超标倍数"作为裁量因素，"超标 0.5 倍以上 1 倍以下"和"超标 2 倍以上 3 倍以下"都可以作为违法情节严重程度"一般"的判定标准，但对于特定违法行为来说，根据两种裁量基准所得出的处罚效果则可能有很大差别。因此，判定标准直接影响着违法行为处罚效果的选择。虽然判定标准一般表现为技术性的数值，但是在判定标准的设定上存在深层次的价值衡量。地方的生态环境条件、社会经济条件都对判定标准具有一定的影响。比如生态环境条件如果对此类违法行为较为敏感，则判定标准要更严格；如果考虑地方行业类型、能源结构、收入水平等社会经济因素，则可能需要根据实际情况适当调整判定标准。在这个意义上，裁量因素判定标准的设定中也存在对生态环境与社会经济利益的衡量。

由此可见，裁量基准情节细化的技术合理性要求，裁量因素及其权重的选取以及判定标准的设定要综合考虑生态环境利益和社会经济利益之间的平衡，并寻求将这种平衡转化为情节细化的规则内容。这也符合我们对裁量基准制度实践的认知。在实践中，执法者通过总结执法经验设定裁量因素及其判定标准，而作为具有经济人和公共人双重属性的执法者本身就具有在裁量活动中考虑生态环境因素和社会经济因素的合理动机，因而在执法实践中也实际上考虑了两方面因素的综合与平衡。

第三节 效果格化技术

在我国现行环境行政处罚裁量基准的技术结构中，效果格化具有与情节细化并重的地位。与要件裁量一样，预先裁量活动中的效果裁量向裁量基准规则的转化，也同样影响着环境行政处罚裁量基准内容的合理性。但在《指导意见》所采取的技术表达模式中，已经没有了明显的效果格化内容，而是以计算裁量因素权重的方式直接得出处罚结果。在这一背景下，效果格化技术的式微似乎在所难免，或将以另一种形态存在。在此有必要反思效果格化技术在环境法领域的式微，以及它未来的发展方向。

一、效果格化技术的式微

效果裁量，在本质上来讲，是在要件裁量的基础上进行适当选择法律效果的判断过程，要件裁量的结果在很大程度上已经限制了其选择范围。在环境行政处罚裁量基准的技术结构中，裁量活动的价值衡量过程在很大程度上是通过情节细化来表现的，而效果格化一般只具有形式上的意义。因此，有些学者认为，效果格化是价值无涉的，运用数学、统计的技术就可以完成。[1] 在实践中，效果格化技术的运用在很大程度上取决于技术表达模式的选择。《指导意见》通过计算裁量等级得出处罚效果，这与通常意义上的效果格化技术有所区别。可以预见的是，在《指导意见》的指引下，未来一段时间我国环境行政处罚裁量基准在制定过程中将注重情节细化技术，而简化效果格化技术。效果格化技术的式微似乎在所难免。

实际上，《指导意见》并非严格排斥效果格化技术，而是在一定程度上包含了效果格化的技术要素。《指导意见》对裁量因素设定了从1到5的五个裁量等级，并将裁量等级数值代入数学公式中计算，计算出的处罚效果也是在划分处罚幅度基础之上的。目前生态环境部尚未给出明确的数学公式，只是将计算方法描述为"二维叠加函数计算法"，思路是在二元

---

[1] 参见周佑勇：《行政裁量基准研究》，中国人民大学出版社2015年版，第108页。

模型函数中代入总共性基准数值和总个性基准数值计算行为等级的数值，根据行为等级的数值计算处罚金额。这种算法实际上是用行为等级将法定处罚幅度划分为若干格次，根据具体案件的行为等级数值确定该案处罚金额所处格次。因此，《指导意见》对裁量等级的设定技术可以被视为效果格化技术的一种类型。有鉴于此，本节更为确切的说法是，效果格化技术仍将继续存在，但必须改变原有的形态。

效果格化技术的存在是裁量行为的内部构造使然。情节细化与效果格化的关系可以对应于要件裁量与效果裁量的关系。一般来讲，裁量行为内部构造中的要件裁量与效果裁量具有紧密的联系，在我国司法审查中也不做严格的区分。由于裁量基准技术构造的特点，我们还是以此种区分方法来认识裁量过程。实际上，在要件裁量给定的情况下，效果裁量的选择范围就基本能够确定。根据裁量因素及其权重判断案件情节后，就基本能够判断出所应判处的法律效果的大致范围。在效果裁量通过效果格化技术向裁量基准的规则转化时，并不一定是以"格次"的形式表达效果裁量的范围，在一些地方的裁量基准实践中，这一处罚数额的范围依托该范围的中间值，也就是所谓的基础数值，这一数值由计算公式得出。因此，情节细化技术在一定程度上就能够为效果格化技术建立基础，使得格次划分一般只具有形式意义，而较少涉及价值层面的考量。这就是导致效果格化技术日渐式微的主要原因。

二、效果格化技术合理性的重构

效果格化技术虽然对于价值考量的依赖相对较少，但并非是绝对的价值无涉。它所涉及的价值在层次和角度上与情节细化不同。对于情节细化技术来说，其技术合理性在于对裁量活动中利益均衡的准确把握和表达；而对于效果格化技术来说，则是寻求通过这一技术实现某种制度目的。在这一认识基础上，可以重新建构效果格化技术的合理性，使之符合《指导意见》发布之后的环境行政处罚裁量基准发展。

对于效果格化技术来说，为实现裁量基准的制度目的，应受到某些方面价值考量的影响。效果格化技术的合理性要求对这些方面价值考量的综合融入。一般来讲，这些在效果格化中应当引入的价值考量，主要来自三个方面：环境立法的倾向性要求、个案的现实需要、控权严格程度。

(一) 环境立法的倾向性要求

立法旨意对效果格化中格次划分的影响主要在于立法的从重处罚倾向和从轻处罚倾向。环境行政处罚裁量是执法者依据立法的授权和旨意，在个案中做出选择和判断的活动，因此合理的环境行政处罚裁量基准应当符合环境立法的旨意和倾向。

我国在很长一段时间环境违法行为都得不到有效遏制，这其中既有经济发展与环境保护矛盾激烈的问题，也有环境法律规定与时代脱节的问题。在《环境保护法》2014年修订以前，我国法律法规对于环境违法行为的处罚力度相对较小，而违法者通过违法行为所能够获得的利益在很多情况下超过或远远超过法律法规所规定的最高罚款额度。违法成本过低甚至造成了理性违法情况的发生，使公权力难以保障环境权利，不符合给付行政的精神。近年来的环境立法工作，体现了环境立法加大违法成本的立法倾向。在《环境保护法》修订以后，新修订的法律法规大多都加大了法律责任的处罚额度。环境立法的修订情况，直观地表明了加大违法成本的立法倾向。在这一立法背景下，执法者在实际的裁量活动中应考虑提高违法成本的目的。对于规范执法者裁量行为的裁量基准来说，则要将这一立法要求进一步固定为规则的形式，这一工作可以通过效果格化技术来完成。

在环境行政处罚裁量基准中，效果格次的划分影响着法律效果的选择。为了体现环境立法加大违法成本的立法倾向，在一些情况下环境行政处罚裁量基准中的效果格次划分可以做出适当变化。具体的方法是，将轻情节的格次范围加大。例如，对于"十万元以上—百万元以下"的处罚幅度，若按照"很轻、较轻、一般、严重、极为严重"五个标准来划分，则"一般"判定标准所对应的基础值大致为50万元，如果加大轻情节的格次范围，那么"一般"判定标准所对应的基础值则会高于50万元。也就是说在这种情况下，环境行政处罚裁量基准对于违法严重程度"一般"的违法者加大了处罚力度，体现了当前时期环境立法的加大违法成本的立法倾向。

有必要说明的是，生态环境问题是与社会、经济问题紧密联系的，在社会发展的不同阶段，生态环境问题会有不同的变化，对人类生活会产生不同影响，相应的环境立法也会有不同的立法倾向，因而环境立法并不是一味地表现为从重处罚的立法倾向。

（二）个案的现实需要

立法授予执法者行政处罚裁量权的基本原因是在个案中追求实质正义。而个案的实质正义基于执法者针对个案实际情况进行的判断。法律和行政裁量基准的规则主义局限性在于，它们的规定具有保守性而时效性较为欠缺，同时由于制定者并没有绝对的预见力，使得规则内容中的不确定法律概念及其细化标准难以涵盖社会现实生活中违法行为的所有情形。因此，作为规则与裁量之平衡的裁量基准有必要为执法者留有裁量的余地。裁量基准的效果格化技术必须考虑这一需求，为执法者在效果格次内自主选择处罚效果留有余地，使其能够根据实际情况追求个案正义。效果格化技术的合理性要求其必须考虑执法者在个案中追求实质正义的实际需要。

通过效果格化技术为执法者保留裁量空间，最主要也是最直接的做法是扩大格次范围。但是在法律法规所规定的处罚范围一定的情况下，裁量基准所划分的各个格次之间彼此关联，共同组成周延的处罚范围。某一特定格次范围的扩大意味着其他格次范围的缩小。因此，运用效果格化技术突破均等分格次的划分方法必须基于充分的理由。个案裁量的实际需要就是这样一个正当的理由。如果一种环境违法行为的某一具体情形在现实中表现得较为复杂或者发生频率较高，那么执法者就需要较大的裁量空间，以便在个案中追求实质正义。在这种情况下，该违法情形所对应的效果格次范围可以适当放宽。例如，对于偷排污水的违法行为来说，可能存在借助暗管向地下排放污水的情形，根据情节细化技术可以被判定为"一般"的情形，如果在执法过程中发现，这种情形较常出现，而且案件情况较为复杂，"暗管"的具体形式、所排放的地下水环境等许多因素都存在多样性，那么就要放宽"一般"情形下的效果格次，为执法者留有更大的裁量空间，以便在个案中能够依据实际情况做出更合理的判断。

（三）控权严格程度

环境行政处罚裁量基准中情节的细化程度在很多情况下直接影响着效果格次的细化程度。

由于效果裁量受制于要件裁量结果的特性，效果格次在技术结构中是居于次要地位的，裁量基准的规则与裁量间的平衡主要体现在情节的细化程度方面。但是效果格化（排除特殊情况），也是裁量基准技术结构中的一个组成部分，应当通过合理的格次划分体现裁量基准整体的规则与裁量的平衡。具体而言，如果情节标准的细致程度高，则效果格次的划分应当更细密。一个典型的例子是，在《北京市环境保护局行政处罚自由裁量基准（2018版）》中将情节划分为3个大类8个小类，每一小类有4个判定标准，总共分为32个格次，格次范围大多较小。

总之，效果格次划分受到诸多因素的影响，在实践中，这些因素可能对效果格次划分具有不同方面的要求。合理的效果格次的划分应当协调与融合这些因素及其要求，将执法者预先裁量活动的效果裁量部分合理、准确地体现在环境行政处罚裁量基准的规则之中。

裁量基准作为一种行政自制手段，虽然理论上尚存在一些争议，但在实践中的广泛运用及其实际效果是不容置疑的。在《指导意见》发布以后，我国未来一段时间内环境行政处罚裁量基准的发展路径已经能够基本确定。在此时开展对裁量基准技术合理性的探讨具有现实必要性。

裁量基准作为一种软法规范，灵活性、有效性是其主要特点。其技术结构也必然是灵活变化的，但其技术合理性问题却是万变不离其宗的。无论是裁量基准的技术表达模式，还是裁量基准制定技术的内部构造——情节细化技术和效果格化技术，其合理性的基础都在于控权功能的实现。判断裁量基准制定技术是否具有合理性的最主要依据是是否有利于控制裁量权。裁量基准作为规则与裁量之间的一种平衡，其对裁量权的控制处于"过"与"不及"之间的微妙状态，控制过于严格则可能构成对裁量权的剥夺，控制过于松弛则达不到制度预期。这种理念也反映在裁量基准制定技术的合理性问题中。本书在这一认识基础上，进行了情节细化和效果格化的技术合理性理论建构，并提出构成因素模式是目前"更优"的技术表达模式选择，但应辅之以较为灵活的适用规则。

第五章
环境行政处罚裁量基准的规范化适用

环境行政处罚裁量基准在发布施行后,由基层执法者在执法活动中进行适用。学界对于行政处罚裁量基准的适用规则研究明显不足,在很多情况下只是在对裁量基准的性质、内容合理性等问题的探讨中提及实践应用的问题,而较少专门的探讨,遑论更为特别的环境行政处罚裁量基准的适用规则。我们应当看到,裁量基准本质上是规则与裁量之平衡,这一质的规定性赋予其适用规则以平衡的理念。其突出地表现在,执法者需要根据实际情况灵活适用裁量基准,而不是机械地适用;在特殊情况下,执法者可以提出其他处罚理由,脱离裁量基准做出处罚决定。这一适用规则既保障了对执法者裁量活动的控制,又为执法者根据实际情况追求个案正义保留了裁量空间,体现了规则与裁量间的平衡。但是,如何更为具体地设计这一适用规则尤其关键,如果设计得不恰当,则可能无法防止自由裁量权滥用,违背裁量基准的控权初衷。一方面,执法者过于谨慎或者忽视运用裁量基准为其保留的这部分裁量权,则会不利于对个案实质正义的追求;另一方面,执法者错误运用这部分裁量权,甚至随意脱离裁量基准,无视这一制度的约束力,则会造成裁量基准的虚置化,削弱应有的控权功能。我国制度实践中的这种"过"与"不及"的尴尬,在一定程度上,可以归结为裁量基准适用规则本身存在缺陷,而不适应生态环境保护工作的现实需要。《指导意见》所给出的参考基准采取的是计算公式形式,通过适用可以得出确定数值的处罚金额,但这有导致机械裁量的隐患。对此,有必要重新审视裁量基准的适用规则,并探讨发挥裁量基准"原则之治"的特点,运用环境法基本原则优化裁量基准的适用规则。

第一节 行政裁量基准的适用规则及其缺陷

在行政处罚裁量基准适用规则中，仍然为执法者保留追求个案正义所必要的裁量空间，那么执法者是否以及如何运用这一部分裁量权，直接影响行政处罚裁量基准的控权功能。一方面，执法者过于谨慎或者忽视运用这部分裁量权，则会阻碍在个案中对实质正义的追求；另一方面，执法者随意、非理性地运用这部分裁量权，尤其是随意滥用逸脱规则，则会使行政处罚裁量基准虚置化，削弱这一制度的控权功能。在我国行政处罚裁量基准的制度实践中，这两种情况都是普遍存在的。制度实践中的这种"过"与"不及"的尴尬，归根结底，是由于行政处罚裁量基准的适用规则本身存在缺陷，或者说在规范执法者在行政处罚裁量基准制度下的裁量活动方面，这一适用规则还不够完善。

一、一般情况下的适用规则及其缺陷

(一) 一般情况下的适用规则

1. 适用的基础：对内效力

我国各地方制定的行政处罚裁量基准一般以行政通知的形式下发给各基层单位，由各基层单位在实际的执法活动中予以适用。从这一点来说，行政处罚裁量基准具有内部效力。[1] 但是行政处罚裁量基准并不是法规范，脱离裁量基准的行政处罚行为并不当然违法，[2] 但是却可能面临行政机关的内部追责。在这一意义上来说，行政处罚裁量基准可以归为一种软法，对基层执法者，同时对行政相对人，都有事实上的约束力。

行政处罚裁量基准的对内效力来源于我国行政科层制系统内部的指挥监督权。[3] 在我国行政体制下，行政机关之间具有行政隶属关系，上级行

---

[1] 参见周佑勇：《建立健全行政裁量权基准制度论纲——以制定〈行政裁量权基准制定程序暂行条例〉为中心》，《法学论坛》2015年第6期，第12页。
[2] 参见王天华：《裁量标准基本理论问题刍议》，《浙江学刊》2006年第6期，第128页。
[3] 参见周佑勇：《行政裁量基准研究》，中国人民大学出版社2015年版，第72页。

政机关对下级行政机关具有指挥监督权。在这一权利义务关系中，下级机关有义务服从和执行上级机关的命令和决定。行政处罚裁量基准作为上级机关发布的一种行政内部规则，通常以行政通知的形式下发到各下级机关，具有行政命令的性质。因此，它对于下级机关来说，具有当然的约束力。我国行政处罚裁量基准的制度实践普遍采用了这一做法，如天津市环保局2016年在印发《常见水环境违法事实裁量基准（试行）》的通知中明确要求各区县环保局、局机关各处室、有关直属单位"遵照执行"。但是也存在一些例外的情况，如有的省级生态环境部门在印发环境行政处罚裁量权基准的通知中，要求各市级生态环境部门"参考"。行政通知中用词上的差别体现了制定部门对于其所制定的行政处罚裁量基准的适用严格程度的不同要求，也为相关裁量基准赋予了不同强度的内部约束力。在前者语境下，上级机关的裁量基准对下级机关具有较为严格的约束力，要求在实际执法活动中予以适用；而在后者语境下，上级机关的裁量基准仅是为下级机关的执法活动提供参考，下级机关可以在实际执法活动中或在制定本级裁量基准时予以参考。总的来说，行政处罚裁量基准对于基层执法人员具有约束力，这一约束力来源于法律所规定的上下级行政机关之间的权力关系。

行政处罚裁量基准对内效力的实现还取决于一系列保障机制，如行政机关的内部考核、责任追究等自我约束机制，这些机制在现实生活中对基层执法者甚至能够起到比法律更有效的拘束力。[1] 在实践中，一些地方为保障行政处罚裁量基准的实施，规定了具有针对性的考核办法，对于不执行相关行政处罚裁量基准的基层执法人员的行为记入档案并记分；[2] 还有一些地方在监督机制中将行政处罚裁量基准的制定和执行情况作为监督内容。[3] 这些内部约束机制保障了行政处罚裁量基准在行政机关内部的有效实施。

2. 在行政处罚中的角色：作为处罚理由

为了理解行政处罚裁量基准在行政处罚中的适用规则，我们需要对其在行政处罚过程中所扮演的角色有一个清晰的认识。通过对行政处罚行为

---

[1] 参见余凌云：《行政自由裁量论》（第三版），中国人民公安大学出版社2013年版，第353页。
[2] 如《淄博市规范行政处罚自由裁量权工作实施方案》（淄政办发59号）。
[3] 如《成都市规范行政执法自由裁量权实施办法》（成都市人民政府令第185号）。

的观察，我们可以发现执法者在适用裁量基准时，实际上是将裁量基准作为处罚理由来使用的。[1] 一方面裁量基准预设了处罚理由，形成了对行政机关的自我约束；另一方面行政相对人和司法机关可以通过裁量基准了解行政机关做出具体行政行为的理由。

首先应当明确的是，在我国现行行政处罚裁量基准制度下，裁量基准主要解决的是罚多少的问题，而不是解决罚与不罚的问题。也就是说，行政机关对裁量基准的适用是在量罚环节，依据裁量基准判断违法行为在不同情节下的处罚效果。行政机关在适用行政处罚裁量基准进行行政处罚的过程中，实际上也同时公开了做出该行政处罚行为的理由。反之，在没有行政处罚裁量基准的情况下，行政机关的行政处罚行为往往更像是"暗箱操作"，主观性和随意性较大。行政处罚裁量基准通过公开处罚情节、判定标准和处罚效果，使行政机关自由裁量权的运行过程变得透明化，对自由裁量权的行使起到了约束作用。

从行政相对人和司法机关的外部视角，可以更为清晰地认识行政处罚裁量基准在行政处罚中作为处罚理由的角色定位。

就行政相对人来说，行政处罚裁量基准在法律规定的范围内为其提供了一个相对确定的预期。通过将自身可能的违法行为与裁量基准中违法情节的细化规定进行直观的对照，潜在的行政相对人可以预知一个相对确定的受处罚幅度。同时，在受到行政处罚时，行政相对人可以借由行政处罚裁量基准了解行政机关做出该行政处罚的具体理由，并可以依法做出更具有针对性的陈述和申辩。由此可见，从行政相对人的视角来看，行政处罚裁量基准是行政机关的行政处罚所依据的理由，行政相对人可以通过行政处罚裁量基准预测和理解行政机关的行政处罚行为。

就司法机关来说，行政处罚裁量基准并不能作为行政机关的执法依据，而是一种行政机关证成自身行政行为合理性的理由。[2] 虽然我们往往在表述中使用"行政机关依据相关行政处罚裁量基准进行处罚"的语句，但是其中"依据"的含义与"执法依据"中的含义并不相同。这是因为，行政处罚裁量基准不是法规范，并不具有法律所具有的外部效力，其实施

---

[1] 参见王天华：《裁量标准基本理论问题刍议》，《浙江学刊》2006 年第 6 期，第 129 页。
[2] 参见周佑勇：《裁量基准的制度定位——以行政自制为视角》，《法学家》2011 年第 4 期，第 2 页。

也没有国家强制力作为保障。因此，在对行政处罚行为进行司法审查时，司法机关一般不将行政处罚裁量基准认定为执法依据。但行政处罚裁量基准还是具有一定的在行政行为合理性上说服司法机关的功能。新修订的《行政诉讼法》将我国司法机关对行政行为的合理性审查从"显失公平"拓宽到了"明显不当"的标准。行政处罚裁量基准在合理性审查中对司法机关的说服功能体现在两方面：一方面，在制定有行政处罚裁量基准的情况下，行政机关予以适用并做出行政处罚行为的，司法机关一般据此认定该行政处罚行为是合理的，除非能够证明行政机关所适用的行政处罚裁量基准本身是不合理的；另一方面，在制定有行政处罚裁量基准的情况下，行政机关如果在行政处罚时没有予以适用且无正当理由，司法机关也可以据此认定该行政处罚行为是不合理的。[1] 由此可见，在对行政处罚行为的司法审查中，作为处罚理由的行政处罚裁量基准，是行政处罚行为合理性的证明。

因此，有的学者指出，就公开处罚理由来说，行政处罚裁量基准制度与说明理由制度体现出了内在的关联性，行政处罚裁量基准制度发挥了说明理由制度的功能。[2] 总之，无论从行政机关的内部视角，还是从行政相对人和司法机关的外部视角，行政处罚裁量基准在适用中一般是作为处罚理由在发挥作用。

3. 适用中的操作规则

行政处罚裁量基准以情节细化和效果格化为技术结构，基于这样的技术结构，在实际操作中，执法人员首先根据案情判定情节、确定格次，然后在效果格次内适当选择最终处罚效果。

（1）根据案情判定情节、确定格次。由于行政处罚裁量基准具有一定的技术性，执法者在适用裁量基准进行行政处罚时，具有相对结构化的一系列具体操作方法，这些具体操作方法也作为适用规则内含在行政处罚裁量基准制度框架中。行政处罚裁量基准以情节细化和效果格化作为其技术结构，因此，裁量基准适用中的具体操作规则也主要解决的是执法者如何根据个案的实际情况判定违法情节的有无、轻重，以及如何根据情节的判定结果确定该行政处罚的效果格次。

---

[1] 参见周佑勇：《裁量基准的正当性问题研究》，《中国法学》2007年第6期，第28页。
[2] 参见王天华：《裁量标准基本理论问题刍议》，《浙江学刊》2006年第6期，第129页。

在确定了单位和个人特定环境行为违法并且应当承担行政责任的前提下,才涉及适用行政处罚裁量基准的问题。在适用时,执法者首先要依据裁量基准中所规定的情节细化的内容对违法者的行为进行进一步的判断,依据裁量因素及其判定标准,确定违法行为的情节轻重。比如对于超标排放大气污染物的违法行为,在确定行为人违法并应当负行政责任的情况下,依次考虑行政处罚裁量基准中所规定的"超标倍数"等裁量因素,根据各裁量因素的判定标准,如"超标倍数"的判定标准为"1倍以上2倍以下""2倍以上4倍以下""4倍以上"等,确定情节的轻重。

在根据细化后的情节对违法行为进行判定之后,则可以通过一定的方式得出效果的格次。就我国现行的行政处罚裁量基准制度的两种主要模式来讲,在列举标准模式中一般可以通过情节的判定直接对应到特定的效果格次,效果格次为一个相对较小的处罚幅度区间。在构成因素模式下一般需要通过计算的方法,将情节判定结果作为变量,裁量权重或裁量比例作为常量,从而得出一个确定的处罚数额,这一数额在严格意义上讲并不是一个"效果格次"。但是鉴于我国行政处罚裁量基准在效果格化中广泛地采用基础值法,[1] 即便是列举标准模式所得出的处罚幅度区间,也是从一个确定的数额开始的,因此也可以认为构成因素模式在处罚效果的细化上,采用了效果格化的技术。

(2) 在效果格次内适当选择处罚效果。根据行政处罚裁量基准确定的处罚效果格次,并不等于最终的处罚效果,执法者在适用行政处罚裁量基准的过程中,可以在确定的效果格次内围绕基础值选择最终的处罚效果。正如有的学者所说,对裁量基准的适用应当将裁量基准视为一个基础轴线,实际的行政裁量要围绕该轴线"因时、因地、因势地上下微微摆动,就像鱼儿一样优雅自如地游动"[2]。虽然上述说法并不是针对效果选择而言,而是在更广泛的意义上讨论裁量基准的灵活适用包括逸脱适用的问题,但是这一比喻也可以较为形象地反映执法者在效果格次中确定最终的处罚效果的行为过程。总之,在适用裁量基准的情况下,执法者依然享有在适当范围内选择最终处罚效果的裁量权。[3]

---

[1] 参见周佑勇:《行政裁量基准研究》,中国人民大学出版社2015年版,第108页。
[2] 余凌云:《行政自由裁量论》(第三版),中国人民公安大学出版社2013年版,第356页。
[3] 参见周佑勇:《行政裁量基准研究》,中国人民大学出版社2015年版,第125页。

这一在适当范围内进行选择的裁量权是规则与裁量相平衡的结果。行政处罚裁量基准的目的是控制裁量权而非剥夺裁量权，裁量基准在以规则实现建构、限定和约束裁量权的同时，也为执法者根据实际情况追求个案实质正义留有必要的空间。这是因为，裁量基准的规则难以适应不断变化的社会生活，也无法将当前和未来所有与行政处罚裁量相关的考虑因素都规定为情节细化的内容。这是以规则主义为外观的行政处罚裁量基准固有的制度缺陷。同时，执法者获得法律授予的根据个案的实际情况追求实质正义的裁量权，也是出于法律作为规则所具有的局限性。因此，行政处罚裁量基准制度为执法者保留了在适当范围内根据实际情况选择最终处罚结果的自由，而这一适当范围是根据效果格次来确定的。

所谓"适当范围"，在列举标准模式中，就是以一定处罚幅度范围为内容的效果格次；而在构成因素模式中，是以计算结果为基础值"上下摆动"的适当范围。由此可见，在构成因素模式下，并没有清晰的"适当范围"的界定，需要更进一步地明确"适当范围"中"适当"的含义，而这一概念是比较模糊的。在我国行政处罚裁量基准的制度实践中，执法者在适用构成因素模式的裁量基准时，一般直接以计算后的数值作为处罚结果，因此也就不涉及对于"适当范围"的界定。这是实践中执法者的习惯做法。这一做法实际上是执法者放弃了自身所享有的这部分裁量权，甚至很多情况下，执法者都没有意识到在行政处罚裁量基准的这种制定模式下，作为基层执法者仍有选择最终处罚结果的权力。这一习惯做法虽然规避了"适当范围"的界定问题，但是却不利于执法者在个案中追求实质正义。它实际上是以裁量基准制定者的裁量代替了执法者的裁量，虽然能够保证地区内处罚理由的统一性，但是却无法根据个案实际情况做出灵活的应对，使得执法者自身的裁量变为一种机械裁量，成为一种受到裁量基准羁束的行政行为。[1]

总之，执法者在行政处罚活动中有必要相对灵活地适用行政处罚裁量基准，运用好裁量基准为执法者保留的在适当范围内决定最终处罚结果的裁量权。归根结底，行政处罚裁量基准是把强裁量化为弱裁量，将广泛选

---

[1] 参见周佑勇：《裁量基准的制度定位——以行政自制为视角》，《法学家》2011年第4期，第10页。

择权削减为有限选择权。[1] 僵化、机械地看待及适用行政处罚裁量基准的规则,将造成规则与裁量之间的失衡,阻碍了对个案正义的追求。

(二) 存在阻碍实现个案正义的缺陷

从我国行政处罚裁量基准制度在实践中诞生开始,学界就对其机械适用问题保持了高度的警惕,"任何机械地、僵化地适用裁量基准行为,不顾执法效益和个案正义的做法,都是不能被接受的,都应当受到严厉的批判"[2]。但是在行政处罚裁量基准运动式发展以后,许多地方都建立了行政处罚裁量基准制度,执法者对行政处罚裁量基准的认识在很大程度上还不够清晰,倾向于机械地适用行政处罚裁量基准,而并不充分运用适用规则为执法者留有的裁量空间,这对于在个案中追求实质正义形成了阻碍。

造成执法者机械适用行政处罚裁量基准的最主要原因,可能在于执法者普遍对行政处罚裁量基准的制度定位认识不清。行政处罚裁量基准具有规则主义的外观,这在现实生活中与人们对法律的朴素认识具有相似性。在效力上,行政处罚裁量基准不仅具有内部效力,而且也可以通过执法者在个案中的适用或者司法审查而对行政相对人具有一定的外部效力。因而在很多现实情况下,行政相对人往往认为行政处罚裁量基准具有与法相同的效力,或者认为裁量基准就是"法";而执法者也普遍将上级机关制定的行政处罚裁量基准作为法律、法规来适用,而忽视了根据个案情况自主裁量的权力。在一些情况下,执法者对于行政处罚裁量基准中所列举的违法情节具有错误的认识,认为裁量基准的情节规定是穷尽相关因素的,除此之外都是在裁量过程中不可以考虑的不相关因素。但是,行政处罚裁量基准无论规定得如何细致,都不可能穷尽复杂社会生活的各种因素,这是这一制度的固有缺陷,或者说不穷尽列举相关因素是这一制度为执法者的个案裁量所保留的空间。在另外一些情况下,出于规避执法风险的考虑,执法者倾向于在执法活动中将行政处罚裁量基准的相关规定作为处罚理由,而不希望脱离裁量基准的规定来提出其他处罚理由。总之,种种因素导致了执法者在适用行政处罚裁量基准的过程中存在机械化问题,其中最主要的因素是执法者没有清楚地认识到在行政处罚裁量基准制度下,自身

---

[1] 参见余凌云:《行政自由裁量论》(第三版),中国人民公安大学出版社2013年版,第358页。
[2] 余凌云:《行政自由裁量论》(第三版),中国人民公安大学出版社2013年版,第358页。

仍然有一定的裁量空间来在个案中追求实质正义。

执法者机械适用行政处罚裁量基准的现实表现主要有两类：一类是直接将数学公式计算结果或基础值作为处罚结果，另一类是完全忽视逸脱规则。这两类表现形式实际上具有相同的特点，即忽视和不运用行政处罚裁量基准制度留给执法者的裁量权。第一类机械适用方式，错误地对待行政处罚裁量基准在一般情况下适用时的灵活操作规则。执法者通过行政处罚裁量基准的情节判定，可以较为容易地判断对于特定违法行为应予处罚的格次。这一处罚格次在列举标准模式下，可能表现为一个处罚区间；在构成因素模式下，可能表现为一个具体数值。对于最终处罚效果的选择，理论上要根据实际情况，灵活地在处罚区间内或围绕一个数值进行选择。但在实践中，执法者倾向于直接选择处罚区间的最大值/最小值或数学公式的数值结果作为最终的处罚效果，而不再根据个案情况灵活地选择最终处罚效果。第二类机械适用方式，相对于第一类来讲则表现得不明显，因为逸脱规则本身就是在发生概率较小的特殊情况下适用。一些执法者对于行政处罚裁量基准效力的理解比较绝对化，忽视了逸脱规则的存在，当发生适用裁量基准会使处罚明显不当的情况时，很难做出准确的应对。

执法者对于行政处罚裁量基准的机械适用，本质上是对行政处罚裁量权的怠于行使，严重不利于在个案中追求实质正义。这其中既有执法者不知在行政处罚裁量基准制度下自己仍有裁量权的因素，也有执法者不想冒执法风险行使这部分裁量权的因素，还有执法者不清楚如何合理运用这部分裁量权的因素。因此，解决机械适用的问题，重点应当在于为执法者建立一个合理运用这部分裁量权的理性模式。

二、特殊情况下的逸脱规则及其缺陷

（一）特殊情况下裁量基准的逸脱

1. 在特殊情况下逸脱的正当性

行政处罚裁量基准的逸脱是指，在特殊情况下，执法者出于立法目的和立法旨意的考虑，认为现有的行政处罚裁量基准中的相关规定不适合适用在特定个案中,而在行政处罚裁量的过程中脱离裁量基准。[1] 这一规则也可以称为行政处罚裁量基准的逸脱适用规则,属于个别情况下的行政处罚裁量基准的适用规则,是行政处罚裁量基准内部效力的一种例外。[2]

逸脱规则与裁量基准在一般情况下的适用规则中所包含的执法者在适当范围内灵活选择最终处罚结果的规则是有区别的。前者是执法者对是否适用相关裁量基准的裁量,而后者则是执法者在适用裁量基准的过程中,在裁量基准提供的范围内,对选择何种结果的裁量。它们虽然都存在执法者的自由裁量,但所适用的场合和条件不同,规则与裁量之间的平衡状态也就不同。虽然两个规则中都要求执法者"根据实际情况",但前者更强调情况的"特殊性",这一"特殊性"是就个案实际情况相对于裁量基准中所规定的一般情况而言的,并且应当达到一定的程度。

那么,执法者为什么可以在行政处罚中脱离裁量基准的规定?我们需要从两方面来探讨关于逸脱规则的正当性问题。

一方面,从行政处罚裁量基准的效力角度来看,其对内效力并不是绝对的,而是具有例外的情形。[3] 行政处罚裁量基准对执法者的约束力来源于其作为行政命令或行政规则而具有的在行政系统内的对内效力。但这种对内效力在很多情况下并不是绝对的,执法者违反裁量基准的规定做出的行政处罚并不当然违法。首先,在一些地方的行政处罚裁量基准或其所附的裁量规范中,明确地规定了在例外情况下,经由"集体讨论"等方式可以影响或脱离裁量基准的规定。[4] 但是,这种方式并未在《指导意见》中予以规定。其次,执法者的裁量权是立法所赋予的,目的是根据实际情况追求个案正义,当裁量基准的规定明显违背个案正义时,执法者有权基于立法的要求考虑实际情况脱离裁量基准的规定。最后,行政处罚裁量基准并不是法律,上级机关制定的裁量基准并不是要剥夺下级机关的裁量

---

[1] 参见周佑勇:《在软法与硬法之间:裁量基准效力的法理定位》,《法学论坛》2009年第4期,第15页。
[2] 参见吴兰:《论行政裁量基准制度——以法治政府的建立为视角》,《长白学刊》2010年第1期,第103页。
[3] 参见周佑勇:《建立健全行政裁量权基准制度论纲——以制定〈行政裁量权基准制定程序暂行条例〉为中心》,《法学论坛》2015年第6期,第12页。
[4] 如2016年《宁波市环保系统行政处罚自由裁量基准(试行)》,(甬环发〔2016〕1号)。

权,基层执法者在个案中因考虑实际情况而脱离裁量基准是具有权力基础的。[1] 在国外,"行政法认可使用指导方针、指令和手册等的正当性,因为它们建构着裁量运作,但同时也要求决定的做出者应当根据个案的需要,去逸脱这些指导方针,以避免裁量受到束缚"[2]。

另一方面,从行政处罚裁量基准作为处罚理由的角度上来看,如果执法者能够提出其他正当理由,则可以不采用裁量基准作为处罚理由。裁量权的行使并不是任意的,而是有其一定的判断标准,这一判断标准就是证成裁量权行使的正当性的理由。[3] 行政处罚裁量基准就是上级机关为裁量权的行使所预先设定的判断标准,符合立法授权目的的行政处罚裁量基准所设定的判断标准是能够作为行政处罚的正当理由的。如果执法者要脱离裁量基准的规定,也就是不使用其所设定的判定标准作为自身行政处罚行为的理由,那么就必须具有其他的正当理由。[4] 就此而言,逸脱规则中所说的"特殊情况"的"特殊性"达到一定程度,则可以作为一项理由,是否正当则要根据法律的授权目的和立法旨意来判断。[5] 对于行政机关做出行政处罚行为来说,可能存在多个正当理由,但不同的理由却可能导向不同的裁量过程和处罚结果。但只要行政机关具有不同于裁量基准的判定标准的其他正当理由,在予以说明后,则可以脱离裁量基准的规定,根据个案实际情况进行裁量。[6]

环境问题的复杂性和多变性加大了执法实践中对逸脱规则的需要。环境行政处罚裁量基准所预先设立的判断标准,尤其是有关环境要素的内容,受制于科学的局限性,在一些特定的区域、时间、物理条件下,其合理性将受到影响,甚至可能出现严重不合理或与立法目的相偏离的情况。在这些特殊情况下,执法者可以脱离环境行政处罚裁量基准的规定,针对特定环境下各环境要素的特点,以及与环境问题相关的社会经济问题的特

---

[1] 参见周佑勇:《行政裁量基准研究》,中国人民大学出版社 2015 年版,第 75 页。
[2] 周佑勇:《行政裁量基准研究》,中国人民大学出版社 2015 年版,第 75 页。
[3] 参见姜明安:《行政裁量的软法规制》,《法学论坛》2009 年第 4 期,第 8 页。
[4] 参见周佑勇:《在软法与硬法之间:裁量基准效力的法理定位》,《法学论坛》2009 年第 4 期,第 15 页。
[5] 参见周佑勇:《行政裁量基准研究》,中国人民大学出版社 2015 年版,第 76 页。
[6] 参见章志远:《行政裁量基准的兴起与现实课题》,《当代法学》2010 年第 1 期,第 74 页。

点，做出符合立法目的和旨意的行政处罚决定。[1]

另外，从司法审查的角度，也可以看到，目前我国司法机关，尤其是基层法院，对于行政机关逸脱行政处罚裁量基准的态度是比较保守的，在司法实践中十分尊重行政机关适用逸脱规则的自主性。[2] 总之，在特殊情况下，执法者可以根据实际情况，探求立法授权的目的和旨意，脱离环境行政处罚裁量基准的规定做出行政处罚行为。这一权力包含在执法者裁量权之中，上级机关制定的环境行政处罚裁量基准并不能当然地剥夺这一权力。

2. 逸脱规则的适用条件

行政处罚裁量基准制度的建立初衷是预防裁量权滥用，如果没有特殊情况，在执法过程中是不能离开行政处罚裁量基准的。[3] 允许执法者在行政处罚裁量中脱离裁量基准的逸脱规则，实际上是规则主义的一个例外，同时也为裁量权的滥用打开了口子。逸脱规则本质上是规则与裁量之间在特殊情况下达成的一种平衡，在这种平衡状态下裁量的空间得到了增大，甚至在某种意义上可以与制定裁量基准之前的裁量空间相提并论。因此，行政处罚裁量基准逸脱规则的适用，不可能是无限度、随意的，而是要满足一定的条件。

在我国现阶段行政处罚裁量基准制度下，与逸脱规则的适用具有紧密联系的主要是集体讨论制度和说明理由制度。集体讨论制度，就其在现实中的一般意义来说，是执法机关内部针对个案特殊情况进行的集体讨论，并不涉及多元共治意义下的集体协商、讨论和听证。说明理由制度，在行政处罚裁量基准语境下，是指执法机关在脱离行政处罚裁量基准的规定，根据个案实际情况做出处罚时，需要说明这样做的理由。由此可见，无论是集体讨论制度，还是说明理由制度，执法者都是为了探讨和证明在特定个案中适用逸脱规则的正当性，也就是说为了证明"个案特殊情况"是适用逸脱规则的正当理由。

所以，执法者在执法过程中适用行政处罚裁量基准逸脱规则的前提条件是，"个案特殊情况"使行政处罚裁量基准的规定不再适合于在特定个

---

[1] 参见章志远：《行政裁量基准的兴起与现实课题》，《当代法学》2010年第1期，第74页。
[2] 参见周佑勇：《行政裁量基准研究》，中国人民大学出版社2015年版，第168页。
[3] 参见余凌云：《行政自由裁量论》（第三版），中国人民公安大学出版社2013年版，第310页。

案中追求实质正义,而需要执法者具体问题具体分析,基于实际情况进行处罚。但这样的抽象表述仍不足以规范执法者在实际执法过程中对逸脱规则的适用。就目前的研究来看,学界通常只是原则性地规定"个案特殊情况"必须构成不同于裁量基准的其他正当理由,但这一认识在实践中很难用来判断特定个案是否属于"特殊情况"。[1] 在某种意义上,正是由于执法者普遍对"个案特殊情况"的概念认识不清,才造成逸脱规则的滥用问题。"个案特殊情况"不仅是适用逸脱规则的起点,而且也是在脱离裁量基准的规则后合理行使裁量权的基础。为了进一步明确执法者适用逸脱规则的前提条件,则需要厘清"个案特殊情况"的概念。所谓"个案特殊情况"具有以下内涵:

其一,"个案特殊情况"的考量因素应当是对违法行为进行行政处罚的相关因素。合理的行政处罚裁量应当考虑相关因素,不考虑不相关因素。行政处罚裁量基准通过对裁量因素的列举,促使执法者在执法过程中实现对相关因素的合理考虑。在脱离行政处罚裁量基准的情况下,不能保证执法者在个案执法过程中不受不相关因素的影响。因此,有必要首先明确,在考虑"个案特殊情况"时,应当考虑与违法行为相关的因素,而不得考虑不相关因素。

其二,"个案特殊情况"的特殊性应当达到一定的程度。行政处罚裁量基准通过将立法赋予行政机关的较大的裁量权以情节细化和效果格化的技术控制在一个相对较小的合理空间内,减小了法律适用的误差,使得相似的案件得到相似的处罚结果。而社会生活是纷繁复杂的,在很多个案中都会存在裁量基准规定以外的相关因素,完全按照裁量基准进行处罚,则必然在一定程度上忽视相关因素,这既是规则主义的固有缺陷,也是逸脱规则的价值所在。但并不是所有相关因素都会对行政处罚结果具有显著影响,过分强调裁量基准以外的相关因素,则可能造成逸脱规则的滥用。为了保证裁量基准在多数情况下能够发挥其控权功能,有必要强调逸脱规则下"个案特殊情况"的特殊性,相对来讲,较为普遍的裁量基准规定以外的相关因素则不能构成适用逸脱规则的理由。

其三,"个案特殊情况"的正当性来源于对授权法立法目的、旨意和

---

[1] 参见周佑勇:《建立健全行政裁量权基准制度论纲——以制定〈行政裁量权基准制定程序暂行条例〉为中心》,《法学论坛》2015 年第 6 期,第 12 页。

原则的探求。行政处罚裁量基准在执法过程中，扮演着执法理由的角色。在执法者逸脱裁量基准时，也就不以裁量基准的判断标准作为处罚理由，那么就应当具有并说明其他正当理由，或者证明"个案特殊情况"是不同于裁量基准判断标准的一项正当理由。[1] 行政处罚裁量并不是绝对自由的，而是要探求并遵循授权法的立法目的、旨意和原则；在个案中考虑"特殊情况"的正当性，要根据授权法的立法目的、旨意和原则来判断。执法者能够确定"个案特殊情况"正当性的前提，是执法者对授权法立法目的、旨意和原则的预先探求和掌握。这是逸脱规则得到妥善适用的基础，也是在适用逸脱规则后执法者裁量权不被滥用的根本保证。但是，鉴于环境法的特殊性，环境法的立法目的和原则与传统行政法的立法目的和原则之间存在一些关键的区别，或者说环境法的立法目的和原则对传统行政法的立法目的和原则进行了一定的改良。

总之，如果个案特殊情况需要的话，执法者可以脱离裁量基准，提出其他正当处罚理由。对于是否适用裁量基准的选择，其权力来源于行政裁量权，作为自制手段的裁量基准并不能当然地剥夺这一权力。

（二）存在削弱控权功能的缺陷

行政处罚裁量基准制度实质上是规则与裁量间的平衡，这一本质在逸脱规则的设置上体现得尤为明显。行政处罚裁量基准并不是基于立法权，而是基于执法权，它不能剥夺立法所赋予的行政裁量权。因此，在理论上，即便制定有行政处罚裁量基准，执法者仍有选择是否适用裁量基准的裁量权，这是逸脱规则背后的法理逻辑。基于行政内部领导权和监督权的行政处罚裁量基准的内部效力，以及执法者自身的法治素养和道德约束，通常能够保证执法者谨慎、合理地运用逸脱的权力。但是在裁量基准的逸脱中，最为关键的"个案特殊情况"的概念在理论上却缺乏清晰的界定。尤其是在环境治理中，案情往往涉及社会、经济和环境的多方面因素，"个案特殊情况"的概念模糊使得在实践中，行政机关往往随意脱离裁量基准，造成裁量基准虚置化的问题，严重削弱了裁量基准的控权功能。

---

[1] 参见周佑勇：《行政裁量基准研究》，中国人民大学出版社2015年版，第76页。

执法者利用逸脱规则滥用裁量权的现实情况是多种多样的：首先，在我国当前行政处罚裁量基准的制度实践中，裁量基准虚置化的问题较为普遍。[1] 很多地方上级机关对下级机关在适用裁量基准方面的要求较为宽松，或者没有足够的保障措施，使得下级机关并不认真对待裁量基准，在脱离裁量基准的规则时，既不需要充分说明理由，也不需要承担行政责任。裁量基准在这种情况下更像是一种"参考"，而非一种"依据"或"处罚理由"。这种虚置化现象弱化了行政处罚裁量基准的对内效力，难以发挥控制裁量权滥用的功能。其次，在案件特殊、确实无法适用现有行政处罚裁量基准的情况下，执法者一般会按照没有制定裁量基准的情况进行裁量，裁量的合理性得不到保证，执法者的主观性和随意性可能导致裁量的滥用。最后，在妥善遵守逸脱规则及其中的说明理由规则时，执法者所提供的处罚理由并不一定比裁量基准所提供的判断标准更能体现实际情况，这并不妨碍其处罚理由的正当性，只是在这种情况下适用逸脱规则显得并不必要。这也是一种利用逸脱规则规避适用裁量基准的滥用裁量权的行为。

由于缺乏对"个案特殊情况"的清晰界定，执法者在一些情况下的不规范逸脱行为，造成裁量基准虚置化的问题，使得裁量基准难以发挥其建构、限定和制约裁量权的功能，甚至导致新的裁量权滥用问题。因此，我们需要从授权法的立法目的、旨意和基本原则出发，建立"个案特殊情况"的要素和标准，规范执法者对逸脱规则的适用，避免裁量基准的虚置化问题。

第二节 环境法基本原则对行政裁量基准适用规则的优化

行政处罚裁量基准，无论是一般情况下的适用，还是特殊情况下的逸脱适用，都为行政处罚裁量权保留有合理、必要的空间。在一般情况下的适用中，执法者有权根据实际情况适当地选择最终处罚结果；在逸

---

[1] 参见张恩典：《行政裁量基准的现实悖论及其克服——基于实证的考察》，《云南大学学报（法学版）》2015年第6期，第109—110页。

脱适用中，执法者有权根据"个案特殊情况"脱离裁量基准的规定，并提出其他正当的理由。由此可见，二者都强调个案的实际情况或特殊情况，并将这一点作为证成之后行政处罚结果的基础。那么，什么是个案所具有的能够影响行政处罚裁量基准适用的特殊情况？或者说，个案需要具有什么特殊情况，才能够成为执法者行使这方面裁量权的正当理由？如果这个问题不解决，那么执法者在行政处罚裁量基准制度下在个案中行使裁量权的活动可能是无序的、不合理的或缺乏正当化基础的。而行政法视角的理论研究无法在环境法领域给出这个问题的答案。授权法立法原则是行政处罚裁量基准的价值取向，环境法基本原则可以指导环境行政处罚裁量基准的适用，弥补行政法视角下行政处罚裁量基准适用规则的缺陷。

一、环境法基本原则弥补规则缺陷的功能

（一）行政裁量基准以"原则之治"为实质

行政处罚裁量基准作为一种行政自制手段，虽然以规则作为其外观，但本质上它并不是规则主义的制度，而是一种功能主义的、以法律原则为追求和取向的自制。因而，它的自制逻辑也并不是绝对的"自治"，而是要受制于法律原则的主导。[1] 从这个意义上来说，裁量基准在规则主义的表象下实质上是一种原则之治。

一方面，行政裁量权是由立法所赋予的，为了在个案中追求实质正义。行政裁量权的行使并不是绝对的"自由"，而是要受制于立法的目的、旨意和原则。[2] 执法者的裁量基准制定权，其权力源自行政裁量权，因而执法者对行政处罚裁量基准的制定和适用，也应当遵守授予相关裁量权的立法的目的、旨意和基本原则。在环境法语境下，上述基本原则具体化为环境法基本原则。

另一方面，裁量权的必要性源于立法规则的固有缺陷，而裁量基准的

---

[1] 参见周佑勇：《行政裁量基准研究》，中国人民大学出版社2015年版，第66页。
[2] 参见余凌云：《对行政自由裁量概念的再思考》，《法制与社会发展》2002年第4期，第62页。

规则也存在难以预见现实中所有情形的问题。因此，即使有裁量基准对裁量权的进一步控制，也不排除需要借助法律原则来弥补裁量基准规则缺陷的可能性。

行政处罚裁量基准对"原则之治"的追求，[1] 构成了以环境法基本原则弥补裁量基准适用规则缺陷的正当性基础。

（二）环境法基本原则在行政裁量基准适用中的指导

环境法基本原则对环境行政处罚裁量权的指导，与一般意义上的传统行政法基本原则对行政处罚裁量权的指导有所区别。从环境法与传统部门法的关系来看，传统部门法主要包含社会理性和法律理性，而环境法则将生态理性引入其中，以此追求生态环境保护的理念和价值追求与传统部门法所具有的理念和价值追求之间的相互协调和融合。[2] 环境法基本原则集中体现了环境法立法目的和旨意，是环境治理理念在法律中的系统表达。在环境法治理中，环境行政处罚直接或间接地涉及人与自然之间的关系，必须遵循环境法基本原则的指导，因应环境问题的特殊性，充分考虑环境问题的各个面向，对传统的行政处罚手段进行改良和修正，以便能够更加高效地配置社会资源，有针对性地解决环境现实问题。环境行政处罚制度将环境理念和价值追求引入传统的行政处罚制度之中，结合环境问题的特殊性，使行政处罚手段能够在应对环境问题方面发挥作用。[3] 环境法基本原则是环境治理理念的法律表达，也是环境法立法目的和旨意的集中体现。[4] 在环境法治理中，行政处罚制度必须遵循环境法基本原则的指导，充分考虑环境问题的各个面向，从而避免处置不当，浪费法律资源。作为规范环境行政处罚裁量活动的裁量基准，其制定与适用过程也必须符合环境法基本原则的要求，融入环境法价值理念和要求。

对于环境法基本原则，我国《环境保护法》第五条规定："环境保护坚持保护优先、预防为主、综合治理、公众参与、损害担责的原则。"这

---

[1] 参见周佑勇：《行政裁量基准研究》，中国人民大学出版社2015年版，第59页。
[2] 参见吴真、李天相：《以协调与融合为核心的环境法学方法论初探》，《法学杂志》2017年第7期，第11页。
[3] 参见程雨燕：《环境行政处罚研究：原则、罚制与方向》，武汉大学2009年博士学位论文，第25页。
[4] 参见吕忠梅：《环境法学概要》，法律出版社2016年版，第73页。

五项原则不仅是我国环境保护工作的基本原则,也是我国环境法律的基本原则。这些原则对于环境行政处罚具有指导意义。[1] 与之相关的《环境行政处罚办法》中还规定了罚教结合原则:"实施环境行政处罚,坚持教育与处罚相结合,服务与管理相结合,引导和教育公民、法人或者其他组织自觉守法。"在环境保护部环境监察局编制的培训教材中,将处罚法定、公正公开、罚教结合、维护当事人合法权益、一事不再罚、查处分离作为环境行政处罚的原则。[2] 实际上,在原环保部出台的规范性文件和内部要求中,环境行政处罚的原则,几乎都是传统行政处罚原则的翻版,很少全面地引入环境理念或因应环境问题的特殊性做出变化,而缺少环境法基本原则的体现。在执法实践中,环境执法者出于现实需要,有时也运用环境保护专业知识,来调整执法行为和策略,但更多的是一事一议,没有上升到理论和一般性规范的高度。[3]《指导意见》发布后,这一情况有了一定改观。《指导意见》要求控制裁量权应遵守合法原则(生态环境部门应当在法律、法规、规章确定的裁量条件、种类、范围、幅度内行使行政处罚自由裁量权),合理原则(行使行政处罚自由裁量权,应当符合立法目的,充分考虑、全面衡量地区经济社会发展状况、执法对象情况、危害后果等相关因素,所采取的措施和手段应当必要、适当),过罚相当原则(行使行政处罚自由裁量权,必须以事实为依据,处罚种类和幅度应当与当事人违法过错程度相适应,与环境违法行为的性质、情节以及社会危害程度相当)和公开公平公正原则(行使行政处罚自由裁量权,应当向社会公开裁量标准,向当事人告知裁量所基于的事实、理由、依据等内容;应当平等对待行政管理相对人,公平、公正实施处罚,对事实、性质、情节、后果相同的情况应当给予相同的处理)。

可以说,目前环境执法实践还没有充分认识到环境法基本原则的指导意义。环境法基本原则的虚置情况导致了环境行政处罚的两难困境,一方面,环境法的立法目的和旨意难以指导实践,执法者难以从理论的高度认

---

[1] 参见全国人大常委会法制工作委员会编:《中华人民共和国环境保护法释义》,法律出版社2014年版,第5页。
[2] 参见环境保护部环境监察局编:《环境行政处罚》,中国环境科学出版社2012年版,第2—10页。
[3] 参见程雨燕:《环境行政处罚研究:原则、罚制与方向》,武汉大学2009年博士学位论文,第61页。

识到环境法律实践的特殊情况；另一方面，由于缺乏环境法基本原则的系统指导，执法者在实践中必须自行根据环境问题的特殊性提出指导原则和规范性方法，这些原则和方法可能存在合法性和合理性的问题。因此，我们有必要因应环境问题的特殊性，将环境理念引入传统行政处罚原则中，发挥环境法基本原则对环境行政处罚的指导作用。

二、环境法基本原则优化行政裁量基准适用规则的一般路径

环境行政处罚裁量基准在实现规则与裁量的平衡过程中，为执法者在个案中追求实质正义保留了裁量空间，为了规范执法者在这一裁量空间内的裁量行为，需要引入环境法基本原则进行指导。概言之，环境法基本原则集中地体现了环境法的立法目的和旨意，为裁量活动是否符合环境法立法目的和旨意建立了检验标准。执法者在依据一般情况下的适用规则和特殊情况下的逸脱规则行使裁量权时，应当探求授权法的立法目的和旨意，并以是否符合环境法基本原则为标准，判断个案案情是否属于正当的"个案之特殊情况"，如果属于的话，应以基本原则为自我约束并做出行政处罚，同时将环境法基本原则的要求作为逸脱裁量基准的一个"正当理由"。因此，环境法基本原则能够有效防范在环境行政处罚裁量基准制度下仍然存在的滥用裁量权的问题，在环境行政处罚裁量基准的适用中发挥着重要的功能。

在环境行政处罚裁量基准制度下，执法者所享有的"依据个案实际情况"对其他相关因素进行自主判断或选择脱离裁量基准规定的裁量权，在行使的过程中，其合理性不再基于对行政处罚裁量基准的遵守，而是基于对授权法立法目的、旨意和原则的探求。就此而言，环境法基本原则对环境行政处罚裁量基准适用规则缺陷的弥补，实质上体现为对环境行政处罚裁量权的一种约束，具有控权的功能。

（一）为"个案之特殊情况"建立标准

裁量基准适用规则存在的第一个问题，就是"个案特殊情况"的界定问题，或者说何种个案案情可以影响裁量基准的适用？在裁量基准的灵活适用规则下，执法者有权根据"个案特殊情况"在处罚效果范围内灵活选

择最终处罚效果；在逸脱规则下，执法者在特殊情况下可以脱离裁量基准提出其他正当处罚理由。在某种意义上，正是对"个案特殊情况"的界定不清晰，才造成裁量基准适用中的不规范问题。

在裁量基准的适用规则中，对于"个案特殊情况"的把握不仅是灵活适用的依据，而且也是启动逸脱的前提。只有在厘清"个案特殊情况"概念的前提下，我们才能够对一个特定案情，判断执法者是否应将之作为影响裁量基准适用活动的理由，以及判断这种案情是否可能导致处罚效果的从重从轻倾向或导致脱离裁量基准的裁量行为。在这方面，环境法基本原则能够为"个案之特殊情况"做出说明，也就是说，可以运用环境法基本原则作为标准判断某项"个案之特殊情况"是否是环境行政处罚所要依据的"正当的理由"，或者是能够影响执法者对环境行政处罚裁量权的行使及对环境行政处罚裁量基准的适用和逸脱。在判断个案特殊情况是否是环境行政处罚所要依据的"正当理由"时，可以以环境法基本原则为标准，检验个案特殊情况是否符合环境法的价值要求。也就是说在个案中，执法者可以基于环境法基本原则中预防、保育、公众参与、综合治理等要求，调整自身对裁量基准的适用。

（二）为逸脱的"正当理由"建立标准

在特殊情况下，作为裁量基准对内效力的例外，执法者有权脱离裁量基准的规定，自行进行行政处罚裁量，但是必须提出其他正当理由。[1] 但是，对于上述"其他正当理由"，在行政法学中缺乏准确的界定，在环境治理中，更应重视所提"理由"的正当性。行政机关做出行政处罚行为可能存在多个正当理由，但不同的理由却可能导向不同的裁量过程和处罚结果。只要行政机关具有不同于裁量基准的判定标准的其他正当理由，在予以说明后，则可以脱离裁量基准的规定，根据个案实际情况进行裁量。[2] 而理由是否正当，则要根据法律的授权目的和立法旨意来判断。[3]

"正当理由"问题包含两个层面。第一个层面，理由应是正当的。执

---

[1] 参见周佑勇：《在软法与硬法之间：裁量基准效力的法理定位》，《法学论坛》2009年第4期，第15页。
[2] 参见章志远：《行政裁量基准的兴起与现实课题》，《当代法学》2010年第1期，第74页。
[3] 参见周佑勇：《行政裁量基准研究》，中国人民大学出版社2015年版，第76页。

法者在脱离裁量基准的情况下，实际上是处于不受裁量基准控制的状态，其裁量活动具有更大的自主性。为了使这种情况下的裁量活动具有合理性，则必须要求执法者的处罚行为具有正当的理由，而不能基于随意的判断。第二个层面，该理由应比裁量基准的规定更符合实际情况，更有利于追求个案正义。裁量基准的逸脱是规则与裁量之间平衡的一种体现，由于裁量基准的规则主义特点，执法者不能也不应随意地适用逸脱规则。因此，只能是在执法者具有不同于裁量基准判定标准的更符合实际情况的处罚理由时，在予以说明后，可以脱离裁量基准进行处罚。[1] 而对于这两个层面上的问题，环境法基本原则可以建立"正当理由"的认定标准。

首先，环境法基本原则本身可以作为执法者脱离裁量基准的一项"正当理由"。执法者可以为追求环境法基本原则中所包含的价值，采取环境法基本原则要求的行为和策略，调整自身的裁量行为。其次，环境法基本原则可以用来检验所提理由的正当性。执法者在脱离裁量基准的情况下，所提出的处罚理由要以是否符合环境法的原则性要求为正当性判定标准。对于不符合环境法基本原则的处罚理由，则不能证成其正当性。最后，环境法基本原则能够为"正当理由"提供可预见性标准。裁量基准将执法者的处罚理由予以公示，对执法者的裁量权起到了制约的作用。在逸脱规则下，行政相对人可以依环境法基本原则在一定程度上预见执法者所可能依据的处罚理由。

（三）为执法者的自我约束建立标准

环境法基本原则不仅可以作为裁量基准适用规则的外在补充，而且也能够作为在裁量基准适用过程中执法者的一种自我约束标准。这与裁量基准所具有的自制品格是相符合的。

在裁量基准的适用规则下，执法者仍然有一定的个案裁量空间，对于这部分裁量权的规范，则很难再诉诸规则主义的路径，更多地需要依靠执法者良法善治的道德感来进行自我约束。在环境治理中，环境问题的特殊性和专业性对执法者的良法善治观念提出了新的要求，不仅要求执法者公平公正合理地进行裁量，还要求执法者的裁量活动符合环境保护的客观规

---

[1] 参见章志远：《行政裁量基准的兴起与现实课题》，《当代法学》2010年第1期，第74页。

律。在这方面，环境法基本原则作为生态环境保护思想的集中体现，能够为执法者的裁量活动提供指引，促使执法者的行政决定符合环境保护的需要。

总之，环境法基本原则可以有效弥补裁量基准适用规则的不足，进一步规范裁量权的运行，在裁量基准制度的控权盲区实现裁量权的治理。在环境法基本原则的指导下，执法者可以判断"个案实际情况"影响裁量基准适用活动的方式和程度，在"个案特殊情况"需要逸脱时，提出其他符合环境法价值追求的处罚理由，并以生态环境保护理念、可持续发展理念和生态文明建设战略思想形成自我约束。环境法基本原则对裁量基准适用规则的优化路径，在总体上是对环境行政处罚裁量权形成一种具有环境治理特点的约束，增强裁量基准的控权功能。

三、环境法基本原则对行政裁量基准适用规则的具体要求

"原则之治"为行政处罚裁量基准的适用引入了环境法基本原则作为指导，促进了裁量基准在环境法领域的适用性。环境问题具有多重面向，环境法律原则也具有多方面的价值和指引，相比于传统行政处罚的目的而言，环境法更多地强调通过惩罚手段实现对环境的治理并达成某种具体的环境目标，比如预防潜在风险，维护环境质量等。因此，每个环境法基本原则都有其独特的价值追求和立法倾向，对裁量基准的适用具有特定的指引。为了进一步实现环境法基本原则对裁量基准适用规则的优化，我们需要更细致地剖析每个环境法基本原则对裁量基准适用的具体要求。在环境法基本原则中，公众参与原则主要涉及裁量基准的生成过程，综合治理原则主要涉及裁量基准的实体内容。而在诸项环境法基本原则中，保护优先、预防为主和损害担责三项原则与裁量基准适用的关系最为密切。

（一）保护优先

我国《环境保护法》开篇就提到"为保护和改善环境"，将保护环境作为环境法的立法目的之一，在基本原则条款中也明确提出了"保护优先"。所谓保护优先，顾名思义，就是要求环境行政处罚以保护环境作为优先目的。还有一种理解认为，《环境保护法》中的保护优先原则指的是

风险预防原则，因为在立法目的中已经确立"保护环境"的基本国策，并且在之后规定了"经济社会发展与环境保护相协调"。所以保护优先原则并不旨在厘清经济社会发展与环境保护之间谁优先的问题。也只有这样解释，才能使保护优先原则与预防为主原则形成功能互补。在这一解释中，保护优先原则针对无法在科学上确定的环境风险，在面对此类环境风险时，保护优先原则要求不得以缺乏科学充分确实证据为理由，延迟采取措施防止环境恶化。[1]

毋庸置疑，环境法是为保护环境而诞生的，它的很多原则、制度也都是为了保护环境而创设的。要言之，环境法律是国家提供环境保护公共服务、保护公民环境权利的法律手段。[2] 但是在我国环境行政处罚制度上，却缺乏保护优先视角，而是单纯地将行政处罚的基本制度运用在环境领域中，重惩罚而轻保护。因此，明确保护优先原则对环境行政处罚裁量基准适用规则的指导具有较为长远的意义。

保护优先原则将有利于环境保护目的的标准引入行政处罚制度中，使行政处罚在环境领域中运用时，能够考虑环境问题的面向，高效地配置法律资源。在环境行政处罚裁量基准的适用中，保护优先原则的指导意义在于，它着重强调了对生态环境价值的关怀，以及对环境公共利益的促进，将生态价值和生态环境利益引入行政处罚裁量的利益平衡过程之中。简单地说，执法者在环境行政处罚裁量基准所确定的处罚范围内或围绕基础轴线选择最终处罚效果时，应当考虑对环境保护的增益性，以有利于保护环境为标准进行选择；如果在个案实际情况下，脱离环境行政处罚裁量基准的规定而采取其他处罚手段和幅度是有利于保护环境的，那么这就可以作为执法者适用逸脱规则的正当理由。实际上，这就是将是否有利于环境保护的目的作为判断环境行政处罚及其裁量活动是否合理的一个标准。

在现实生活中，保护优先原则能够指导环境行政处罚裁量基准适用过程的情形是较为常见和种类繁多的，这既是由于环境问题的复杂性，也是由于"为了环境保护的目的"这一概念本身具有的模糊性和可解释性。假设一部环境行政处罚裁量基准对"造成大气污染"的违法行为设置有"烟

---

[1] 参见竺效主编：《环境法入门笔记》（2018年修订），法律出版社2016年版，第9页。
[2] 参见王小钢：《义务本位论、权利本位论和环境公共利益——以乌托邦现实主义为视角》，《法商研究》2010年第2期，第60页。

尘黑度""环境影响评价文件形式"等裁量因素，那么其中"烟尘黑度"则相对来讲更偏重于环境质量的因素，而"环境影响评价文件形式"则不仅涉及污染源环境风险程度，还表达了企业、项目规模等社会经济因素。执法者在根据裁量因素及其判定标准确定了处罚格次后，按照保护优先的原则，在决定最终的处罚效果时，应当着重考虑"烟尘黑度"这一主要反映环境质量的因素。也就是说，对于属于同一类别（造成大气污染）、落于同一处罚格次（如处十万元以上二十万元以下罚款）的不同违法行为，烟尘黑度更高的，应当在处罚格次内选择相对更高的处罚效果。这一做法体现了保护优先原则对执法者选择最终处罚效果过程的指导，在环境敏感的时期、区域适用环境行政处罚裁量基准时，尤其应当强调这种指导作用。再比如，在上例中，环境行政处罚裁量基准仅仅规定"烟尘黑度""环境影响评价文件形式"两个裁量因素，很难全面、准确地反映客观实际情况，在一些情况下，对环境质量具有负面影响的大气污染物并不以"烟尘"或"黑度"为表现形式。在这种情况下，为了环境保护的目的，必须脱离环境行政处罚裁量基准以"烟尘黑度"为主要环境裁量因素的规则，而应用科学技术手段，有针对性地检验并评价特定个案的情节，以此为基础选择处罚效果。

总之，保护优先原则对环境行政处罚适用规则的指导，主要在于将环境保护的价值旨趣和目的性要求，作为执法者在环境行政处罚裁量基准制度框架下行使环境行政处罚裁量权过程中的规范性要求。

（二）预防为主

预防为主原则，是人类环境保护实践经验的深刻总结，正是由于认识到环境损害一旦发生往往不可恢复或恢复成本巨大，人们才将预防作为应对环境问题的基本策略之一。对于环境行政处罚裁量来说，预防为主原则要求执法者在裁量过程中考虑违法行为的未来环境损害或风险，并选择符合预防目的的行为方式和策略。预防为主原则延伸了环境行政处罚裁量的时间维度，使之不仅涉及环境损害的现实状态，也涉及环境违法行为的未来损害性影响。在裁量基准的适用中，预防为主原则具有其独特的要求：

其一，环境行政处罚裁量基准的适用要考虑预防环境违法者未来环境损害性活动的需要。正如《规范环境行政处罚自由裁量权若干意见》所提出的精神，惩罚本身并不是目的，从预防的角度可以说，行政处罚的目的不仅在于对环境违法者在该个案中的环境违法行为的惩罚和纠正，也应当预防该环境违法者在未来可能实施的环境损害性活动。《指导意见》也再次强调："制定裁量规则和基准应当坚持合法、科学、公正、合理的原则，结合污染防治攻坚战的要求，充分考虑违法行为的特点，按照宽严相济的思路，突出对严重违法行为的惩处力度和对其他违法行为的震慑作用，鼓励和引导企业即时改正轻微违法行为，促进企业环境守法。"

环境损害性活动不一定构成环境违法，而是泛指对于环境具有损害性影响的活动。这也为执法者适用环境行政处罚裁量基准的活动提出了要求，即要考虑预防未来环境损害性活动的需要，并应促进环境违法者的行为方式向环境友好型转变。最明显的例子是，当前我国在环境司法、环境执法中发展出了多种创造性的旨在促进生产经营者绿色生产和消费的制度措施，如环境保护协议、环境处理设施费用抵扣生态损害赔偿金或罚款等制度，这些制度措施具有鲜明的预防特点。这些预防措施的适用，不应局限于环境行政处罚裁量基准的规则内容，而要考虑这些措施对于预防未来环境风险的价值，并将之作为裁量因素，参与到对相关违法者的环境行政处罚裁量中。

其二，环境行政处罚裁量基准的适用要考虑预防同类环境违法行为的需要。在实践中，往往在特定区域内存在某一类环境违法行为频发、集中的情况，因为环境违法行为通常与环境要素具有密切的联系，而环境要素本身是具有区域性的。因此，在适用环境行政处罚裁量基准时，执法者不仅要考虑个案情形，也要考虑预防未来同类案件的需要。此类以预防为目的对行政处罚裁量基准的灵活适用在其他领域的裁量基准实践中也较为常见，如根据本地交通肇事原因多为超速行驶的情况，交通部门为预防此类违法行为而脱离裁量基准的判断标准，对所有超速行驶的违法者处以最高额度的罚款。[1] 这种做法可以很好地在环境法领域沿用，比如在焚烧秸秆、大气污染高发时期，对于相关违法行为脱离环境行政处罚裁量基准的规定，处以更高的罚款，更有利于预防同类环境违法行为的发生。

其三，环境行政处罚裁量基准的适用要考虑预防环境违法行为的后续

---

[1] 参见周佑勇：《行政裁量基准研究》，中国人民大学出版社2015年版，第77页。

环境损害的需要。环境影响具有连续性、潜伏性和长期性，在一些情况下，环境违法行为在受到处罚后其损害可能还会继续。[1] 因此，环境行政处罚不应将环境违法行为看作一个点，而应当看作一个过程，以实现预防的目的。这就要求执法者在适用环境行政处罚裁量基准时，不能仅考虑当前情节，也要在一定程度上考虑未来可能的环境影响，否则难以实现环境法的管制目的。比如在前述"造成大气污染"的例子中，无论是"烟尘黑度"还是"环境影响评价文件形式"，都无法准确地反映出特定环境损害性行为的后续影响，这种后续影响需要通过科学技术手段来判断，实际上在很多情况下，科学技术在判断这类后续影响方面也具有不确定性，这时就要诉诸执法者个人的价值判断。一些大气污染物可能沉降在土壤、河流中，从而造成土壤污染、水污染和生态破坏，其后续环境损害远远大于其排放时对空气质量的影响。对于排放这些大气污染物的违法行为，如果局限于环境行政处罚裁量基准的相关规定，则不符合实际情况，也违反了公平正义的原则。

总之，预防为主原则为环境行政处罚裁量提供了一个具有时间维度的视野，它立足于环境问题的特殊性，将对环境违法行为的裁量在时间维度上进行延伸，不仅要考虑环境违法行为的当前状态，也要考虑环境违法行为的未来影响。这种未来影响，在很多情况下都具有特定性，难以在环境行政处罚裁量基准中通过规则的形式表现出来，这时就要求执法者适当地脱离裁量基准或对裁量基准的规定进行一定的变通适用。

（三）损害担责

损害担责原则，是相对较早提出的一项环境保护原则，在早期表述为污染者付费原则，其核心是环境损害的公平承担。[2] 环境损害的不公平承担在环境事务中是较为常见的。环境公平的维护是环境法永恒的主题，在现实状态下环境损害的不公平承担在世界范围内都是广泛存在的。从某种意义上来说，环境法正是旨在纠正这种不公平、不平等的损害承担状态，追求同代人之间、同代人与后代人之间在生态环境利益的享有和生态环境损害的承担上的公平正义。环境行政处罚将惩罚的手段引入对环境公平的

---

[1] 参见吕忠梅：《环境法学概要》，法律出版社2016年版，第45页。
[2] 参见吕忠梅主编：《中华人民共和国环境保护法释义》，中国计划出版社2014年版，第41页。

矫正中，但惩罚本身不是目的，而是损害担责的一种手段。[1] 环境行政处罚所带有的惩罚性，使其不同于环境保护部门其他的具体行政行为，如颁发许可证、征收排污费、审批环评文件等。通过这种惩罚，环境行政处罚能发挥一定的法律所期望的效果，如震慑违法者、实现环境正义等。因此，惩罚本身，与其说是环境行政处罚的目的之一，不如说是为实现更高的目的的手段。在裁量基准的适用中，更应当认识到惩罚手段与损害担责的关系，以生态环境损害的公平承担为目的，调整执法者对处罚效果的选择。

损害担责原则对环境行政处罚裁量的指导是具有普遍意义的，因为环境行政处罚本身就是对环境违法者行政法律责任的追究。具体来说，损害担责原则主要通过两个方面的要求，指导环境行政处罚裁量基准的适用。

首先，损害担责原则要求环境违法者应当承担与其违法行为的严重程度相当的法律责任。这一要求与行政法中的比例原则具有异曲同工之处。但环境法领域中的损害担责原则，更强调违法行为对生态环境法益的侵害性。要言之，环境法所追求的"成比例"，具有环境问题的特殊背景。由于生态环境问题的特殊性和复杂性，环境行政处罚裁量基准这种预先裁量活动很难因应这种复杂性而对具体环境问题做出具有针对性的规定，在一些情况下，执法者如果严格地按照行政处罚裁量基准的规定科以罚款，则可能使得处罚过轻。在此前相当长的一段时间内，我国环境法律规定得较为宽松，违法成本较低，企业可能受到的罚款数额与违法收益完全不成比例，促使很多企业选择"理性"违法。在新环保法颁布施行以及《大气污染防治法》《水污染防治法》修订后，这一情况有了很大改观，因为新法大多加大了罚款幅度。这使得在很多情况下即使经过环境行政处罚裁量基准的效果格化，执法者仍然具有相当的裁量空间。损害担责原则可以原则性地规范执法者的裁量活动，弥补环境行政处罚裁量基准制度的不足。比如前述"造成大气污染"的例子中，如果污染企业的违法收益远大于根据裁量基准所确定的处罚格次的最大值，那么损害担责原则就要求执法者脱离裁量基准的规定，处以更高的、与违法行为成比例的处罚效果。

其次，是对环境违法者的震慑。环境行政处罚不仅具有追责的功能，

---

[1] 参见环境保护部环境监察局编：《环境行政处罚》，中国环境科学出版社2012年版，第3页。

而且也能够起到震慑的作用；它不仅震慑特定个案中的环境违法者，同时对潜在的环境违法者起到震慑的效果。在此意义上，损害担责原则与预防为主原则对环境行政处罚裁量基准的适用具有殊途同归的指导意义。但二者的侧重点是不同的。预防为主原则的重点在于对未来环境风险的预防；而损害担责原则的重点在于加大特定违法者的法律责任，以加强震慑的效果，进而减小再犯的可能性。比如，为了震慑某一类型的环境违法行为，对于再犯的环境违法者，对相关裁量基准的规定进行变通适用，处以应处格次以上的处罚效果。

为了实现生态环境损害的公平承担，维护环境正义，环境行政处罚既要考虑行政处罚所具有的惩罚性，更要考虑对环境公共利益的维护，通过对处罚种类和幅度的选择，达到加大企业违法成本、促进企业守法的目的。因此，损害担责原则，可以作为证成"个案特殊情况"的一个标准，使执法者得以根据该"个案特殊情况"，为了环境损害公平承担的目的，适当地在环境行政处罚裁量基准所确定的效果范围内选择最终处罚结果，或者脱离裁量基准而处以较高的罚款、责令停产停业等较严格的处罚效果。

在国家环境管理方式由环境管理向环境治理转变的新时期，环境行政处罚裁量基准制度具有重要意义。但仅制定环境行政处罚裁量基准文本，还远远称不上这一制度的建立。我国实践中裁量基准的机械化和虚置化问题，在很大程度上是因为过于注重裁量基准规则主义的文本内容，而忽视了对其适用规则的规范化。一套合理的适用规则，不仅能够在保证裁量基准控权效果的同时允许执法者在个案中追求实质正义，促进规则与裁量之间的平衡，而且能够引导执法者做出符合环境治理特点的处罚决定。

当前裁量基准适用规则所存在的缺陷使这一制度难以真正突破规则主义控权模式的固有局限，而使裁量基准异化为一种更为细致的"法律规定"。实际上，作为一种软法规范，裁量基准服务于建构裁量权的目的，而其文本内容则具有相对灵活性。为了建构裁量权，裁量基准必须探求立法授权目的、旨意和原则，具有"原则之治"的实质。我们可以发挥裁量基准"原则之治"的特点，引入环境法基本原则对裁量基准的适用规则进行优化。一方面，环境法基本原则可以为裁量基准的适用规则建立执法标准，明确适用规则中"个案之特殊情况""正当理由"等概念的构成条件，并为执法者追求个案正义提供指引；另一方面，在操作层面上，环境法基本原则中的保护优先、预防为主和损害担责原则对裁量基准的适用提出了具体的要求，使环境行政处罚裁量基准符合环境治理的特点，实现对环境利益的充分保障。

总之，环境法基本原则中的保护优先、预防为主和损害担责原则，对环境行政处罚裁量基准的适用具有较为直接的指导意义。三个基本原则从不同的角度对行政法视角下的行政处罚裁量基准适用规则进行了补充和完善。值得注意的是，因为同为环境法基本原则，所以三个原则彼此并不是完全孤立的，在具体事项上三者可能同时存在。比如对于特定个案情况，为了环境保护的目的，脱离裁量基准的规定，处以更高的处罚效果，以产生震慑环境违法者的效果，从而起到预防同类环境违法行为的作用。在这个例子中，三个原则从不同的角度指导或影响了执法者裁量权的行使。它们之间的区别在于侧重点的不同，这个特点使得环境法基本原则能够在实践中因应环境问题的特殊性和复杂性，从不同的角度有针对性地指导环境行政处罚裁量基准的适用。

结　语

　　行政裁量基准近些年在我国蓬勃兴起，成为理论研究不能回避的一个重要现实问题。我们所要做的已经不再是论证控权的正当性，而是从实用主义的角度反思这一制度措施的理论内涵并探讨其合理化构建。而在环境法领域运用的裁量基准，必须融入环境法的理念，符合环境立法目的和价值取向，才能照顾到环境问题的各个面向，真正发挥限定裁量权、建构裁量权的功能。

　　基于这一学术关怀，本书在实践经验事实的基础上，认识到在以协调与融合为核心的环境法学方法论的视域下，环境行政处罚裁量基准是行政机关对环境行政处罚裁量中涉及的不同价值或利益进行协调与融合，并将协调与融合的结果体现为一定的情节和格次，作为具体环境行政处罚裁量中对不同价值或利益进行协调与融合的标准和尺度。在将环境法的理念与行政法中行政裁量基准理论成果相联系后，本书探讨了环境行政处罚裁量基准的本体、生成、内容、技术和适用等一系列问题。这五个问题并不是彼此孤立的，而是存在紧密的逻辑关系。规则与裁量之间的平衡的制度定位问题影响着环境行政处罚裁量基准内容的建构，也影响着适用规则的严格程度；内容的合理性不仅取决于内容建构本身，还有赖于多元共治；等等。可以说，这些问题都是环境行政处罚裁量基准理论模型的各个面向，是同一个制度的不同理论切入点。这些方面的理论研究共同构成了环境行政处罚裁量基准的理论模式。

　　但是，必须承认的是，本书对环境行政处罚裁量基准制定技术等方面的探讨理论色彩还比较浓厚，而比较缺乏具体的对策性建议。这是因为在基本理论模型尚未明晰的情况下，探讨裁量基准规则条款精细化设计的意义比较有限。我国环境行政处罚裁量基准目前存在的问题，恰恰是缺乏足够理性的理论基础，而几乎依托于行政裁量基准的一般理论框架，缺乏对环境治理特点的认识。因此，本书的核心问题是通过探讨行政裁量基准制度在环境治理中的特殊内涵以及因应的转化，将行政法学中的行政裁量基准理论拓展到环境法领域，从而为环境行政处罚裁量基准提出一个模式化的理论。对于规则条款的精细化设计，并不是本书研究的目的。

至此，本书对于环境行政处罚裁量基准的研究也到了尾声，在一定程度上实现了以环境法理论改良和补充行政处罚裁量基准一般理论的目的，初步建立了能够体现环境治理特点的环境行政处罚裁量基准理论模式。我国环境行政处罚裁量基准刚刚起步，本书的理论研究可以为这一制度的发展建立理性基础，这也是本书所具有的最为重要的学术价值和学术关怀。

环境法律治理，本质上是人类通过法律手段对自身环境行为的自我设限，这在某种意义上与同样具有"自制"品格的行政自我控制理论具有天然的理论契合。环境行政处罚裁量基准将行政自制与环境治理相结合，在行政法学理论和环境法学理论的直接对话中，发现彼此价值目标和理论学说间的相互联系。在以协调与融合为核心的环境法学方法论的视野下，环境法学作为交叉学科，致力于实现生态环境理念与传统法学理念的协调与融合。从某种意义上来说，使环境法与传统部门法在特定议题下实现沟通，是本书最具理论价值之处。

环境法在社会变迁过程中产生和发展，同时也保障社会经济的发展基础。但经济需求与环境需求之间并不总是一致的，往往会发生竞争，这一竞争与一致的矛盾存在于环境法运行的始终。生态理性、社会理性和法律理性在环境法的视域下相互交织，为环境法学研究提供了充足的实践材料和广阔的讨论空间。从本书的研究中，我们可以管中窥豹，在一定程度上了解环境法如何通过法律手段协调与融合环境、社会和经济的要求，以实现对人类环境行为的建构。囿于功力和学识，本书还存在难以避免的缺陷，抛砖引玉，以促进我国环境治理体制的完善。

参考文献

一、中文文献

（一）中文著作

1. ［美］阿瑟·奥肯：《平等与效率：重大抉择》，王奔洲等译，北京：华夏出版社2010年版。
2. ［美］博登海默：《法理学：法律哲学与法律方法》，邓正来译，北京：中国政法大学出版社1998年版。
3. ［美］伯纳德·施瓦茨：《美国法律史》，王军等译，北京：法律出版社2011年版。
4. ［美］本杰明·N. 卡多佐《法律科学的悖论》，劳东燕译，北京：北京大学出版社2016年版。
5. ［美］布坎南：《同意的计算：立宪民主的逻辑基础》，陈光金译，上海：上海人民出版社2014年版。
6. 陈慈阳：《环境法总论》，北京：中国政法大学出版社2003年版。
7. 陈海嵩：《解释论视角下的环境法研究》，北京：法律出版社2016年版。
8. 常纪文：《环境法前沿问题——历史梳理与发展探究》，北京：中国政法大学出版社2011年版。
9. 陈泉生等：《环境法哲学》，北京：中国法制出版社2012年版。
10. 蔡守秋：《调整论——对主流法理学的反思与补充》，北京：高等教育出版社2003年版。

11. ［日］大须贺明：《生存权论》，林浩译，北京：法律出版社 2000 年版。

12. ［英］戴维·赫尔德：《民主的模式》，燕继荣等译，北京：中央编译出版社 1998 年版。

13. ［美］埃莉诺·奥斯特罗姆：《公共事务的治理之道：集体行动制度的演讲》，余逊达、陈旭东译，上海：上海译文出版社 2012 年版。

14. ［美］格尔茨：《地方知识：阐释人类学论文集》，杨德睿译，北京：商务印书馆 2014 版。

15. 巩固：《环境伦理学的法学批判：对中国环境法学研究路径的思考》，北京：法律出版社 2015 年版。

16. ［德］古斯塔夫·拉德布鲁赫：《法哲学》，王朴译，北京：法律出版社 2013 年版。

17. ［英］霍布豪斯：《自由主义》，朱曾汶译，北京：商务印书馆 2013 年版。

18. ［法］霍尔巴赫：《自然政治论》，陈太先、眭茂译，北京：商务印书馆 2007 年版。

19. 胡静：《环境法的正当性与制度选择》，北京：知识产权出版社 2008 年版。

20. 环境保护部环境监察局：《环境行政处罚》，北京：中国环境科学出版社 2012 年版。

21. ［美］汉密尔顿、杰伊、麦迪逊：《联邦党人文集》，程逢如、在汉、舒逊译，北京：商务印书馆 2015 年版。

22. 何勤华：《法治社会》，北京：社会科学文献出版社 2016 年版。

23. ［英］哈特：《法律的概念》（第二版），许家馨、李冠宜译，北京：法律出版社 2011 年版。

24. ［德］卡尔·施米特：《合法性与正当性》，冯克利、李秋零、朱雁冰译，上海：上海人民出版社 2014 年版。

25. 柯坚：《环境法的生态实践理性原理》，北京：中国社会科学出版社 2012 年版。

26. ［瑞士］克里斯托弗·司徒博：《环境与发展——一种社会伦理学的考量》，邓安译，北京：人民出版社 2008 年版。

27. ［美］肯尼斯·卡尔普·戴维斯：《裁量正义》，毕洪海译，北京：商务印书馆 2009 年版。

28. ［美］罗斯科·庞德：《法律史解释》，邓正来译，北京：商务印书馆 2013 年版。

29. ［英］洛克：《政府论》（下篇），叶启芳、瞿菊农译，北京：商务印书馆 2015 年版。

30. ［美］罗斯科·庞德：《通过法律的社会控制》，沈宗灵译，北京：商务印书馆 2013 年版。

31. ［美］罗斯科·庞德：《普通法的精神》（中文修订版），唐前宏、高雪原、廖湘文译，北京：法律出版社 2010 年版。

32. 吕忠梅：《中华人民共和国环境保护法释义》，北京：中国计划出版社 2014 年版。

33. 吕忠梅：《环境法学概要》，北京：法律出版社 2016 年版。

34. ［德］马克斯·韦伯：《社会科学方法论》，韩水法、莫茜译，北京：商务印书馆 2015 年版。

35. ［德］马克斯·韦伯：《法律社会学：非正当性的支配》，康乐、简惠美译，桂林：广西师范大学出版社 2010 年版。

36. ［德］马克斯·韦伯：《经济与社会》（第二卷上册），阎克文译，上海：上海人民出版社 2005 年版。

37. ［美］彼得·S. 温茨：《环境正义论》，朱丹琼、宋玉波译，上海：上海人民出版社 2007 年版。

38. 全国人大常委会法制工作委员会：《中华人民共和国环境保护法释义》，北京：法律出版社 2014 年版。

39. 屈振辉：《伦理学视域中的现代环境法》，长沙：中南大学出版社 2015 年版。

40. ［美］乔治·萨拜因：《政治学说史》（下卷）（第四版），邓正来译，上海：上海人民出版社 2009 年版。

41. ［美］唐纳德·沃斯特：《自然的经济体系：生态思想史》，侯文蕙译，北京：商务印书馆 1999 年版。

42. 王彬辉：《加拿大环境法律实施机制研究.》，北京：中国人民大学出版社 2014 年版。

43. ［德］乌尔里希·克卢格：《法律逻辑》，雷磊译，北京：法律出版社 2015 年版。

44. ［英］维特根斯坦：《逻辑哲学论》，贺绍甲译，北京：商务印书馆 2016 年版。

45. ［英］休谟：《人性论》（上册），关文运译，北京：商务印书馆 2015 年版。

46. ［奥地利］尤根·埃利希：《法律社会学基本原理》，叶名怡、袁震译，北京：中国社会科学出版社 2009 年版。

47. ［美］约翰·罗尔斯：《正义论》（修订版），何怀宏、何包钢、廖申白译，北京：中国社会科学出版社 2009 年版。

48. ［英］约翰·密尔：《论自由》，许宝骙译，北京：商务印书馆 2014 年版。

49. ［美］尤金·奥德姆：《生态学：科学与社会之间的桥梁》，何文珊译，北京：高等教育出版社 2017 年版。

50. 余凌云：《行政自由裁量论》（第三版），北京：中国人民公安大学出版社 2013 年版。

51. 杨志峰、刘静玲等：《环境科学概论》（第二版），北京：高等教育出版社 2010 年版。

52. ［美］詹姆斯·萨尔兹曼、巴顿·汤普森：《美国环境法》（第四版），徐卓然、胡慕云译，北京：北京大学出版社 2016 年版。

53. 周佑勇：《行政裁量基准研究》，北京：中国人民大学出版社 2015 年版。

（二）中文期刊

54. 包万超：《行政法平衡理论比较研究》，《中国法学》1999 年第 2 期。

55. 卜晓虹：《行政合理性原则在行政诉讼中之实然状况与应然构造论司法审查对行政自由裁量的有限监控》，《法律适用》2006 年第 Z1 期。

56. 常桂祥：《行政自由裁量权的运作及其控制》，《云南行政学院学报》2004 年第 4 期。

57. 陈晋胜：《行政公正存疑的必然——对行政裁量权属与作用的法理

学解读》,《山西大学学报(哲学社会科学版)》2008 年第 2 期。

58. 陈丽芳:《控制行政自由裁量权滥用的路径》,《探索与争鸣》2007 年第 7 期。

59. 陈乾:《行政处罚裁量基准制度完善路径的冷思考》,《法制博览》2015 年第 12 期。

60. 陈泉生:《环境时代与宪法环境权的创设》,《福州大学学报(哲学社会科学版)》2001 年第 4 期。

61. 蔡守秋:《公众共用物的治理模式》,《现代法学》2017 年第 3 期。

62. 蔡守秋:《"休谟问题"与近现代法学》,《中国高校社会科学》2014 年第 1 期。

63. 蔡守秋:《环境公平与环境民主——三论环境资源法学的基本理念》,《河海大学学报(哲学社会科学版)》2005 年第 3 期。

64. 蔡守秋、吴贤静:《论生态人的要点和意义》,《现代法学》2009 年第 4 期。

65. 蔡文灿、王少杰:《试论我国环境执法的困境与对策》,《云南行政学院学报》2007 年第 2 期。

66. 陈卫东:《司法"去地方化":司法体制改革的逻辑、挑战及其应对》,《环球法律评论》2014 年第 1 期。

67. 陈垚:《行政执法自由裁量权滥用问题研究》,《湖北社会科学》2009 年第 11 期。

68. 程雨燕:《环境罚款数额设定的立法研究》,《法商研究》2008 年第 1 期。

69. 崔卓兰:《行政自制理论的再探讨》,《当代法学》2014 年第 1 期。

70. 崔卓兰、刘福元:《论行政自由裁量权的内部控制》,《中国法学》2009 年第 4 期。

71. 崔卓兰、刘福元:《析行政自由裁量权的过度规则化》,《行政法学研究》2008 年第 2 期。

72. 杜健荣:《行政处罚自由裁量基准设定的合理化》,《南都学坛》2012 年第 1 期。

73. 杜宴林、张文显:《后现代方法与法学研究范式的转向》,《吉林大学社会科学学报》2001 年第 3 期。

74. 傅国云：《公平在行政自由裁量中的价值定位及其实现》，《行政法学研究》1998 年第 2 期。

75. 方洪庆：《公众参与环境管理的意义和途径》，《环境保护》2000 年第 12 期。

76. 方世荣：《论行政权力的要素及其制约》，《法商研究（中南政法学院学报）》2001 年第 2 期。

77. 关保英：《行政自由裁量基准质疑》，《法律科学（西北政法大学学报）》2013 年第 3 期。

78. 顾大松、周佑勇：《论行政裁量的司法治理》，《法学论坛》2012 年第 5 期。

79. 巩固：《激励理论与环境法研究的实践转向》，《郑州大学学报（哲学社会科学版）》2016 年第 4 期。

80. 高鸿钧：《现代法治的困境及其出路》，《法学研究》2003 年第 2 期。

81. 高金龙、徐丽媛：《中外公众参与环境保护的立法比较》，《江西社会科学》2004 年第 3 期。

82. 高秦伟：《论行政裁量的自我拘束》，《当代法学》2014 年第 1 期。

83. 郭武：《论中国第二代环境法的形成和发展趋势》，《法商研究》2017 年第 1 期。

84. 河北省法制研究中心课题组：《行政裁量基准制度研究》，《河北法学》2010 年第 4 期。

85. 黄桂琴：《论环境保护的公众参与》，《河北法学》2004 年第 1 期。

86. 胡静：《美国环境执法中的协商机制和自由裁量》，《环境保护》2007 年第 24 期。

87. 胡伟希：《经济哲学：从"理性经济人"到"理性生态人"》，《学术月刊》1997 年第 5 期。

88. 黄学贤：《行政裁量基准：理论、实践与出路》，《甘肃行政学院学报》2009 年第 6 期。

89. 黄学贤、杨红：《行政裁量权基准有效实施的保障机制研究》，《法学论坛》2015 年第 6 期。

90. 胡延广：《现代社会中的行政裁量》，《理论月刊》2005 年第 9 期。

91. 胡延广、窦竹君：《行政裁量法律控制研究》，《河北法学》2005 年第 8 期。

92. 胡溢武、刘恒：《行政裁量权的合理规制与法治政府建设》，《重庆社会科学》2014 年第 3 期。

93. 胡中华：《环境正义视域下的公众参与》，《华中科技大学学报（社会科学版）》2011 年第 4 期。

94. 江珂：《我国环境规制的历史、制度演进及改进方向》，《改革与战略》2010 年第 6 期。

95. 姜明安：《论行政裁量的自我规制》，《行政法学研究》2012 年第 1 期。

96. 姜明安：《论行政裁量权及其法律规制》，《湖南社会科学》2009 年第 5 期。

97. 姜明安：《行政裁量的软法规制》，《法学论坛》2009 年第 4 期。

98. 蒋毅、青敏：《西方街头官僚理论与我国基层行政执法公务员自由裁量权》，《理论与当代》2006 年第 6 期。

99. 柯坚：《环境行政管制困局的立法破解——以新修订的〈环境保护法〉为中心的解读》，《西南民族大学学报（人文社科版）》2015 年第 5 期。

100. 柯坚：《我国〈环境保护法〉修订的法治时空观》，《华东政法大学学报》2014 年第 3 期。

101. 柯坚：《事实、规范与价值之间：环境法的问题立场、学科导向与实践指向》，《南京工业大学学报（社会科学版）》2014 年第 1 期。

102. 柯坚：《生态实践理性：话语创设、法学旨趣与法治意蕴》，《法学评论》2014 年第 1 期。

103. 柯坚：《当代环境问题的法律回应——从部门性反应、部门化应对到跨部门协同的演进》，《中国地质大学学报（社会科学版）》2011 年第 5 期。

104. 柯坚：《环境法原则之思考——比较法视角下的共通性、差异性及其规范性建构》，《中山大学学报（社会科学版）》2011 年第 3 期。

105. 李宝君：《行政裁量权及其控制》，《河北法学》2011 年第 2 期。

106. 廖非：《论对行政执法自由裁量权的控制》，《中南林业科技大学学报（社会科学版）》2009 年第 6 期。

107. 刘国乾：《立法对行政自由裁量权的配置：一个初步的规范说明》，《云南大学学报（法学版）》2015 年第 4 期。

108. 刘红梅、王克强、郑策：《公众参与环境保护研究综述》，《甘肃社会科学》2006 年第 4 期。

109. 梁鹤年：《公众（市民）参与：北美的经验与教训》，《城市规划》1999 年第 5 期。

110. 刘权：《目的正当性与比例原则的重构》，《中国法学》2014 年第 4 期。

111. 李时琼：《论行政执法中的自由裁量权》，《中南林业科技大学学报（社会科学版）》2008 年第 1 期。

112. 刘卫先：《环境法学中的环境利益：识别、本质及其意义》，《法学评论》2016 年第 3 期。

113. 刘武朝：《环境行政处罚种类界定及其矫正》，《环境保护》2005 年第 10 期。

114. 李艳芳：《环境权若干问题探究》，《法律科学（西北政法学院学报）》1994 年第 6 期。

115. 李艳芳、金铭：《风险预防原则在我国环境法领域的有限适用研究》，《河北法学》2015 年第 1 期。

116. 吕忠梅、刘超：《环境权的法律论证——从阿列克西法律论证理论对环境权基本属性的考察》，《法学评论》2008 年第 2 期。

117. 梁增然：《环境行政违法的原因与对策分析》，《昆明理工大学学报（社会科学版）》2015 年第 1 期。

118. 刘兆兴：《论德国行政机关的裁量权和司法控制》，《环球法律评论》2001 年第 4 期。

119. 梅献忠：《论利益衡量思想与环境法的理念》，《政法学刊》2007 年第 4 期。

120. 聂德明、张仲华：《我国环境行政执法存在的问题及对策》，《云南社会科学》2003 年第 S2 期。

121. 倪秋菊、倪星：《政府官员的"经济人"角色及其行为模式分析》，《武汉大学学报（哲学社会科学版）》2004 年第 2 期。

122. 彭峰：《中国环境法公众参与机制研究》，《政治与法律》2009 年第 7 期。

123. 秦东：《行政自由裁量权问题论析》，《河南师范大学学报（哲学社会科学版）》2001 年第 3 期。

124. 秦虎、张建宇：《中美环境执法与经济处罚的比较分析》，《环境科学研究》2006 年第 2 期。

125. 秦虎、张建宇：《美国环境执法特点及其启示》，《环境科学研究》2005 年第 1 期。

126. 钱卿、周佑勇：《论行政裁量规制系统的建构——基于功能主义的范式》，《湖北社会科学》2012 年第 11 期。

127. 钱水苗：《论环境行政执法存在的问题及对策》，《浙江学刊》2001 年第 4 期。

128. 孙波：《地方立法"不抵触"原则探析——兼论日本"法律先占"理论》，《政治与法律》2013 年第 6 期。

129. 孙波：《试论地方立法"抄袭"》，《法商研究》2007 年第 5 期。

130. 宋华琳：《功能主义视角下的行政裁量基准——评周佑勇教授〈行政裁量基准研究〉》，《法学评论》2016 年第 3 期。

131. 宋华琳：《基层行政执法裁量权研究》，《清华法学》2009 年第 3 期。

132. 苏海雨：《论行政裁量权的交往控制》，《政治与法律》2017 年第 2 期。

133. 司久贵：《行政自由裁量权若干问题探讨》，《行政法学研究》1998 年第 2 期。

134. 沈岿：《行政自我规制与行政法治：一个初步考察》，《行政法学研究》2011 年第 3 期。

135. 沈岿：《行政诉讼确立"裁量明显不当"标准之议》，《法商研究》2004 年第 4 期。

136. 孙日华、司晓悦：《行政裁量基准的法理思考》，《社会科学辑刊》2010 年第 3 期。

137. 盛晓明：《地方性知识的构造》，《哲学研究》2000 年第 12 期。

138. 史玉成：《论环境保护公众参与的价值目标与制度构建》，《法学家》2005年第1期。

139. 沈亚平、宋哲：《我国行政裁量基准的类型化研究》，《天津师范大学学报（社会科学版）》2014年第1期。

140. 石佑启：《论对行政自由裁量行为的司法审查》，《华中科技大学学报（社会科学版）》2003年第1期。

141. 钭晓东：《论环境法的利益调整功能》，《法学评论》2009年第6期。

142. 涂永前：《环境行政处罚与环境行政命令的衔接——从〈环境保护法〉第60条切入》，《法学论坛》2015年第6期。

143. 王彬辉：《新〈环境保护法〉"公众参与"条款有效实施的路径选择——以加拿大经验为借鉴》，《法商研究》2014年第4期。

144. 王楚钧：《关于行政执法自由裁量权的几点思考》，《政府法制》2010年第10期。

145. 王灿发：《中国环境执法困境及破解》，《世界环境》2010年第2期。

146. 吴国贵：《环境权的概念、属性——张力维度的探讨》，《法律科学（西北政法学院学报）》2003年第4期。

147. 王贵松：《论行政裁量的司法审查强度》，《法商研究》2012年第4期。

148. 王贵松：《行政裁量基准的设定与适用》，《华东政法大学学报》2016年第3期。

149. 王贵松：《行政裁量权收缩的法理基础——职权职责义务化的转换依据》，《北大法律评论》2009年第2期。

150. 王贵松：《行政裁量的内在构造》，《法学家》2009年第2期。

151. 王贵松：《行政裁量收缩论的形成与展开——以危险防止型行政为中心》，《法学家》2008年第4期。

152. 汪劲：《中国环境执法的制约性因素及对策》，《世界环境》2010年第2期。

153. 王建华：《行政裁量控制中的裁量基准和公众参与》，《四川行政学院学报》2009年第5期。

154. 伍劲松：《行政执法裁量基准的性质辨析》，《华南师范大学学报

（社会科学版）》2012 年第 1 期。

155. 伍劲松：《行政执法裁量基准的适用效力》，《行政法学研究》2010 年第 4 期。

156. 王霁霞：《论裁量基准制度有效实施的条件》，《法学杂志》2010 年第 2 期。

157. 魏健馨、刘丽：《社会经济权利之宪法解读》，《南开学报（哲学社会科学版）》2011 年第 3 期。

158. 吴兰：《论行政裁量基准制度——以法治政府的建立为视角》，《长白学刊》2010 年第 1 期。

159. 王明生、黎鹂：《行政裁量权概念的比较研究——以德国和美国为研究视角》，《中国人民公安大学学报（社会科学版）》2007 年第 6 期。

160. 王青斌：《论不确定法律概念与处罚法定原则的冲突和协调》，《法学评论》2011 年第 1 期。

161. 王少君：《论对行政自由裁量权的控制》，《前沿》2004 年第 7 期。

162. 王树义、李华琪：《论环境软法对我国环境行政裁量权的规制》，《学习与实践》2015 年第 7 期。

163. 王天华：《作为教义学概念的行政裁量——兼论行政裁量论的范式》，《政治与法律》2011 年第 10 期。

164. 王天华：《从裁量二元论到裁量一元论》，《行政法学研究》2006 年第 1 期。

165. 王天华：《行政裁量与判断过程审查方式》，《清华法学》2009 年第 3 期。

166. 王天华：《裁量标准基本理论问题刍议》，《浙江学刊》2006 年第 6 期。

167. 王小钢：《以环境公共利益为保护目标的环境权利理论——从"环境损害"到"对环境本身的损害"》，《法制与社会发展》2011 年第 2 期。

168. 王小钢：《从行政权力本位到公共利益理念——中国环境法律制度的理念更新》，《中国地质大学学报（社会科学版）》2010 年第 5 期。

169. 王小钢：《义务本位论、权利本位论和环境公共利益——以乌托邦现实主义为视角》，《法商研究》2010 年第 2 期。

170. 王小钢：《对"环境立法目的二元论"的反思——试论当前中国复杂社会背景下环境立法的目的》，《中国地质大学学报（社会科学版）》2008年第4期。

171. 王小钢：《近25年来的中国公民环境权理论述评》，《中国地质大学学报（社会科学版）》2007年第4期。

172. 王小钢：《揭开环境权的面纱：环境权的复合性》，《东南学术》2007年第3期。

173. 王小钢：《中国环境权理论的认识论研究》，《法制与社会发展》2007年第2期。

174. 王小钢：《贝克的风险社会理论及其启示——评〈风险社会〉和〈世界风险社会〉》，《河北法学》2007年第1期。

175. 王锡锌：《行政自由裁量权控制的四个模型——兼论中国行政自由裁量权控制模式的选择》，《北大法律评论》2009年第2期。

176. 王锡锌：《自由裁量权基准：技术的创新还是误用》，《法学研究》2008年第5期。

177. 王锡锌、章永乐：《专家、大众与知识的运用——行政规则制定过程的一个分析框架》，《中国社会科学》2003年第3期。

178. 吴真、李天相：《以协调与融合为核心的环境法学方法论初探》，《法学杂志》2017年第7期。

179. 吴真：《环境冲突的协商解决机制分析》，《长白学刊》2014年第4期。

180. 吴真：《生态决策制定中公众参与的前提分析》，《行政与法（吉林省行政学院学报）》2006年第5期。

181. 吴真：《公共信托原则视角下的环境权及环境侵权》，《吉林大学社会科学学报》2010年第3期。

182. 吴真：《从公共信托原则透视环境法之调整对象》，《当代法学》2010年第3期。

183. 吴真：《企业环境责任确立的正当性分析——以可持续发展理念为视角》，《当代法学》2007年第5页。

184. 王志勇：《自由裁量权异化在中国的表现与成因》，《学术月刊》2015年第5期。

185. 许健:《论可持续发展与经济法的变革》,《中国法学》2003年第6期。

186. 徐祥民:《环境权论——人权发展历史分期的视角》,《中国社会科学》2004年第4期。

187. 徐祥民、朱雯:《环境利益的本质特征》,《法学论坛》2014年第6期。

188. 小早川光郎、王天华:《行政诉讼与裁量统制》,《行政法学研究》2006年第3期。

189. 熊樟林:《裁量基准制定中的公众参与——一种比较法上的反思与检讨》,《法制与社会发展》2013年第3期。

190. 熊樟林:《裁量基准在行政诉讼中的客观化功能》,《政治与法律》2014年第8期。

191. 解志勇:《行政裁量与行政判断余地及其对行政诉讼的影响》,《上海政法学院学报》2005年第5期。

192. 杨登峰:《从合理原则走向统一的比例原则》,《中国法学》2016年第3期。

193. 余光辉、陈亮:《论我国环境执法机制的完善——从规制俘获的视角》,《法律科学(西北政法大学学报)》2010年第5期。

194. 闫国智、周杰:《论行政自由裁量权的泛化及其立法防范》,《政法论丛》2000年第5期。

195. 杨建顺:《行政裁量的运作及其监督》,《法学研究》2004年第1期。

196. 杨建顺:《论行政裁量与司法审查——兼及行政自我拘束原则的理论根据》,《法商研究》2003年第1期。

197. 于立深:《多元行政任务下的行政机关自我规制》,《当代法学》2014年第1期。

198. 余凌云:《现代行政法上的指南、手册和裁量基准》,《中国法学》2012年第4期。

199. 余凌云:《英国行政法上的合理性原则》,《比较法研究》2011年第6期。

200. 余凌云:《对行政裁量立法控制的疲软——一个实例的验证》,

《法学论坛》2009 年第 5 期。

201. 余凌云：《游走在规范与僵化之间——对金华行政裁量基准实践的思考》，《清华法学》2008 年第 3 期。

202. 余凌云：《论对行政裁量目的不适当的审查》，《法制与社会发展》2003 年第 5 期。

203. 余凌云：《论对行政裁量不适当拘束的司法反应》，《法学家》2003 年第 2 期。

204. 余凌云：《对行政自由裁量概念的再思考》，《法制与社会发展》2002 年第 4 期。

205. 余凌云：《论行政法上的比例原则》，《法学家》2002 年第 2 期。

206. 余少祥：《论社会法的国家给付原则》，《法学杂志》2017 年第 4 期。

207. 余晓龙、于文诚：《行政自由裁量行为司法审查的规则阐释与实践操作——以司法实践需求为视角的研究》，《山东审判》2014 年第 4 期。

208. 余晓泓：《日本环境管理中的公众参与机制》，《现代日本经济》2002 年第 6 期。

209. 周昌发：《论环境法对利益冲突的平衡》，《云南社会科学》2009 年第 3 期。

210. 郑春燕：《行政裁量中的政策考量——以"运动式"执法为例》，《法商研究》2008 年第 2 期。

211. 郑春燕：《取决于行政任务的不确定法律概念定性——再问行政裁量概念的界定》，《浙江大学学报（人文社会科学版）》2007 年第 3 期。

212. 张恩典：《行政裁量基准的现实悖论及其克服——基于实证的考察》，《云南大学学报（法学版）》2015 年第 6 期。

213. 张峰、呼旭光：《行政处罚裁量基准生成模式探讨》，《山西师大学报（社会科学版）》2016 年第 3 期。

214. 周桂党：《滥用行政自由裁量权的法律控制》，《兰州大学学报》2003 年第 3 期。

215. 曾海若：《行政自由裁量权的自律与他律》，《贵州社会科学》2011 年第 5 期。

216. 张军：《环境利益与经济利益刍议》，《中国人口·资源与环境》

2014 年第 S1 期。

217. 赵惊涛：《论实现清洁生产的法律保障》，《当代法学》2006 年第 6 期。

218. 赵惊涛：《论发展循环经济的法律保障》，《法学杂志》2006 年第 5 期。

219. 赵惊涛：《科学发展观与生态法制建设》，《当代法学》2005 年第 5 期。

220. 赵惊涛：《生态安全与法律秩序》，《当代法学》2004 年第 3 期。

221. 赵惊涛：《论生态法律意识》，《社会科学战线》2003 年第 6 期。

222. 赵惊涛：《绿色壁垒下我国环境法制的现实选择》，《当代法学》2002 年第 9 期。

223. 赵惊涛：《协商解决环境纠纷机制的选择》，《吉林大学社会科学学报》2015 年第 3 期。

224. 赵惊涛、丁亮：《环境执法司法监督的困境与出路》，《环境保护》2014 年第 21 期。

225. 赵惊涛、李延坤：《我国环境联合执法体制改革博弈分析》，《环境保护》2014 年第 16 期。

226. 赵惊涛、张辰：《排污许可制度下的企业环境责任》，《吉林大学社会科学学报》2017 年第 5 期。

227. 张建伟：《环境行政裁量权的行使边界及其控制》，《中州学刊》2005 年第 3 期。

228. 张明新、谢丽琴：《论自由裁量权膨胀条件下的"行政合理性"原则——兼论行政合理性原则在现代行政法中之地位》，《南京社会科学》2000 年第 7 期。

229. 展鹏贺：《行政裁量治理模式的变迁：以裁量基准为视角》，《求索》2010 年第 5 期。

230. 朱谦：《论环境权的法律属性》，《中国法学》2001 年第 3 期。

231. 朱谦：《困境与出路：环境法中"三同时"条款如何适用？——基于环保部近年来实施行政处罚案件的思考》，《法治研究》2014 年第 11 期。

232. 张千帆：《行政自由裁量权的法律控制——以美国行政法为视

角》,《法律科学（西北政法学院学报）》2007 年第 3 期。

233. 张式军、徐东:《新〈环境保护法〉实施中公众参与制度的困境与突破》,《中国高校社会科学》2016 年第 5 期。

234. 曾蔚:《行政自由裁量权的概念及存在原因辨析》,《法学杂志》2005 年第 5 期。

235. 张文彬、李国平:《环境保护与经济发展的利益冲突分析——基于各级政府博弈视角》,《中国经济问题》2014 年第 6 期。

236. 竺效:《论公众参与基本原则入环境基本法》,《法学》2012 年第 12 期。

237. 朱新力、罗利丹:《裁量基准本土化的认识与策略——以行政处罚裁量基准为例》,《法学论坛》2015 年第 6 期。

238. 朱新力、骆梅英:《论裁量基准的制约因素及建构路径》,《法学论坛》2009 年第 4 期。

239. 朱新力、唐明良:《尊重与戒惧之间——行政裁量基准在司法审查中的地位》,《北大法律评论》2009 年第 2 期。

240. 朱晓勤:《生态环境修复责任制度探析》,《吉林大学社会科学学报》2017 年第 5 期。

241. 张雪薇、冷勇:《行政裁量基准的逸脱技术——以湖南省实证文本为考察对象》,《辽宁行政学院学报》2013 年第 4 期。

242. 郑雅方:《行政裁量基准创制模式研究》,《当代法学》2014 年第 2 期。

243. 郑雅方:《行政裁量基准法律属性研究——一个类型化视角的分析》,《苏州大学学报（哲学社会科学版）》2012 年第 2 期。

244. 郑永流:《法律判断形成的模式》,《法学研究》2004 年第 1 期。

245. 周佑勇:《建立健全行政裁量权基准制度论纲——以制定〈行政裁量权基准制定程序暂行条例〉为中心》,《法学论坛》2015 年第 6 期。

246. 周佑勇:《裁量基准公众参与模式之选取》,《法学研究》2014 年第 1 期。

247. 周佑勇:《作为行政自制规范的裁量基准及其效力界定》,《当代法学》2014 年第 1 期。

248. 周佑勇:《裁量基准的制度定位——以行政自制为视角》,《法学家》2011 年第 4 期。

249. 周佑勇：《依法行政与裁量权治理》，《法学论坛》2011 年第 2 期。

250. 周佑勇：《在软法与硬法之间：裁量基准效力的法理定位》，《法学论坛》2009 年第 4 期。

251. 周佑勇：《论行政裁量的情节与适用》，《法商研究》2008 年第 3 期。

252. 周佑勇：《论行政裁量的利益沟通方式》，《法律科学（西北政法大学学报）》2008 年第 3 期。

253. 周佑勇：《裁量基准的正当性问题研究》，《中国法学》2007 年第 6 期。

254. 周佑勇：《行政裁量的治理》，《法学研究》2007 年第 2 期。

255. 周佑勇：《行政裁量的均衡原则》，《法学研究》2004 年第 4 期。

256. 周佑勇、邓小兵：《行政裁量概念的比较观察》，《环球法律评论》2006 年第 4 期。

257. 周佑勇、伍劲松：《行政法上的平等原则研究》，《武汉大学学报（哲学社会科学版）》2007 年第 4 期。

258. 周佑勇、熊樟林：《对裁量基准的正当性质疑与理论回应》，《比较法研究》2013 年第 4 期。

259. 周佑勇、熊樟林：《裁量基准制定权限的划分》，《法学杂志》2012 年第 11 期。

260. 周佑勇、熊樟林：《裁量基准司法审查的区分技术》，《南京社会科学》2012 年第 5 期。

261. 周佑勇、熊樟林：《争议与理性：关于裁量基准的公开性》，《兰州大学学报（社会科学版）》2012 年第 1 期。

262. 周佑勇、尹建国：《行政裁量的规范影响因素——以行政惯例与公共政策为中心》，《湖北社会科学》2008 年第 7 期。

263. 张梓太：《公众参与与环境保护法》，《郑州大学学报（哲学社会科学版）》2002 年第 2 期。

264. 宗志翔：《行政自由裁量权的确认与约限》，《江西社会科学》2002 年第 10 期。

265. 章志远：《行政裁量基准的理论悖论及其消解》，《法制与社会发展》2011 年第 2 期。

266. 章志远：《作为行政裁量"法外"依据的公共政策——兼论行政裁量的法外控制技术》，《浙江学刊》2010 年第 3 期。

267. 章志远：《行政裁量基准的兴起与现实课题》，《当代法学》2010 年第 1 期。

（三）学位论文

268. 程雨燕：《环境行政处罚研究：原则、罚制与方向》，武汉大学 2009 年博士学位论文。

269. 李丹：《环境立法的利益分析》，中国政法大学 2007 年博士学位论文。

270. 皮里阳：《论我国第二代环境法的形成与发展》，武汉大学 2013 年博士学位论文。

271. 吴真：《公共信托原则研究》，吉林大学 2006 年博士学位论文。

272. 卓光俊：《我国环境保护中的公众参与制度研究》，重庆大学 2012 年博士学位论文。

273. 郑雅方：《行政裁量基准研究》，吉林大学 2010 年博士学位论文。

二、外文文献

274. Michael Burger, "Environmental Law/Environmental Literature", 40: 1 *Ecology Law Quarterly* (2013) 1.

275. Paul Daly, "The Scope and Meaning of Reasonableness Review", 52: 4 *Alberta Law Review* (2015) 799.

276. J. Clarence Davies, "Environmental ADR and Public Participation", 2 *Valparaiso University Law Review* (1999) 389.

277. Barbara French, J. Stewart, "Organizational Development in a Law Enforcement Environment", 70 *FBI Law Enforcement Bulletin* (2001) 14.

278. Shi-Ling Hsu, "Environmental Law Without Congress", 30: 1 *Journal of Land Use & Environmental Law* (2014) 15.

279. Lisa Heinzerling, "Environment, Justice, And Transparency: One Year In, A Reinvigorated Environmental Protection Agency", 19 *New York University Environmental Law Journal* (2011) 1.

280. Alice Kaswan, "Environmental Justice and Environmental Law", 24: 2 *Fordham Environmental Law Review* (2012) 149.

281. David Keenan, "Discretionary Justice: The Right to Petition and the Making of Federal Private Legislation", 53 *Harvard Journal on Legislation* (2016) 563.

282. Leslie Zines, "Federalism and Administrative Discretionin Australia, with European Comparisons", 28 *Federal Law Review* (2000) 291.

283. Albert C. Lin, "Myths of Environmental Law", 1 *Utah Law Review* (2015) 45.

284. Pier Luigi M. Lucatuorto, "Reasonableness in Administrative Discretion: A Formal Model", 8 *Journal Jurisprudence* (2011) 633.

285. John Copeland Nagle, "Humility and Environmental Law", 10 *Liberty University Law Review* (2015) 335.

286. John Nagle, "The Environmentalist Attack on Environmental Law", 50 *Tulsa Law Review* (2015) 593.

287. Nathanael Paynter, "Flexibility and Public Participation: Refining the Administrative Procedure Act's Good Cause Exception", *The University of Chicago Legal Forum* (2015) 397.

288. Jeffrey A. Pojanowski, "Reason and Reasonableness in Review of Agency Decisions", 104: 3 *Northwestern University Law Review* (2010) 799.

289. Ronald H. Rosenberg, "Doing More or Doing Less for the Environment: Shedding Light on EPA's Stealth Method of Environmental Enforcement", 35 *Environmental Affairs* (2008) 175.

290. Nicholas J. Schroeck, "A Changing Environment in China", 18: 1 *Vermont Journal of Environmental Law* (2016) 1.

291. Sherry R. Arnstein, "A Ladder of Citizen Participation", 35: 4 *Journal of the American Planning Association* (1969) 216.

292. A. Dan Tarlock, "Environmental Law: Then and Now", 90: 2 *Wash-*

ington University Journal of Law & Policy (2010) 184.

293. Kevin Tomkins, "Police, Law Enforcement and the Environment", 16: 3 *Current Issues in Criminal Justice* (2005) 294.

294. Wendy E. Wagner, "The Participation – Centered Model Meets Administrative Process", 2 *Wisconsin Law Review* (2014) 671.

295. Laberge Yves, "Sustainable Development", 39 *Labor Studies Journal* (2014) 241.

后 记

很久以前,我读着历代学人的著作,欣喜于自己的习作在校报上铅印,从未想象过自己的第一本专著会以什么形式出版。今日以博士学位论文为蓝本,结合一些后续研究成果,整理编撰而成此书。灾梨祸枣之际,仰望苍穹,感慨沛然而生。

一本书是其作者所有经历和选择的缩影。这本书最为直接地反映了我在吉林大学和厦门大学的两段学术经历。吉林大学博士毕业至今已有两年时间,这期间我在厦门大学投入环境软法治理机制的博士后研究中,以期在博士论文的基础上再进一步。厦门几无四季,两年时间恍如一夕,曾经师友的信息时时从远方传来,互道收获的喜悦。这期间我步入而立之年,也渐渐感受到,学术研究是一个漫长的过程,此中之真义,急切不可得,厚积而薄发,方能久久为功。

在 2017 年开始撰写博士论文时,自恃对环境法的理解较为深入,虽然对于论文选题缺乏研究,却急于敲定论文主体框架。我的恩师吴真教授谆谆教导,告诫我不要"急功近利",从文献梳理逐步做起。在吴老师的不断教导和鼓励下,博士论文最终完成,并获评优秀博士论文。在吉林大学六年的学习生涯中,吴老师严谨、务实的治学态度,开放、包容的学术理念,为人师表、诲人不倦的育人精神,不仅使我在学术上有了长足的进步,也使我在为人处世上受到了深刻的影响。而本书也成为我们师生的珍贵纪念。

在吉林大学的学习经历是令我难忘的,想起那座家乡的城市,总有许多牵挂,尤其是吉林大学环境法教研室的三位老师。刚入吉林大学时,在王小钢教授的指导下攻读硕士学位,王老师为我打开了环境法学之门;而如今，仍然在为我指引环境法学研究的道路。一个合理的知识结构，离不开引路人的指导，当我看向书架上一排排法学、政治学、哲学、环境学等经典著作时，满满是当年与老师意气风发、品评立法得失的模样。博士学习的三年来，赵惊涛教授带领我们完成了多个科研项目，通过这些科研项目，我对法律实务，尤其是立法工作，有了更加全面和深入的理解。本书的选题也是基于参与制定吉林省环境行政处罚裁量基准所产生的学术关怀。在我的生活和事业方面，赵老师更是有着古仁人之风，不计个人利益得失地提供帮助。对这些帮助的感激之情，就不是语言所能表达的了。

来到厦门大学之后，才发现我与厦大似乎"姻缘早定"，门前的厦大白城沙滩与我的家乡白城市确乎同名。在合作导师朱晓勤教授带领下，我开始从事博士后研究工作。在思想的交流中，我对于环境软法的认识在逐渐深入；在精诚的合作中，我真切地感受到自身价值的实现。朱老师夫妇既是法学家、法律家，又是生活家、美食家。在闽南工夫茶文化的浸蕴中，看浪卷白城，风来胡里，确是人生的别样体验。必须特别感谢的是，朱老师在本书的出版过程中也给予了极大的帮助。朱老师常言："教育的目的是使人有爱别人和爱自己的能力。"对这句话的理解和践行，便是我今后工作的主要任务了。

囿于学识和功力，本书中难免存在词不达意、思虑不周之缺陷。当考虑到本书并不是也不应当是一个理论的终结或研究的终点，而是处在一个理论研究过程之中，笔者也就能够沉静地欣慰于本书为人类智识的发展可能做出的微小贡献。环境行政处罚裁量基准制度的建立也是一样，不能把它看作是一个时间节点上的孤立行为，而应当看作一个在不断完善的建构过程。仅仅制定环境行政处罚裁量基准的文本，甚至只有徒具形式的文本，还远远谈不上这一制度的建立。

什么是环境法？环境法何其为法？环境法在人类环境保护活动中扮演何种角色？这些是笔者自研读环境法学以来一直都在思考的问题，也得出了一点愚见：无论环境法理论和制度如何变迁，其核心都可以归结为一点——平衡。在化学变化中原子的分合趋向着平衡；生态系统的物复能流维系着平衡；人类通过法律进行的社会控制追求着价值或利益的平衡。兼具生态理性、社会理性和法律理性的环境法，其价值追求和治理目标，既有生态平衡，也有社会公平。这二者在环境法中实现了沟通和融合，使得生态不仅仅是关于自然的保护，而经济也不仅仅是财富的增长。正如大德鲁伊所说："让平衡指引你的道路！"

"夫大风起于青蘋之末"，虽本书研究告一段落，但学术研究仍是一个漫长的过程，需要持续地、耐心地积累和探索。新时代的环境法学是一片可以大有作为的广阔天地，大浪漫卷烟云，唯有努力向前。

李天相

2020 年 2 月